FÉNELON

JULES LEMAITRE

DE L'ACADÉMIE FRANÇAISE

FÉNELON

PARIS

ARTHÈME FAYARD, ÉDITEUR

18-20, Rue du Saint-Gothard.

FÉNELON

PREMIÈRE CONFÉRENCE

SA JEUNESSE. — SES PREMIERS ÉCRITS

Lorsque j'étudiais Jean-Jacques Rousseau, il y avait deux hommes auxquels ses écrits me faisaient continuellement penser : Fénelon et Chateaubriand. Et je pressentais que les trois ensemble, Fénelon, Jean-Jacques et René, formaient, malgré toutes leurs différences, comme une dynastie spirituelle, une dynastie de rêveurs, d'inquiets et d'inventeurs.

Mais, si je savais déjà que Fénelon était un des hommes les plus singuliers et les plus originaux du dix-septième siècle, en somme je ne le connaissais guère. J'ai voulu le connaître mieux.

Cela n'est pas facile : car je crois bien que, des trois, Fénelon est le plus compliqué.

Brunetière nous dit :

Il y a de tout en lui, Saint-Simon avait raison : du docteur et du novateur, pour ne pas dire de l'hérétique ; de
l'aristocrate et du philosophe, au sens où le dix-huitième
siècle allait entendre ce mot ; de l'ambitieux et du chrétien ;
du révolutionnaire et de l'inquisiteur ; de l'utopiste et de
l'homme d'État, du bel esprit et de l'apôtre : tous les contraires dans la même personne, et dans un seul esprit toutes
les extrémités.

Et Faguet :

Aucun esprit n'a été plus composé et ne paraît, au premier regard, plus fuyant et insaisissable à toute prise...
Il est infiniment complexe et déconcertant par la multipli-
cité de ses aspects : c'est un mystique, c'est un homme
d'un très grand bon sens ; c'est un artiste, c'est un homme
d'action ; c'est un homme d'une exquise charité et d'une
charmante douceur, c'est un autoritaire très ferme, assez
hautain, « qui, dans sa douceur, ne voulait point de résistance »... On sent fort bien qu'il n'est pas de ceux qui se
ramènent facilement à l'unité, et qu'après l'avoir dépeint,
il restera toujours quelque chose de très important qu'on
aura omis.

C'est à quoi je me résigne. Mais on peut toujours chercher.

Retz écrit : « Il y a toujours eu du je ne sais
quoi dans M. de La Rochefoucauld. » Il y a du je
ne sais quoi dans tous les hommes. Fénelon n'est
qu'un peu moins simple que les plus compliqués.

Si nous ne pouvons le ramener à l'unité ni le
connaître dans son ensemble, nous pouvons le
saisir du moins dans chacune de ses démarches
ou de ses dispositions d'âme, et voir peut-être

comment et pourquoi il passe de l'une à l'autre.
Autant qu'il me sera permis (car sa vie a
quelques points obscurs et son œuvre est immense) je le suivrai, pas à pas, à travers son
œuvre et sa vie, — sans les séparer, — du départ
à l'arrivée.

Et voici le point de départ :

J'ai passé une jeunesse douce, libre, pleine d'études
agréables et de commerce avec des amis délicieux.

Et voici le point d'arrivée :

Le monde me paraît comme une mauvaise comédie, qui
va disparaître dans quelques heures. Je me méprise encore
plus que le monde ; je mets tout au pis-aller, et c'est dans
le fond de ce pis-aller pour toutes les choses d'ici-bas que
je trouve la paix.

Mais, dans l'intervalle, que de rêves, de désirs,
de souffrances, de luttes, d'illusions, de déses-
poirs et de reprises d'espérance ! Et que de
drame dans sa vie et dans son cœur !

François de Salignac (ou Salagnac) de Lamothe-Fénelon naquit le 6 août 1651 au château
de Fénelon, d'un second mariage de Pons de
Salignac, comte de Lamothe-Fénelon.

La maison était très ancienne, remontait
authentiquement à 997. Pas de grandes illustra-
tions toutefois, mais de grandes alliances et
quelques grandes charges.

Notre Fénelon écrivait, en 1694, à son frère le

comte de Fénelon, qui sollicitait un honneur
réservé à la haute noblesse :

> Vous pouvez dire, ce qui est vrai, que nous avons eu
> dans notre famille plusieurs gouverneurs de province, des
> chambellans des rois, des alliances avec les premières
> maisons de nos provinces, un chevalier de l'ordre du
> Saint-Esprit, des ambassades dans les principales cours,
> et, presque tous les emplois de guerre que les gens de
> condition avaient autrefois. C'est sans doute plus qu'on ne
> demande à bien des gens à qui on accorde les honneurs.
> Ce qui est encore plus décisif est que Sa Majesté a eu la
> bonté de me les accorder pour la table et pour le carrosse
> de nos princes.

Il est fort sensible à ce détail; car déjà, le
19 décembre 1690, il écrivait à sa cousine la
marquise de Laval (gênée, et qu'il engageait à
accepter une place de dame d'honneur chez la
princesse de Conti) :

> J'oubliais de vous dire que j'ai fait entendre au roi que
> vous compteriez sur les honneurs du carrosse et de la table,
> comme sur des choses non seulement dues au nom de
> Laval, mais convenables à votre naissance. Vous savez que
> je les ai chez M. le duc de Bourgogne.

(Je pense que Bossuet ne les avait pas chez le
dauphin? ou, s'il les avait, c'était comme
évêque?)

Ainsi Fénelon est très bon gentilhomme. Il
s'en souviendra toujours. La façon dont il
conçoit l'honneur, même le point d'honneur,
contribuera à expliquer, je crois, une de ces
fautes capitales.

Mais il est pauvre. Saint-Simon dit : « Fénelon était un homme de qualité qui n'avait rien ». Nous le voyons, par sa correspondance, gêné dans ses affaires jusqu'à près de quarante ans.

Pauvre et d'une famille très nombreuse. Son père avait eu d'un premier mariage sept fils et quatre filles ; d'un second mariage quatre enfants, dont le second fut le futur archevêque de Cambrai. Fénelon avait donc quatorze frères ou sœurs.

Dans de telles conditions, que pouvait faire ce cadet de Gascogne ? Il n'aurait pu avancer beaucoup dans l'armée. L'Église dut lui paraître sa carrière naturelle. D'autant plus qu'un frère de son père était évêque de Sarlat. Il dut aussi être dirigé vers l'Église par son autre oncle, le marquis de Fénelon, qui, duelliste fameux dans sa jeunesse, puis converti brusquement, était devenu l'auxiliaire laïque de M. Olier, le fondateur de Saint-Sulpice. Ajoutons que, si son nom, sa pauvreté, son oncle, peut-être le précoce désir d'agir sur les hommes, expliquent suffisamment sa vocation, sa foi vive et sa piété l'expliquent sans doute mieux encore.

Après avoir fait ses premières études dans la maison paternelle, il passa à douze ans dans l'Université de Cahors, où il prit ses grades ecclésiastiques, puis à Paris au collège du Plessis, jusqu'à ce que son oncle Antoine le fit entrer au séminaire de Saint-Sulpice et le

confiât à M. Tronson. Mais on ignore en quelle
année, et l'on ignore aussi la date de son ordination.

Les documents abondants que nous avons sur
l'enfance et la jeunesse de Racine et de Rousseau nous ont beaucoup aidé naguère à comprendre leur caractère et leur œuvre. Mais sur
Fénelon, jusqu'à l'âge de trente ans, nous ne
savons presque rien.

Quelle femme était sa mère ? Reçut-il son em-
preinte ? Quelles étaient ses sœurs ? Quatre
étaient ses aînées. L'une d'elles eut-elle quelque
influence sur lui ?

Leur lisait-il *l'Astrée ?* S'amusait-il peut-être
à jouer avec elles des scènes du noble et subtil
roman ? Eut-il quelque aventure de cœur ? Pourquoi non ? Eut-il, enfant ou adolescent, quelque
crise de mysticisme ? Quand découvrit-il saint
François de Sales (que Bossuet, lui, à 60 ans
n'avait pas lu) ? Comme Lamartine, il passe son
enfance au milieu d'une « nichée de colombes ».
Il eut sans doute, comme Lamartine, une enfance
rustique et mêlée aux travaux de la terre. Sans
doute, dans le manoir paternel, pareil à une
vaste ferme, — avec des tablées de vingt personnes, — la nourriture était simple, — comme
à Salente. Sans doute, les cinq ou six filles et les
sept ou huit garçons étaient habillés sans faste,
de robes et de vestes uniformes taillées dans la
même pièce de drap, — comme à Salente. —

Mais quels compagnons et quels maîtres eut-il à Cahors, puis au collège du Plessis? Qui donc lui enseigna le grec, qu'il paraît avoir si bien su et qu'il a tant aimé? Nous voudrions bien savoir tout cela.

Mais, avant 1681, nous n'avons que cinq lettres de Fénelon

D'abord une lettre à son oncle Antoine sur M. Tronson et sur ses relations avec ce saint directeur :

Je souhaiterais passionnément vous pouvoir dire ici quelque chose du détail de ce qui se passe entre M. Tronson et moi ; mais, certes, monsieur, je ne sais guère que vous en dire ; car, quoique ma franchise et mon ouverture de cœur pour vous me semble très parfaite, je vous avoue néanmoins, sans craindre que vous en soyez jaloux, que je suis encore bien plus ouvert à l'égard de M. Tronson, et que je ne saurais qu'avec peine vous faire confidence de l'union dans laquelle je suis avec lui.

Crouslé (qui a écrit sur Fénelon deux volumes massifs et pleins de malveillance, excellents d'ailleurs), n'a peut-être pas tort de trouver surprenant que ce jeune homme de dix-huit à vingt ans parle en ces termes de son union avec un directeur âgé de plus de cinquante ans. Il y a certainement là de la coquetterie et de l'aplomb, et le goût du mystère, et déjà le désir de conquérir les cœurs et de les occuper de soi.

Une autre lettre est du 13 juillet 1674. Nous savons par Saint-Simon que l'abbé de Fénelon avait été « chargé, par le curé de Saint-Sulpice, d'expliquer l'Écriture sainte au peuple les jours de dimanches et fêtes, fonction qui commença à le faire connaître. » Mais le jeune catéchiste vit une meilleure occasion de sortir de l'obscurité. La lettre de 1674, adressée à l'oncle Antoine, nous montre le nouvel ecclésiastique songeant, à vingt-trois ans, à se faire élire député du diocèse de Bordeaux à l'Assemblée du clergé de 1675. Sa famille tout entière s'est mise en campagne. Les évêques avaient fait serment de ne tenir compte d'aucune recommandation. Ce serment n'a pas empêché l'oncle de Sarlat de solliciter pour son neveu le suffrage de son collègue de Saintes. Le collègue de Saintes en a fait des reproches à l'oncle trop complaisant. Alors le neveu a recours à son autre oncle, le marquis Antoine, pour qu'il lève les scrupules de M. de Saintes ; d'autant mieux que M. de Saintes, a, paraît-il, manqué lui-même au serment commun :

... Il est certain que M. de Saintes a paru beaucoup plus scrupuleux qu'il ne l'est dans le fond ; car, en même temps qu'il se plaignait de la sorte, il agissait secrètement pour l'abbé de Saint-Luc, lequel me l'a dit lui-même... Il faut ajouter à cela que M. de Sarlat a pu, sans blesser aucune des règles, avertir les évêques que j'ai dessein de me présenter à eux, leur exposer même ce qui peut m'attirer leurs voix, et prévenir, outre cela, les personnes de crédit, afin que, dans la suite, elles ne prissent point d'engagement d'en servir d'autre : *toutes les choses laissant les évêques dans une entière liberté.* (Parbleu !)

Et, pendant qu'il y est, il prie son bon oncle Antoine de parler aux évêques de Luçon, de Poitiers et de La Rochelle en sa faveur. Et voilà, certes, un abbé subtil et un cadet qui ne s'oublie pas.

Mais le sens pratique n'empêche point le rêve ; et, à son tour, le rêve n'exclut point le badinage.

L'aventure, pour un cadet des armées du roi, c'est la guerre. L'aventure, pour un gentilhomme d'Église, ce sont les missions étrangères. Déjà un frère aîné de Fénelon, frère du premier lit et qui l'avait précédé au séminaire, était parti pour le Canada. Notre Fénelon, lui, rêve d'évangéliser l'Orient, dans une lettre dont on ne sait ni la date ni le destinataire, mais qui est sûrement une lettre de jeunesse.

... Enfin, Monseigneur, je pars, et peu s'en faut que je ne vole... La Grèce entière s'ouvre à moi ; le sultan effrayé recule ; déjà le Péloponèse respire en liberté, et l'église de Corinthe va refleurir ; la voix de l'apôtre s'y fera encore entendre...

Évidemment, le jeune abbé se divertit ; il se moque un peu de lui-même. C'est de la rhétorique badine. Ce qui suit est de la rhétorique encore :

Je ne t'oublierai pas, ô île consacrée par les célestes visions du disciple bien aimé ! ô heureuse Pathmos, j'irai baiser sur ta terre les pas de l'apôtre, et je croirai voir les cieux ouverts ! Là, je me sentirai saisi d'indignation contre le faux prophète, etc...

Mais tout de même, ici, on ne peut plus croire

qu'il plaisante. Alors, qu'a-t-il voulu dans cette lettre ? Rien. C'est une âme légère et souple, qui s'amuse et qui peut aisément porter en elle plusieurs sentiments à la fois.

Les deux dernières lettres de cette série sont adressées à sa cousine, la marquise de Laval. Son oncle, l'évêque de Sarlat, lui a résigné un petit bénéfice, le doyenné de Carénac, dans le Quercy ; et il est allé en prendre possession. On lui a fait une entrée triomphale :

> ... Le fougueux coursier que je monte, animé d'une noble ardeur, veut se jeter dans l'eau ; mais moi, plus modéré, je mets pied à terre. Au bruit de la mousqueterie est ajouté celui des tambours. Je passe la belle rivière de Dordogne, presque toute couverte des bateaux qui accompagnent le mien. Au bord m'attendent gravement tous les vénérables moines en corps ; leur harangue est pleine d'éloges sublimes ; ma réponse a quelque chose de grand et de doux... Mille voix confuses font retentir des acclamations d'allégresse, et l'on entend partout ces paroles : Il sera les délices de ce peuple...

Et quelques jours après :

> ... J'ai passé à Sarlat... Je m'y suis même arrêté un jour pour y entendre plaider une cause fameuse par les Cicérons de la ville... Leurs plaidoyers ne manquèrent pas de commencer par le commencement du monde, et de venir ensuite tout droit par le déluge jusqu'au fait. Il était question de donner du pain, par provision, à des enfants qui n'en avaient pas... Mais, ô caprice de la fortune ! quoique l'avocat eût obtenu tant de louanges, les enfants ne purent obtenir du pain. On appointa la cause, c'est-à-dire, en bonne chicane, qu'il fut ordonné à ces malheureux de plaider à jeun, et les juges se levèrent gravement du tribunal pour aller dîner. Je m'y en allai aussi...

« Il était question de donner du pain à des enfants qui n'en avaient pas », voilà-t-il pas une belle occasion de s'égayer ! Mais toute plaisanterie est facilement inhumaine. Toutefois, il est clair que ni M. Olier, ni Arnauld, ni M. Tronson, ni Pavillon, ni même Bossuet, n'écrivirent jamais de ce ton. Huet, Godeau, Fléchier, à la bonne heure. Notez que Fénelon a trente ans et qu'il exerce depuis trois ans les très sérieuses fonctions de supérieur des « Nouvelles Catholiques ». Jusqu'au bout il gardera, avec l'air aisé du gentilhomme, le goût de la raillerie et une verve qui sent son Méridional. Rien du pédant ; rien non plus du dévot, ni rien de l'ascète. A ce moment-là, c'est un abbé charmant, tour à tour rêveur et gai, séduisant et fort ambitieux. A ne considérer que l'extérieur, rien qui fasse prévoir la grande crise de sa vie.

Revenons sur nos pas. Ordonné prêtre à vingt-trois ou vingt-quatre ans, et sorti de Saint-Sulpice, il cherche sa voie. Chez un prêtre, l'ambition personnelle peut se confondre absolument avec la fonction sacerdotale ; et le goût de dominer les hommes (et les femmes), avec le goût de diriger et de sauver les âmes.

Saint-Simon nous dit :

Il avait frappé longtemps à toutes les portes, sans se les pouvoir faire ouvrir. Piqué contre les jésuites, où il s'était adressé d'abord comme aux maîtres des grâces de son état, et rebuté de ne pouvoir prendre avec eux, il se tourna aux jansénistes... Il fut un temps considérable à s'initier, et parvint après à être du repas particulier que quelques importants d'entre eux faisaient alors une ou deux fois la semaine chez la duchesse de Brancas. Je ne sais s'il leur parut trop fin, ou s'il espéra mieux ailleurs qu'avec des gens avec qui il n'y avait rien à partager que des plaies, mais peu à peu sa liaison avec eux se refroidit, et, à force de tourner autour de Saint-Sulpice, il parvint à y en former une dont il espéra mieux.

Il semble que Fénelon n'avait pas tant à tourner autour de Saint-Sulpice d'où il sortait. D'ailleurs, Saint-Simon ne l'a pas connu personnellement à l'époque dont il parle. Mais il ne peut, je pense, se tromper du tout au tout; et il n'est pas, quoi qu'on en ait dit, l'ennemi de Fénelon. Il reste que le jeune abbé avait, dès cette époque, donné l'impression d'un ambitieux, et d'un ambitieux habile.

Il est probable qu'il connut Bossuet de bonne heure. Son nom, du reste, et son éducation lui rendaient les relations faciles soit avec les plus nobles, — comme les Chevreuse, les Beauvilliers ou les Mortemart, — soit avec les plus illustres, — comme Bossuet. Il s'attacha à l'évêque de Meaux, étroitement, avec suite et application, comme à un homme qu'il admirait profondément, et aussi comme à celui qui pouvait peut-être le mieux le pousser dans l'Eglise.

Phélipeaux, grand vicaire, collaborateur et commensal de Bossuet, dans la *Relation de l'origine, etc..., du Quiétisme*, raconte ceci :

Le prélat (Bossuet) n'allait point dans son diocèse sans

être accompagné des abbés de Fénelon et de Langeron son intime et inséparable ami. Quand il était à Paris, ils venaient régulièrement dîner avec lui et lui tenaient une fidèle et assidue compagnie, de sorte que le prélat n'était guère sans l'un ou sans l'autre. Ils avaient soin d'avilir par de piquantes railleries tous ceux qui avaient les mêmes prétentions. Pendant les repas et les promenades ils louaient sans cesse le prélat, jusqu'à l'en fatiguer... Le prélat en rougissait souvent, leur en témoignait publiquement son dégoût, et les priait de s'en abstenir. La Bruyère, homme sincère et naturel, était outré. Il me disait quelquefois à l'oreille : Quels empoisonneurs! Peut-on porter la flatterie à cet excès! — Voilà, lui disais je, pour vous la matière d'un beau caractère.

Je sais bien que Phélipeaux n'aime pas Fénelon (et il y paraît assez). Pour le moins il exagère, il donne le coup de pouce. Mais il est difficile de croire qu'il ait inventé tous ces détails si précis. Au surplus, dans les lettres de Fénelon à Bossuet, jusqu'au moment où il le déteste, le ton est caressant et admiratif presque à l'excès, et s'il n'y a point de « flatterie » proprement dite, il ne s'en faut guère.

Bossuet était le grand adversaire et, à l'occasion, le grand convertisseur des protestants. Nul homme, évidemment, n'a plus souffert dans son âme du grand déchirement, et si fatal à la France, que fut la Réforme. On peut croire qu'il contribua à faire nommer son brillant élève, l'abbé de Fénelon, supérieur des « Nouvelles Catholiques », en 1678.

Mais je voudrais traiter en une seule fois toute l'histoire des relations de Fénelon avec le pro-

testantisme, c'est-à-dire Fénelon supérieur des
« Nouvelles Catholiques » et Fénelon missionnaire.
Avant d'arriver aux parties vraiment intéressantes de sa vie, je m'occuperai de ses premiers
travaux philosophiques et de ses premiers sermons. Cette première leçon, je puis bien l'avouer,
est forcément un peu sacrifiée.

Le Père Malebranche, de l'Oratoire, fut un
homme bien extraordinaire. Chétif, malade,
infirme, il vécut dans sa tête, et passa cinquante
années de sa vie à méditer sur la nature de Dieu,
partagé entre le plaisir de raisonner, tout en
rêvant, à perte de vue et, d'autre part, le souci
de rester orthodoxe et la terreur de voir Dieu se
confondre avec les lois mêmes de la nature : tellement absorbé dans sa métaphysique, si loin de
la vie concrète et si dépourvu du sens des réalités qu'il est resté célèbre pour n'avoir vu dans
les bêtes que des mécaniques et pour avoir regardé
sa petite chienne comme une simple horloge.
Or, en 1680, Malebranche publia un *Traité de
la Nature et de la Grâce* (petit livre de
260 pages) qui déplut à Bossuet et l'inquiéta, et
qui dans la suite fut mis à l'Index ; de quoi Malebranche, bien qu'excellent prêtre, se troubla peu.
Ce livre, vous ne le lirez pas. Pourtant il est
curieux en ceci, qu'il est un admirable exemple
des inventions audacieuses et quelquefois bizarres
où se portaient jadis les philosophes d'Eglise pour

accorder leur philosophie avec le dogme chrétien. Et c'est pourquoi je voudrais m'arrêter un peu sur ce petit traité de métaphysique religieuse et vous en donner quelque idée.

Ce qu'il s'agit de concilier ici, c'est la notion de Dieu avec la notion de « loi » scientifique.

L'auteur dit dans sa préface : « Je représente Dieu comme faisant à ses créatures *tout le bien que sa sagesse lui peut permettre.* » Qu'est-ce à dire ? Vous allez comprendre.

Il pose l'axiome célèbre : « Dieu n'agit point par des volontés particulières. » Et encore : « Dieu opère une infinité de merveilles par un très petit nombre de volontés. » Et c'est cela qui est beau ! Et, si cela peut avoir quelques inconvénients dont nous souffrions, Malebranche en prend paisiblement son parti :

On peut dire en un sens très véritable que Dieu souhaite que toutes ses créatures soient parfaites ; qu'il ne veut point que les enfants périssent dans le sein de leurs mères, qu'il n'aime point les monstres, qu'il n'a point fait les lois de la nature pour les engendrer, et que, s'il avait pu par des voies aussi simples faire et conserver un monde plus parfait, il n'aurait point établi des lois dont un si grand nombre de monstres sont des suites nécessaires. Mais *il aurait été indigne de sa sagesse de multiplier ses volontés pour empêcher certains désordres particuliers, qui sont même dans l'Univers une espèce de beauté.*

Si bien qu'il peut nous arriver, pâles créatures, d'être victimes du goût fatal de Dieu pour la simplicité des moyens.

L'auteur insiste, apporte des exemples :

Dieu a donné à chaque semence un germe qui contient en petit la plante et le fruit... Ne marque-t-il pas assez par là qu'il veut que toutes ces semences produisent leur semblable ?... Cependant, comme la pluie est nécessaire pour la faire croître et qu'elle ne tombe sur la terre que par des lois générales qui ne la répandent pas exactement dans les terres bien cultivées et aux moments les plus favorables, tous ces grains ne profitent pas ; ou, s'ils profitent, la grêle, ou quelque accident fâcheux qui est une suite nécessaire de ces mêmes lois de la nature, les empêche de nourrir leur épi. Et ainsi, puisque c'est Dieu qui a établi ces lois, on pourrait dire qu'il a voulu que telles semences fussent fécondes plutôt que telles autres, si l'on ne savait d'ailleurs que, la cause générale ne devant point agir par des volontés particulières, ni un Etre infiniment sage par des voies composées, Dieu n'a pas dû prendre d'autres mesures que celles qu'il a prises pour régler les pluies selon les saisons et les lieux ou selon les désirs des laboureurs.

Et c'est pourquoi il grêle et pleut souvent à contre-temps. En somme, Dieu aurait pu faire un monde où il y aurait eu moins d'injustices et moins de douleurs : mais il ne l'aurait pu que par de continuelles interventions particulières, qui auraient été en désaccord avec son amour de l'ordre et avec son goût d'artiste. Dieu pense un peu comme Gœthe : « Plutôt une souffrance qu'un désordre. »

Voilà pour l'ordre de la nature. Et voici pour l'ordre de la grâce.

Au commencement de son traité, l'auteur nous a dit en substance : — Dieu ne pouvant agir que pour sa gloire et ne pouvant être glorifié que par lui-même, il ne pouvait avoir, dans la création du monde, d'autre dessein que l'établissement de son Église, c'est-à-dire du règne de Jésus-Christ. En d'autres termes, « il a fallu que Dieu créât l'univers pour l'Église, et l'Église pour Jésus-Christ. » Autrement dit encore, c'est l'intérêt que Jésus-Christ prend au monde et la volonté qu'il a de le sauver qui rend le monde digne de la majesté divine. « La création du monde serait indigne de Dieu si Jésus-Christ n'y était pas compris. » Autrement dit enfin, le monde n'a été créé que pour que l'homme, en tombant, prêtât un rôle magnifique à Jésus-Christ. Et certes, — quoique ce ne soient pas de ces vérités qui sautent aux yeux, — nous le voulons bien, et nous trouvons même que c'est une fort belle idée.

Mais les mêmes difficultés se rencontrent ici que dans l'ordre de la nature. Malebranche ne nous les dissimule nullement.

« L'Écriture, dit-il, nous apprend d'un côté que Dieu veut que tous les hommes soient sauvés ; et, de l'autre, qu'il fait tout ce qu'il veut. » Et néanmoins la foi n'est pas donnée à tout le monde, et les prédestinés sont les moins nombreux. « Comment accorder cela avec sa puissance ? »

Dieu a prévu de toute éternité le péché originel et le nombre infini de personnes que le péché

devait entraîner dans les enfers. Cependant il a
créé le premier homme dans un état d'où il
savait qu'il devait tomber. « Comment accorder
cela avec sa bonté ? »

Dieu répand souvent des grâces sans qu'elles
aient l'effet pour lequel il les donne. Il y a des
hommes qu'il fait croître dans la piété jusque
vers la fin de leur vie, et que le péché domine à
la mort et précipite dans l'enfer. « En un mot
Dieu défait et refait sans cesse. Il semble qu'il
veuille et ne veuille pas... Comment accorder
cela avec sa sagesse ? »

Ces questions d'un prêtre font frémir. Malebranche est évidemment de ces théologiens (et
ils ne sont pas si rares) qui se complaisent à
présenter très fortement les raisons du diable,
— par un sentiment difficile à démêler, — peut-
être pour montrer qu' « eux aussi, s'ils voulaient... », et pour se donner sans risque la joie
de penser librement, puisqu'un mot de soumission et un signe de croix arrangera tout.

Malebranche donc, à ces terribles questions,
répond tranquillement (et c'est toujours le même
refrain) que Dieu « étant obligé d'agir toujours
d'une manière digne de lui, par des voies simples,
générales, constantes et uniformes, a dû établir
certaines lois, dans l'ordre de la grâce », comme
il l'a fait dans l'ordre de la nature ; que ces lois,
à cause de leur simplicité ont nécessairement des
suites fâcheuses à notre égard, mais que ces

suites ne méritent pas que Dieu change ces lois
en de plus compliquées :

Il est vrai que Dieu pourrait remédier à ces suites
fâcheuses par un nombre infini de volontés particulières ;
mais *l'ordre ne le veut pas*. L'effet qui arriverait de chacune
ne vaudrait pas l'action qui le produirait. Et par conséquent on ne doit pas trouver à redire que Dieu ne
trouble pas l'ordre et la simplicité de ces lois par des
miracles qui seraient fort commodes pour nos besoins,
mais très opposés à la sagesse de Dieu qu'il n'est pas permis de tenter.

Et voilà ! Remarquez qu'il répète vingt fois,
avec une sorte d'entêtement, les mêmes raisons,
— et sans en rendre raison. Mais, visiblement,
l'idée du miracle agace ce prêtre. Et, corollaire-
ment, l'idée de l'ordre le ravit par sa beauté. Il
professe pour elle un culte sans entrailles. On
trouve chez cet homme excellent un peu de cette
dureté qui est souvent dans la foi scientifique. Et
son enthousiasme pour l'ordre le mène très loin.
Lorsqu'il nous dit que Dieu, en agissant, est
invinciblement déterminé par la considération de
l'ordre, ne semble-t-il pas admettre, *en dehors
de Dieu*, un ordre immuable, éternel, qui s'impose à Dieu lui-même ? Mais alors comment concilier la liberté divine avec cet ordre immuable (1) ? Malebranche va jusqu'à identifier
Dieu et l' « ordre », car il dit quelque part :
« ... Cette grâce, c'est la charité, l'amour de

(1) Cf. Crouslé.

Dieu *ou* l'amour de l'ordre ». Vous voyez avec quelle facilité, messieurs, on devient hérétique.

Oui, dans le fond, Malebranche voudrait éliminer du monde le miracle, c'est-à-dire tout ce qui manifeste un Dieu personnel. Pourtant, il y a des miracles qu'il ne peut nier, lui prêtre et bon prêtre de l'Église catholique. Mais d'abord il les réduit au plus petit nombre possible ; ce qui est encore embarrassant, car pourquoi même ce petit nombre ? « Ou il faut que Dieu soit libre de faire des miracles quand il lui plaît, ou il ne peut jamais en faire. » (Crouslé). Et ensuite, ces miracles même, ce n'est pas à proprement parler Dieu qui les fait : il les fait faire ou il les laisse faire. Il établit pour cela des « causes occasionnelles » : « les anges, qui ont procuré les miracles dans *l'Ancien Testament*, et Jésus-Christ, qui procure la grâce dans le Nouveau. » Mais Dieu, lui, n'y met pas la main.

Non, Dieu n'a pas de volontés particulières ; par conséquent pas de passions :

Lorsqu'on prétend, dit Malebranche, parler de Dieu avec quelque exactitude... il faut s'élever au-dessus de toutes les créatures, et consulter avec beaucoup d'attention et de respect l'idée vaste et immense de l'Etre infiniment parfait : et, comme cette idée nous représente le vrai Dieu *bien différent de celui que se figurent la plupart des hommes,* on ne doit point en parler selon le langage populaire. Il est permis à tout le monde de dire avec l'Écriture que Dieu s'est *repenti* d'avoir créé l'homme, qu'il s'est mis *en colère* contre son peuple, qu'il a délivré Israël de la captivité par la force de *son bras.* Mais ces expressions, ou de semblables, ne sont point permises aux théologiens lorsqu'ils doivent parler exactement.

Il est curieux de voir ici Malebranche identifier le langage de l'Écriture et ce qu'il appelle dédaigneusement le « langage populaire ». Au reste, tous les textes de l'Écriture qui le gênent, il les considère comme des « figures » et les prend au sens qu'il appelle « tropologique ».

Non, Dieu n'a pas de volontés particulières, pas de passions, pas de soucis des individus (en sorte qu'on serait fort embarrassé non pas de l'adorer, mais de le *prier*.) Quand un miracle se produit, « ce n'est pas que Dieu change ses lois ou les corrige, c'est parce qu'il est de *l'ordre de la grâce*, auquel celui de la nature doit servir, qu'il arrive des miracles en certaines rencontres. »

Je ne pousserai pas plus loin cette analyse. Il est clair que la philosophie de cet homme, d'ailleurs si pieux, tend au déisme et parfois au panthéisme. Pour lui, Dieu est beaucoup plus important que Jésus-Christ. Pour lui, Jésus-Christ et l'ordre de la grâce, c'est un peu le roman du christianisme. Il aurait certainement estimé, contre Bossuet, que sacrifier des millions d'hommes et bouleverser un royaume pour sauver l'âme d'Henriette d'Angleterre, c'était excessif, et qu'ici la « cause occasionnelle », fût-elle Jésus-Christ, abusait un peu de son privilège. Pour lui enfin, nous l'avons vu, quand il ne s'observe pas, Dieu et l'ordre sont synonymes ; et dire : « Je me soumets à Dieu », ou dire, comme le poète stoïcien :

Je m'abandonne en proie aux lois de l'univers,

c'est exactement la même chose.

Cet homme qui n'aimait pas les miracles dut inquiéter Bossuet qui les aimait beaucoup et qui, dans son *Discours de l'histoire universelle*, avait pris plaisir à attribuer à Dieu énormément de volontés particulières ; Bossuet, le théologien de la Providence et enclin à en voir partout l'action dans le monde. L'évêque de Meaux dut signaler le livre de Malebranche à son souple disciple l'abbé de Fénelon et l'engager à en faire l'examen, en l'assurant que cela lui ferait honneur. Et c'est ainsi que Fénelon écrivit la *Réfutation du système du P. Malebranche*. Il l'écrivit sous les yeux de Bossuet, et Bossuet mit des notes en marge. Toutefois l'ouvrage ne fut imprimé qu'en 1720, on ne sait pourquoi.

La réfutation est moins intéressante que le traité. Cependant l'âme de Fénelon y paraît déjà. Pour dire les choses en abrégé, Fénelon oppose, à la conception rationaliste du monde, la conception mystique. Toutes deux sont excellentes selon les heures et les besoins. Mais on sent que c'est en toute sincérité que Fénelon trouve glacial le Dieu ennemi des miracles. — A un endroit, Malebranche ayant été conduit par son système à dire que la grâce du Rédempteur ou « grâce médicinale » est un « plaisir sensible », une « sainte concupiscence », « un amour semblable en quelque chose à celui dont on aime les corps », Fénelon s'indigne de voir ainsi travestir ce qu'il appelle « le plaisir pur du chaste amour. » — Pour le reste, Fénelon fait preuve d'une subtilité, d'une souplesse, d'une ténuité de raisonnement vraiment extraordinaires.

Or, il est une partie de ses œuvres où nous retrouverons cet art prestigieux, cette virtuosité, ces ressources inépuisables de dialectique : et c'est dans ses innombrables écrits sur le quiétisme. Comme Malebranche fut quasi hérétique pour avoir trop écouté la raison, Fénelon le sera à son tour pour avoir trop écouté le cœur ; et la dialectique intarissable qu'il a mise, contre Malebranche, au service de Bossuet, il la tournera contre l'évêque de Meaux, infatigablement.

Mais que d'hérétiques, messieurs ! L'abbé Gassendi, prêtre fort correct, fut hérétique ; les jansénistes furent hérétiques ; Malebranche fut hérétique ; Fénelon fut hérétique ; Bossuet fut hérétique, au dire de Fénelon et de Joseph de Maistre. Cependant tous furent très bons, quelques-uns furent saints, et tous moururent dans le sein miséricordieux de l'Église.

En même temps qu'un très souple et très brillant théologien, l'abbé de Fénelon était déjà, dans ces années-là, un prédicateur émouvant et charmant, — et très original quand on y songe. Cela ne paraît pas tout d'abord, justement parce que cette éloquence religieuse de Fénelon ne « date » point, et que, par exemple, son sermon *pour l'Épiphanie* ou son sermon sur *Sainte Thérèse* pourraient fort bien avoir été écrits hier : mais au moment où ils furent prononcés, après les sermons si compliqués et si fortement agencés d'un Bourdaloue, ils étaient certainement nouveaux et durent paraître reposants et délicieux par leur arrangement tout uni, leur émotion toute spontanée et leur lyrisme aisé.

Ce sermon sur la *Vocation des Gentils*, d'un mouvement si continu, d'une imagination si vive et si belle, n'offre plus rien de ce qui restait encore d'un peu scolastique dans la composition des sermons de Bourdaloue ou même de Bossuet (ce qui ne veut nullement dire que Fénelon soit un sermonnaire supérieur à Bossuet ou à Bourdaloue). On n'y trouve plus ces « trois points » traditionnels, qui, fort souvent, chez le jésuite, se subdivisent chacun en trois autres points. Nous avons ici deux points seulement; que dis-je? deux pensées :

Mon cœur est partagé entre la joie et la douleur. Le ministère de ces hommes apostoliques et la vocation de ces peuples est le triomphe de la religion, mais c'est peut-être aussi l'effet d'une secrète réprobation qui pend sur nos têtes. Peut-être sera-ce sur nos ruines que ces peuples s'élèveront, comme les Gentils s'élevèrent sur celles des Juifs... Réjouissons-nous donc au Seigneur qui donne gloire à son nom : mais réjouissons-nous avec tremblement. Voilà les deux pensées qui rempliront ce discours.

Et la première partie est assurément brillante et même émue (en dépit d'un excès d'apostrophes et de prosopopées) : mais la seconde partie est, si je puis dire, d'un très bon confesseur et d'un homme qui connaît très bien la société de son temps :

Les hommes, gâtés jusque dans la moelle des os par les ébranlements et les enchantements des plaisirs violents et raffinés, ne trouvent plus qu'une douceur fade dans les consolations d'une vie innocente ; ils tombent dans les langueurs mortelles de l'ennui dès qu'ils ne sont plus animés par la fureur de quelque passion.

Et encore :

Après s'être corrompus dans ce qu'ils connaissent, ils blasphèment enfin ce qu'ils ignorent. Prodige réservé à nos jours ! L'instruction augmente et la foi diminue... De tous les vices, on ne craint plus que le scandale. Que dis-je? le scandale même est au comble : car l'incrédulité, quoique timide, n'est pas muette, elle sait se glisser dans les conversations, tantôt sous des railleries envenimées, tantôt sous des questions où l'on veut tenter Jésus-Christ.

Et tout le discours n'est ni d'un pédant, ni d'un capucin, ni même d'un jésuite, ni d'un imitateur de Bourdaloue ou de Bossuet; il est d'un abbé « honnête homme »; il est du séduisant, de l'élégant, de l'enthousiaste et aussi du très renseigné et clairvoyant abbé de Fénelon.

Ses idées sur l'éloquence de la chaire, Fénelon les expose dans ses quatre *Dialogues sur l'Éloquence*. On ne sait quand ils ont été écrits. Je suis tenté de croire que le premier dialogue, où l'auteur se contente presque de traduire et d'arranger Platon pour démontrer que le dernier but de l'éloquence est d'instruire les hommes et de les rendre meilleurs, a été écrit pour le duc de Bourgogne, autour de 1690, et le reste beaucoup plus tard.

Au commencement du premier dialogue, l'auteur fait la parodie et la caricature d'un sermon à la mode, mais dont quelques traits ne laissent pas de faire songer tantôt à Bourdaloue, tantôt à Fléchier ou à Massillon. Le morceau est fort joli :

... Hé bien, dit un des interlocuteurs qui revient du sermon, disons donc ce que j'ai retenu. Voici le texte : « *Cinerem tamquam panem manducabam.* Je mangeais la cendre comme mon pain. » Peut-on trouver un texte plus ingénieux pour le jour des Cendres? Il a montré que, selon ce passage, la cendre doit être aujourd'hui la nourriture de nos âmes ; puis, il a enchâssé dans son avant-propos, le plus agréablement du monde, l'histoire d'Artémise sur les cendres de son époux. Sa chute à son *Ave Maria* a été pleine d'art. Sa division était heureuse, vous en jugerez. Cette cendre, dit-il, quoiqu'elle soit un signe de pénitence, est un principe de félicité; quoiqu'elle semble nous humilier, elle est une source de gloire; quoiqu'elle représente la mort, elle est un remède qui donne l'immortalité. Il a repris cette division en plusieurs manières, et chaque fois il donnait un nouveau lustre à ses antithèses. Le reste du discours n'était ni moins poli ni moins brillant : la diction était pure, les pensées nouvelles, les périodes nombreuses; chacune finissait par quelque trait surprenant. Il nous a

fait des peintures morales où chacun se trouvait; il a fait
une anatomie des passions du cœur humain qui égale les
Maximes de La Rochefoucauld. Enfin, selon moi, c'est un
ouvrage achevé. Mais vous, monsieur, qu'en pensez-vous?

Sur quoi Fénelon, qui est représenté par un
autre interlocuteur, montre sans peine que le
texte choisi ne se rapporte pas à la cérémonie du
jour; qu'Artémise n'a rien à voir ici; que la
division est tout artificielle : « Vous voyez ici un
homme qui entreprend d'abord de vous éblouir,
qui vous débite trois épigrammes ou trois énigmes,
qui les tourne et retourne avec subtilité; vous
croyez voir des tours de passe-passe. »

Dans le deuxième dialogue (mais parle-t-il
encore du même orateur?), Fénelon nous dit :
« Le prédicateur que nous entendîmes ensemble...
dit tout du même ton; et toute la différence qu'il
y a entre les endroits où il veut s'animer et ceux
où il ne le veut pas, c'est que dans les premiers il
parle encore plus rapidement qu'à l'ordinaire. »

Plus loin :

Il faut (cependant) reconnaître que la chaire lui a de·
grandes obligations; il l'a tirée de la servitude des décla-
mateurs, il l'a remplie avec beaucoup de force et de
dignité. Il est très capable de convaincre : mais je ne
connais guère de prédicateur qui persuade et touche
moins. Il n'a rien d'affectueux, de sensible... Ce sont des
raisonnements qui demandent de la contention d'esprit...

Et enfin :

Vous me faites souvenir que le prédicateur dont nous

parlions a d'ordinaire les yeux fermés. Quand on le regarde de près, cela choque.

Plus de doute : c'est bien Bourdaloue dont Fénelon fait la critique. Et il est certain que ce très grand orateur, théologien et moraliste, n'a pas grand'chose de commun avec ces Grecs que Fénelon admire pour leur simplicité, leur grâce et leur sensibilité.

« Il n'a rien d'affectueux, de sensible. » Oh! la sensibilité! et la nature! Que Fénelon en abusera! Il en parlera presque autant que les philosophes du dix-huitième siècle. Et que de fois, malgré toute son élégance innée, il sera fade, sous prétexte d'être sensible et de n'écouter que son cœur! N'est-il pas curieux que la première partie de ce premier sermon (*De la Vocation des Gentils*), avec son intempérance d'émotion et ses continuelles interjections et apostrophes, fasse déjà penser, en dépit de sa grâce, au style des hommes « sensibles » du siècle suivant, au style des romans de l'abbé Prévot, des drames de Diderot, et de la *Julie* de Jean-Jacques, de ce Jean-Jacques que l'aristocrate Fénelon nous rappellera si souvent?

Tant ce prêtre pieux, qui sera dans les *Maximes des Saints* un pur mystique et, dans les *Tables de Chaulnes*, un prophète du passé, était cependant pénétré de l'esprit et de la sentimentalité du siècle futur!

Fénelon avait été nommé, en 1678, supérieur des « Nouvelles Catholiques ». Il fut, en 1685, envoyé dans les missions d'Aunis et de Saintonge, moins périlleuses, mais plus difficiles que celles d'Extrême-Orient, auxquelles il avait sans doute renoncé à cause de sa petite santé. Nous le retrouverons donc en face des protestants.

DEUXIÈME CONFÉRENCE

FÉNELON SUPÉRIEUR
DES « NOUVELLES CATHOLIQUES »

Je considère, je l'avoue, que la Réforme religieuse du seizième siècle, regardée par d'autres comme un des beaux moments du Progrès humain, a été un très grand malheur pour l'Europe et particulièrement pour la France, à qui elle valut trente années de guerre civile et, même après l'Édit de Nantes, la déchirure, à jamais, de son unité religieuse et, par conséquent, morale.

Et la Réforme n'était point nécessaire. J'entends qu'elle n'était point justifiée en raison.

Un de mes amis me propose ces réflexions :

« Cherbuliez, esprit vraiment libre, quoique protestant, l'a dit dans un de ses livres (1) : l'Église était devenue pour les peuples une vieille maison hospitalière et commode ; les savants et les philosophes commençaient à s'en

(1) *Le Prince Vitali.*

arranger ; le dogme lui-même s'assouplissait. Ce mouvement débonnaire aurait continué. Sans doute, il y avait des abus : simonie, vente d'indulgences (comme il y a, dans les gouvernements laïques, des Panamas et des trafics de décorations). Mais un bon pape aurait suffi à redresser ces incorrections regrettables. En se soulevant, non contre ces abus, mais contre l'Eglise même, le moine Luther et le prêtre Calvin, homme affreux, nous ont donné leur triste Réforme, laquelle nous a valu l'ordre des Jésuites, le rétrécissement du dogme, et, pendant longtemps, une intolérance catholique égale à celle des réformés. C'est bien fâcheux. Sans cela il y aurait encore une « chrétienté » ; toute l'Europe aurait aujourd'hui une même religion simplement traditionnelle et rituelle, qui pourrait être délicieuse. »

Et je ne prends à mon compte qu'une partie de ces propos.

La plus grande gloire de Bossuet, à mon sens, c'est de n'avoir pu prendre son parti de ce déchirement de la France et de la chrétienté. Cela, non seulement parce que, évêque catholique, il savait qu'il tenait la vérité : mais encore c'est un si grand bien pour un peuple que l'unanimité religieuse, qui entraîne l'unité de l'éducation et des mœurs, et par là double les forces de la communauté, et même la rend plus heureuse par la paix de l'esprit !

Et il ne lui paraissait pas absurde de croire que les dissidents pouvaient être ramenés, puisqu'ils continuaient d'admettre la révélation. — Lisez l'admirable *Histoire des Variations*, vous y verrez que les théologiens révoltés croient au surnaturel autant que les catholiques et demeurent aussi bizarres, aux yeux d'un esprit totalement détaché des dogmes, que les théologiens orthodoxes. Ils ne s'entendent d'ailleurs nullement entre eux, les uns voulant retrancher ceci, et les autres cela, de l'antique doctrine de l'Église. Ils se scandalisent mutuellement. Leurs incertitudes, leurs variations, leurs contradictions sont pitoyables. Ils déchirent leurs pays respectifs; ils démusèlent l'avidité et la barbarie des grossiers princes allemands; ils déchaînent des guerres où couleront des fleuves de sang .. Au nom de quoi? sinon de leurs passions, de leur fanatisme, de leur orgueil, de leur caprice? Et pour aboutir à quoi? A établir des dogmes qui diffèrent de nuances à l'infini selon les groupes de révoltés, mais qui ont tous ceci de commun, qu'ils échappent autant à la raison que les dogmes contre lesquels les novateurs s'étaient insurgés.

Bossuet avait d'autant plus de motifs d'espérer la conversion des dissidents, de tous les dissidents, qu'un grand nombre, pendant les règnes de Louis XIII et de Louis XIV, s'étaient convertis en effet, et très sincèrement. Et quoi de surprenant à cela? Revenir à l'Église, ce n'était point, pour eux, inaugurer le sacrifice de leur raison, puisque, même dans la Réforme, ils la sacrifiaient encore sur tant de points essentiels : mais c'était seulement la sacrifier sur quelques points de plus : opération facilitée par ce fait que, sur ces matières peu intelligibles, une interprétation imposée par une autorité quinze fois séculaire a quelque chose de rassurant.

Soixante-dix ans après *l'Histoire des Variations*, le protestant Jean-Jacques Rousseau dira, dans cette étonnante *Deuxième Lettre de la montagne* qui est la plus véhémente critique qu'on ait faite de la religion réformée et qu'il faudrait lire tout entière :

Quand les premiers réformateurs commencèrent à se faire entendre, l'Eglise universelle était en paix ; tous les sentiments étaient unanimes ; il n'y avait pas un dogme essentiel débattu parmi les chrétiens.

Dans cet état tranquille, tout à coup deux ou trois hommes élèvent leur voix, et crient dans toute l'Europe : Chrétiens, prenez garde à vous, on vous trompe, on vous égare, on vous mène dans le chemin de l'enfer : le pape est l'antéchrist, le suppôt de Satan ; son Eglise est l'école du mensonge. Vous êtes perdus si vous ne nous écoutez...

... Mais, leur répliqua-t-on, qui vous a donné cette belle commission de venir troubler la paix de l'Eglise et la tranquillité publique ? — Notre conscience, dirent-ils, la raison, la lumière intérieure, la loi de Dieu à laquelle nous ne pouvons résister sans crime : c'est lui qui nous appelle à ce saint ministère, et nous suivons notre vocation... Nous venons à vous, non avec des prodiges qui peuvent être trompeurs... mais avec les signes de la vérité et de la raison, qui ne trompent point...

... La dispute ne pouvait plus finir, les protestants sou-

tenant toujours que leurs interprétations et leurs preuves
étaient si claires qu'il fallait être de mauvaise foi pour s'y
refuser ; et les catholiques, de leur côté, trouvant que les
petits arguments de quelques particuliers, qui même
n'étaient pas sans réplique, ne devaient pas l'emporter sur
l'autorité de toute l'Eglise qui, de tout temps, avait décidé
autrement qu'eux les points débattus.

Mais les catholiques, continue Rousseau, auraient fort embarrassé leurs adversaires s'ils leur
avaient dit :

... Votre manière de raisonner n'est qu'une pétition de
principe ; car si la force de vos preuves est le signe de
votre mission, il s'ensuit, pour ceux qu'elles ne con-
vainquent pas, que votre mission est fausse...

« Voyez de plus, combien vous êtes injustes... Vous
réclamez l'autorité d'interpréter l'Ecriture à votre fantaisie, et vous prétendez nous ôter la même liberté. Vous
vous arrogez un droit que vous refusez à chacun de nous,
et à nous tous qui composons l'Eglise. Quel titre avez-
vous donc pour soumettre ainsi nos jugements communs
à votre esprit particulier ?... Vous dogmatisez, vous prê-
chez, vous censurez, vous anathématisez, vous excommu-
niez, vous punissez, vous mettez à mort, vous exercez
l'autorité des prophètes, et vous ne vous donnez que pour
des particuliers. Quoi ! vous, novateurs, sur votre seule
opinion, soutenus de quelques centaines d'hommes, vous
brûlez vos adversaires ! Et nous, avec quinze siècles d'antiquité, et la voix de cent millions d'hommes, nous aurons
tort de vous brûler ? Non, cessez de parler, d'agir en
apôtres, ou montrez vos titres ; ou, quand nous serons les
plus forts, vous serez très justement traités en impos-
teurs. »

A ce discours, voyez-vous, monsieur, ce que nos réformateurs auraient eu de solide à répondre ? Pour moi je ne
le vois pas ; je pense qu'ils auraient été réduits à se taire
ou à faire des miracles : triste ressource pour des amis de
la vérité.

Ainsi parle le protestant Rousseau. Bossuet est certainement moins dur dans ses infatigables discussions. On ne peut s'imaginer, si on ne l'a pas lu, ce qu'il y a montré de bon sens (dans les limites fixées par le dogme), de subtilité puissante, de persuasion et d'émotion et, toutes les fois qu'il le pouvait, de charité pour les personnes.

Ceci n'est-il pas d'une intelligence généreuse :

Les commencements de Luther, durant lesquels Mélanchton se donna tout à fait à lui, étaient spécieux. Crier contre des abus qui n'étaient que trop véritables, avec beaucoup de force et de liberté, remplir ses discours de pensées pieuses, reste d'une bonne institution, et encore avec cela, mener une vie sinon parfaite, du moins sans reproche devant les hommes, sont choses assez attirantes. Il ne faut pas croire que les hérésies aient toujours pour auteurs des impies ou des libertins, qui de propos délibéré fassent servir la religion à leurs passions...

Et toute la suite du chapitre.

Bossuet a toujours témoigné de la plus grande courtoisie pour les « ministres » de son temps. Mais, en outre, dans son *Histoire des Variations*, quand il rencontre Mélanchton, il ne peut se défendre d'une sympathie attristée pour l'âme délicate et scrupuleuse de ce mélancolique jeune homme.

Mélanchton joignait à l'érudition, à la politesse, et à l'élégance du style une singulière modération... Mélanchton

était simple et crédule; les bons esprits le sont souvent...
Il parut tant de faiblesse dans la conduite de Luther et ses
excès furent si étranges que Mélanchton ne les pouvait
plus ni excuser, ni supporter. Depuis ce temps, ses agita-
tions furent immenses. A chaque instant on lui voyait
souhaiter la mort. Ses larmes ne tarirent point durant trente
ans.

On peut dire que Bossuet a mené toute sa vie
cette généreuse bataille pour le rétablissement de
l'unité religieuse française. Il l'a menée uniquement par la plume et la parole. A un moment,
après une longue correspondance avec Leibnitz,
il a pu se figurer qu'il était bien près de trouver
le terrain d'entente avec les églises réformées. Il
est mort, je crois, sans en avoir désespéré. S'il
eut des illusions, elles furent belles et d'un grand
cœur. Nous ne saurions trop honorer la mémoire
de ce magnifique Français.

Or, en ce temps-là, le jeune abbé de Fénelon
était le disciple chéri et enthousiaste de Bossuet.
Bossuet, de forte race bourgeoise, devait être sensible aux grâces fines de ce très séduisant et un
peu maladif aristocrate. Bossuet, robuste Bour-
guignon, de l'espèce sérieuse, devait être amusé
de la vivacité et peut-être des innocentes hâble-
ries de ce cadet de Gascogne. Et Bossuet, grand
homme fort candide, devait être émerveillé et
touché de l'ardeur religieuse du jeune abbé, de
ses aspirations aux travaux apostoliques et au
martyre. Et de son côté, Fénelon, si intelligent.

devait admirer passionnément son grand ami pour son puissant génie ; et, si complexe, l'aimer pour sa simplicité d'âme ; et, si sensible, l'adorer pour sa grande bonté. Voici en quels termes affectueusement familiers il lui écrivait dans ces années-là :

... Mais le grand chancelier (l'oraison funèbre de Michel Le Tellier), quand le verrons-nous, Monseigneur ? Il serait bien temps qu'il vînt charmer nos ennuis dans notre solitude après avoir confondu au milieu de Paris les critiques téméraires. Je prie M. Cramoisy (le libraire) de nous regarder en pitié. *O utinam !*

Et voici de quel ton Bossuet parlait alors de Fénelon :

... Enfin, Madame, nous ne perdrons pas M. l'abbé de Fénelon ; vous pourrez en jouir, et moi, quoique provincial, je m'échapperai quelquefois pour aller l'embrasser.

Il est vraisemblable que ce fut sur la demande de Bossuet que l'archevêque de Paris (en 1678) nomma l'abbé de Fénelon, bien qu'il n'eût alors que vingt-sept ans, supérieur des *Nouvelles Catholiques* et des *Filles de Madeleine de Tresnel.*

Il y avait à Paris encore d'autres maisons de ce genre. Les deux premières étaient de 1634.

Ces maisons étaient officiellement « destinées à procurer aux jeunes protestantes converties des retraites salutaires contre les persécutions de leurs parents et contre les artifices des hérétiques ». (*Constitutions* pour la maison des Nouvelles Catholiques, 1675.)

Comment se recrutaient ces maisons ? Quelles en étaient généralement les pensionnaires ? Pourquoi des femmes, des jeunes filles, des enfants y étaient-ils placés ? Ni Crouslé, ni le terrible Douen (dont je vous parlerai tout à l'heure) ne nous le disent avec précision. Je pense, j'espère que, en principe, ce devaient être des orphelines survivant à des familles protestantes éteintes, ou bien des enfants appartenant à des familles où les catholiques étaient en majorité, ou peut-être encore des jeunes filles délaissées, et que le roi, dans un intérêt public, désirait marier ensuite avec des catholiques. Car il ne faut pas oublier que le roi, selon la plus ancienne conception de la royauté française, était considéré comme le père de tous ses sujets, et comme le protecteur et le tuteur, à l'occasion, de toutes les familles du royaume...

Le type ordinaire de ces conversions de jeunes protestantes, ce sera, si vous voulez, celle de Mlle d'Aubigné elle-même (Mme de Maintenon) et celle de sa nièce, Mlle de Villette (Mme de Caylus), qui se firent, je crois, sans drame ni violence. Mme de Maintenon « convertit » sa nièce pendant un voyage du père, — qui se convertit lui-même quelque temps après :

... Je pleurai d'abord beaucoup ; mais je trouvai le lendemain la messe du roi si belle que je consentis à me faire

catholique à condition que je l'entendrais tous les jours,
et que l'on me garantirait du fouet.

Ce fut aussi simple que cela, parce que Mlle de
Villette était une douce et spirituelle enfant, et
qu'il lui était fort égal d'entendre les mystères
de la grâce ou de la transsubstantiation comme
Bossuet ou de les entendre comme Calvin.
Je me plais à croire que c'était le cas le plus fré-
quent. Mais évidemment il y en avait d'autres.

La maison des « Nouvelles Catholiques ».
d'après M. Douen, n'était pas tant destinée,
comme son nom le ferait supposer, à recevoir
des personnes nouvellement converties qu'à produire des conversions nouvelles. C'était là que la
puissance royale faisait enfermer les victimes de
l'intolérance du temps, des personnes protestantes (et même musulmanes) qu'il s'agissait de
rendre catholiques bon gré mal gré ; des enfants
de tout âge enlevés à leurs parents ; des femmes
même, saisies par la police dans la maison de
leurs époux, et qui ne pouvaient plus sortir de
cette prison sans avoir fait profession de catholicisme, ou qui, si elles se montraient intraitables,
étaient envoyées, de ces maisons de détention,
dans des forteresses ou dans des lieux de réclusion infamants. M. Douen a rassemblé sur ce
sujet des faits qu'on ne peut lire sans horreur.

Mais enfin, qui est donc ce Douen?

C'était (car je pense qu'il est mort) un ancien

pasteur qui publia, en 1872, un livre intitulé *l'Intolérance de Fénelon*. Ce livre est d'une lecture doublement pénible, par les actes d'intolérance catholique qu'il relate en effet, et par les commentaires de l'auteur qui, visiblement, n'est, lui aussi, qu'un fanatique, et dont la face convulsée de haine surgit, pour ainsi dire, entre les alinéas.

M. Douen établit, d'après les papiers de La Reynie, que, dans les deux années qui suivirent la Révocation de l'Édit de Nantes (1685-87), cent vingt-cinq personnes passèrent ou séjournèrent plus ou moins dans la maison des « Nouvelles Catholiques ». « Sur cent vingt-cinq, soixante-dix-huit étaient de familles nobles, et un grand nombre d'autres appartenaient à la plus riche bourgeoisie ; quelques-unes avaient des femmes de chambre entretenues à leurs frais. » Sur ces cent vingt-cinq femmes, il y en a trente et une dont on ne sait ce qu'elles devinrent. Parmi les quatre-vingt-quatorze autres, vingt-cinq au moins abjurèrent entre les mains de Fénelon. « vaincues, dit Douen, par une longue et sévère réclusion » ; mais il le suppose, il n'en sait rien. Parmi les soixante autres, seize furent mises dans d'autres couvents, dix-neuf furent envoyées dans des cidatelles (« par Fénelon », dit M. Douen; mais cela, il le tire de son fond); dix furent expulsées du royaume. Ici les comptes de M. Douen s'embrouillent. Sur les soixante, il devrait en rester quinze : il nous parle de neuf seulement ; et il nous dit qu'elles furent « mises aux « Nouvelles Catholiques ». plusieurs pour la seconde fois ».

De tous ces faits, odieux certes, M. Douen rend Fénelon responsable, sans en apporter l'ombre d'une preuve. Car, dans les documents qu'il cite, le nom de Fénelon n'apparaît pas une seule fois. Ceux qu'on peut accuser, c'est le roi, c'est le lieutenant de police, c'est la Mère Garnier, supérieure de la maison. Et là-dessus, M. Douen appelle Fénelon « bourreau », « hypocrite », « tartuffe », « matérialiste! » « plus vil que les alguazils », et je ne sais quoi encore. Tout cela, pour des choses que Fénelon n'a peut-être pas connues, et que, dans tous les cas, il a simplement laissé faire, ne pouvant sans doute pas les empêcher.

S'il l'avait pu, l'aurait-il fait ? Je n'en sais rien. Il était prêtre, et croyant. Il était sûr de posséder la vérité (comme les pasteurs eux-mêmes). Sa tolérance n'était que relative. Presque personne alors n'était tolérant. (Vous me direz qu'aujourd'hui...) — Et, d'autre part, je sais bien que les abominations huguenotes n'excusent pas les abominations catholiques : mais il y a, dans ce livre de Douen, un ton de sectaire exaspéré qui implique tout de même un trop profond oubli des horreurs protestantes.

C'est notre faute. Si les catholiques avaient

employé à faire connaître les crimes des protestants, la moitié de l'acharnement que ceux-ci ont
mis à dénoncer les crimes des catholiques, à les
flétrir, à s'en indigner tous les jours que Dieu
fait, et à s'en venger indéfiniment (et encore hier
et encore aujourd'hui), on verrait qu'à tout le
moins l'Église romaine et l'autre sont à deux de
jeu; et peut-être que les huguenots nous laisse-
raient un peu plus tranquilles.

Tout ce qu'on pourrait leur opposer! Nous
avons, nous, pour aïeules directes, les âmes infiniment saintes des premiers apôtres, des premières vierges, des premiers martyrs. Mais il
ne faudrait pourtant pas l'oublier, il n'y a absolument rien de vénérable dans les origines et
dans les développements de la Réforme. Presque
tous ses héros ont leur tare. Calvin est un homme
sinistre. Et que ne pourrait-on pas dire des horribles princes allemands qui ne virent dans cette
prétendue révolte de la conscience qu'une occasion de voler les biens ecclésiastiques? Et l'épou-
vantable Henri VIII! et les longues persécutions
anglaises! Et, en France même, toutes les Saint-
Barthélemy protestantes qui, dans le Midi surtout, ont précédé ou suivi la Saint-Barthélemy
catholique! Ils ont détruit chez nous des milliers
d'églises. Non, vraiment, l'histoire de la Réforme
n'est point belle. Il a pu y avoir, parmi les premiers réformés, des consciences sincères et tour-
mentées : mais que le nombre en a dû être petit!

Il y a ceci de fâcheux, que l'intérêt personnel de
tous les promoteurs fut presque toujours du même
côté que leur nouvelle foi. Alors on juge mal du
degré de leur héroïsme. Nous sommes ici très
loin des premiers chrétiens. Pour qui n'est pas
dupe des mots, pour qui a le goût de voir les
choses comme elles sont, il est clair que, dans
les masses, les conversions au protestantisme ne
se sont pas faites, n'ont pas pu se faire à la suite
d'un drame intérieur, ni pour l'amour de la
liberté d'examen, ni en vertu de critiques et de
discussions théologiques, dans lesquelles le commun des hommes est même incapable d'entrer,
— mais tout simplement par intérêt, ou par esprit
d'imitation, ou sous la pression des pouvoirs. Ce
sont si peu des drames et des luttes de conscience
que, tandis que les premiers chrétiens ont fini
par triompher de l'Empire malgré les pouvoirs
publics et la force matérielle, la Réforme l'a
emporté dans tous les pays où elle avait pour elle
le gouvernement, et a été vaincue dans ceux où
elle l'avait contre elle. Et enfin il faut toujours
se souvenir que les trois hommes les plus intelligents (je crois) du seizième siècle, Érasme, Rabe-
lais et Montaigne, non seulement ne se sont point
ralliés aux Réformés, mais n'ont eu pour eux que
peu de sympathie.

Parlons après cela de l'« intolérance » de
Fénelon. (Quel mot emploiera-t-on pour Calvin
ou Henri VIII?) Elle consiste en ceci, que Féne-

lon souffrait, comme Français et comme prêtre, de la grande déchirure, et qu'il fut un homme de son temps, plus doux seulement que la plupart.

Il faudrait voir d'ailleurs de quelle espèce est l'intolérance de l'ancien régime. Même sous des apparences religieuses, elle est toujours essentiellement politique. L'ancien régime est tolérant pour ce qu'on appelait les libertins. Le mot de Louis XIV : « Mais c'est un janséniste. — Lui, Sire ? il ne croit même pas en Dieu. — Ah ! j'aime mieux cela », n'est pas seulement une amusante boutade, c'est un système. Personne n'est forcé ni de croire ni d'aller à la messe. On laisse les incroyants en paix, pourvu qu'ils ne le soient pas publiquement, qu'ils ne proclament pas leur incroyance. Encore leur souffre-t-on beaucoup de choses dans les livres, pourvu qu'ils usent de quelques précautions faciles. Vous verrez dans Bussy, dans Tallemant, dans Saint-Simon, même dans Mme de Sévigné, que, socialement, on admet les « libertins » ou « esprits forts », et qu'ils ont d'ailleurs été toujours très nombreux, et même autour du roi, du moins jusqu'à son mariage avec Mme de Maintenon. Sous ce régime de réelle tolérance ont pu vivre fort paisiblement des hommes comme Gabriel Naudé, Guy Patin, Gassendi, Des Yveteaux, Bernier, Molière, etc... et des milliers qu'on ne connaît pas. Et remarquez que les sermonnaires et Bossuet lui-même,

lorsqu'ils combattent les libertins, le font certes
avec douleur et avec indignation, mais sans un
mot qui implique jamais l'ombre d'un appel à la
législation publique. On plaint les incroyants, on
attend, on espère leur retour à Dieu : on ne les
persécute point quand ils sont suffisamment dis-
crets. On ne leur demande que de mourir décem-
ment ʹet selon les rites, et c'est ce qui arrive
presque toujours. On les épargne parce qu'on
peut les considérer, quant aux choses de la
religion, comme des gens qui, pour un temps,
s'abstiennent.

Mais les hérétiques, c'est autre chose. Les
hérétiques ne s'abstiennent pas. Les incroyants
ne choisissent point entre les dogmes : les hérétiques choisissent. Ils installent, en somme, religion contre religion. Être hérétique, c'est donc
rompre publiquement et orgueilleusement l'unité
religieuse, qui est un bien si indispensable ; être
libertin, ce n'est point la rompre, c'est s'en
retirer silencieusement et provisoirement, voilà
tout.

Et alors on comprend aisément les sentiments
d'un prêtre de ce temps-là, Français et sujet du
roi de France, à l'égard des hérétiques. Il peut se
contenter de plaindre un athée prudent et modeste
et qui ne menace pas l'unité de la foi, puisqu'il
ne croit rien. Mais l'hérétique, l'homme qui croit
autre chose, voilà l'ennemi. On conçoit, devant
cela, la douleur d'un bon prêtre et d'un bon sujet

du roi, et son irritation contre une erreur qui lui semble si funeste — et si absurde : car, songe-t-il, du moment que les protestants continuent de croire à la révélation, qu'est-ce que cela peut bien leur faire de croire au reste, c'est-à-dire à cette révélation interprétée par une autorité de quinze siècles ? C'est donc qu'ils y mettent de la malice ? Et l'on sait au surplus que, de la dissidence religieuse à la dissidence politique et aux relations suspectes avec les coreligionnaires de l'étranger, il n'y a qu'un pas.

Et voilà pourquoi l'ancien régime, assez clément aux esprits forts, le fut moins aux protestants, et même aux jansénistes.

Mais rien ne permet de croire à des violences sournoises de Fénelon supérieur des « Nouvelles Catholiques ». D'abord il ne paraît point qu'il se mêlât d'administration ; et probablement toutes ses fonctions consistaient à faire des instructions et des sermons aux pensionnaires, ou des écrits à leur intention. Puis, assuré de plaire, il pensait sans doute que sa parole et son charme devaient suffire aux conversions ; qu'il n'avait qu'à en attendre l'effet ; que les violences seraient superflues. Enfin, vous vous souvenez que la plupart des « Nouvelles Catholiques » étaient filles de qualité. Or toute sa vie Fénelon, autant qu'à ses devoirs de prêtre, fut attaché aux obligations spéciales de son état de gentilhomme, raffinements de courtoisie, respect affecté des femmes.

Il dut traiter les pensionnaires de la Mère Garnier avec égards et sans dureté, beaucoup parce qu'il était naturellement doux (quoi qu'en dise Brunetière), un peu parce qu'elles étaient « nées ».

Comment Fénelon les intruisait, de quel ton, de quel style, par quels arguments, nous pouvons nous en rendre compte, d'abord par *le Traité du ministère des pasteurs* qu'il composa expressément pour elles, et plus encore peut-être par un sermon qu'il prononça, on ne sait à quelle date, pour la *Profession religieuse d'une nouvelle convertie*.

Ayant affaire à des femmes, à des jeunes filles, même à de très jeunes filles, Fénelon se garde de trop de théologie ; il ne perd pas son temps à discuter sur les dogmes eux-mêmes, à débattre les questions relatives aux sacrements ou à la prédestination. Non, la question qu'il pose est celle-ci : — A qui appartient le droit de décider ? — A l'Église. — Quelle Église ? — L'Église romaine, c'est-à-dire celle où le ministère est transmis régulièrement depuis les apôtres jusqu'au temps présent. Mais ce ministère n'a pas été transmis aux pasteurs protestants.

Bossuet avait indiqué cela dans sa *Réfutation du catéchisme du sieur Paul Ferry :*

Que si la durée de l'Eglise visible est perpétuelle, il paraît plus clair que le jour qu'elle doit s'étendre dans tous les siècles par une continuelle succession. De là vient que toutes les véritables Églises sont apostoliques, parce qu'elles sont toutes descendues des Églises apostoliques par une succession non interrompue ; et ainsi elles sont réputées de la même race... Ces maximes étant supposées avec le consentement du ministre (Paul Ferry), je tire cette conséquence infaillible : qu'il suffit pour condamner une Église qu'elle n'ait pas la succession. Et dans quel abîme se cachera donc l'Église prétendue réformée, qui de peur qu'on ne doute de sa nouveauté, ne craint pas de la confesser elle-même ?

Fénelon ne fait que développer cette thèse. Le *Traité du ministère* est d'un excellent disciple de Bossuet. Je ne vous l'analyserai pas ; à quoi bon ? Mais vous pouvez le lire. C'est très bien. En voici la conclusion :

Il faut que les protestants avouent qu'ils n'ont point parmi eux le ministère selon l'institution divine... Ceux qu'ils ont ordonnés pour leur succéder n'ont pu avoir une mission et une ordination plus valides que la leur même : il n'y a donc point eu, jusqu'ici, de vrais ministres dans leur Réforme... Puisqu'ils ne sont point pasteurs, leur prédication est vaine et sans autorité. Quand même ils ne diraient que la vérité, leur parole ne serait dans leur bouche qu'une parole d'homme, et non la parole de Dieu... Leurs ordinations n'ont aucune vertu ; leur cène n'est ni la cène, ni le sacrement du Sauveur. Enfin leur église n'est point une église...

On sait bien que tous les arguments se réfutent. Mais celui-là est vraiment très fort. Les protestants répondent par la souveraineté du peuple. Ce dogme malheureux est une invention protestante. Ils ont été comme obligés à cette sottise pour autoriser les nouveaux pasteurs. Dans l'espèce, ce dogme se formule ainsi : — Tout le peuple des fidèles est dépositaire des promesses divines, et peut confier le ministère à qui bon lui semble, en vertu du droit naturel que tout homme possède de conférer à des personnes de sa confiance le soin de rassembler et de préparer les aliments dont il a besoin. *En vertu de ce même droit, toute fraction du peuple, qui se sépare du corps populaire, peut faire de même.* Il est facile de démontrer qu'en poussant la conséquence jusqu'au bout on aboutit nécessairement à la dissolution du corps des fidèles ; et aussi que ce prétendu droit populaire d'instituer des pasteurs ne repose sur aucun fondement théologique ni historique. (Cf. Crouslé.)

Cette argumentation était évidemment fort propre à impressionner des femmes, et à leur inspirer de la défiance à l'égard de leurs pasteurs, en leur montrant en eux, non plus des prêtres, mais de simples professeurs de religion et de morale, sans nul caractère sacré.

Mais c'est surtout le sermon *Pour la profession religieuse d'une nouvelle convertie* qui nous apprend de quels arguments Fénelon se servait d'ordinaire pour persuader les jeunes protestantes.

La personne dont il s'agit ici est une jeune fille de famille noble et riche ; jolie, intelligente, instruite, raisonneuse ; qui a joui vivement de l'état d'esprit protestant, du plaisir d'examiner ou de se figurer qu'on examine, de croire qu'on n'obéit qu'à ses propres lumières et qu'on a l'intelligence plus libre, la conscience plus ferme, l'âme plus belle que le commun des hommes et, notamment, que ces infortunés papistes. Or, cette fière jeune fille, l'abbé de Fénelon l'a convertie, et si bien, qu'elle ne s'est pas contentée de revenir à l'Eglise romaine, mais que cette passionnée est allée tout de suite jusqu'au couvent. C'est lui qui préside la cérémonie de ses vœux et de sa vêture, et il rappelle, dans son sermon, les principaux arguments par lesquels il l'a conquise.

Ce qu'il attaque d'abord, et ce qui est en effet la source même de l'hérésie et le grand obstacle à la conversion, c'est l'orgueil de l'esprit. Il signale, chez la brillante enfant, — outre « l'abus des richesses, des plaisirs, des honneurs, de la santé, des grâces du corps », — « l'orgueil naissant qui abuse déjà des prémices de la raison ». Il fait ce fin portrait de la jeune huguenote trop contente d'elle-même :

... Jeune créature, *flattée et éblouie de vos propres rayons*,... sous ces jeux innocents de l'enfance se déploie déjà *un sérieux funeste,* une raison faible qui se croit forte, une présomption que rien n'arrête... un amour forcené de soi-même, qui va jusqu'à l'idolâtrie.

... La voyez-vous qui court après les idoles de son invention ?... On lui dit : « Lisez les Ecritures, jugez par vous-même, préférez votre persuasion à toute autorité visible,

vous entendez mieux le texte que l'Eglise entière, de
qui vous tenez les sacrements et l'Ecriture même : le
Saint-Esprit ne manquera pas de vous inspirer par son
témoignage intérieur, vos yeux s'ouvriront ; et en lisant
avec cet esprit la parole divine, vous serez comme une
divinité. » On le lui dit, et elle ne rougit point de le
croire.

Et voici qui est tout à fait intéressant. Fénelon
ne fait commencer le protestantisme de son
héroïne qu'à cet instant de « superbe » intellec-
tuelle. Car l'hérésie, c'est l'orgueil :

... Telle fut, dit-il, ma chère sœur, la première démarche
qui vous égara des anciennes voies... *Jusque-là tout était
catholique en vous, tout, jusqu'à cette soumission même si
simple que vous aviez pour les faux pasteurs...* Vous ne
commençâtes d'être véritablement protestante qu'au moment fatal où vous dites dans votre cœur en pleine liberté :
Oui, je confirme la séparation de mes pères, et en lisant
les Ecritures, je jure que l'Eglise d'où nous sommes sortis
ne les entend pas.

(On songe : — Il suit de là que, d'après Fénelon lui-même, ceux qui sont protestants sans
orgueil ; ceux qui, dans le protestantisme, sont
soumis avec simplicité à leurs faux pasteurs
sont encore, dans le fond, des catholiques,
et cela est fort soutenable. Mais alors ceux-là,
pourquoi ne les laissez-vous pas tranquilles ?...)

Ce qui suit me paraît magnifique (et quel dommage de ne pouvoir citer intégralement !) :

... A cette parole si dure et si hautaine, c'en est fait,
l'Esprit se retire ; le lien fraternel se rompt... la charité

s'éteint ; l'autorité... si nécessaire pour soutenir les faibles,
pour arrêter les forts, pour tenir tout dans l'unité ; cette
autorité *sans laquelle la Providence se manquerait à elle-
même pour l'instruction des simples et des ignorants*, ne
paraît plus qu'une tyrannie. Quels maux affreux viennent
de cette source !

L'orateur les énumère, toujours avec la même
force. Mais quel remède? L'Écriture? Mais elle ne
donne la vérité qu'aux humbles... Et les protestants ne sont pas humbles... eux qui sont si
grands à leurs propres yeux ! Eux qui ne
craignent point de se tromper en expliquant les
Écritures, quoiqu'ils assurent que l'Église entière
s'y est trompée pendant tant de siècles... comme
si chacun d'eux avait personnellement l'infaillibilité qu'il ôte à l'Église. L'Écriture, c'est le
glaive à deux tranchants. Elle répand une lumière
vivifiante ; mais d'elle aussi sortent les ténèbres
vengeresses :

O livre inaccessible à l'orgueil des sages du siècle! Je
vois des chrétiens qui, comme les juifs, se croyant dès le
ventre de leur mère la race sainte, les héritiers de l'al-
liance, les interprètes des oracles, vous lisent toujours
avec un voile sur le cœur. Ils disent sans cesse : l'Ecriture ! l'Ecriture ! l'Ecriture ! comme les juifs disaient : le
temple ! le temple ! le temple ! Mais l'esprit de l'Ecriture,
qui seul peut vivifier, et qui n'est promis qu'au corps de
l'Eglise, les a quittés quand ils l'ont quittée, et la lettre
les tue.

Et ici Fénelon rappelle les résistances de la
belle huguenote, alors qu'il discutait intermina-

blement avec elle dans le parloir des « Nouvelles
Catholiques ». Et cela est très beau, très pathétique, et à la fois d'une finesse d'analyse et d'une
puissance d'évocation singulières :

> La coutume, qui peut toujours plus qu'on ne croit sur
> ceux mêmes qui auraient honte de lui céder ; la confiance
> en vos ministres qui, sous une apparence de liberté,
> tenaient tous les esprits assujettis aux résolutions de
> leurs synodes nationaux ; les liens de la chair et du sang,
> ah ! tristes liens, liens que je ne puis nommer sans faire
> saigner la plus douloureuse plaie de votre cœur ! enfin une
> haine héréditaire de l'Eglise, haine qui, au seul nom de
> Rome, soulevait vos entrailles et se nourrissait jusque
> dans la moelle de vos os, ne vous laissaient pas à vous-
> même...

Et il la revoit, comme elle était devant lui, la
jeune adversaire savante et entêtée. « Vous écou-
tiez, non pour examiner, mais pour répondre. Un
silence nonchalant, ou un rire dédaigneux, ou
une réponse subtile repoussait les raisons dont
vous ne sentiez pas encore la force. »

Et ce qui surtout irritait le convertisseur, c'est
que la gracieuse hérétique se dérobait toujours,
et c'est que ce prétendu libre esprit n'avait plus
aucune liberté. En réalité, les réformés, affranchis,
disent-ils, par le libre examen, ne veulent plus
examiner du tout ni qu'on examine leur Réforme.
L'autorité qu'ils subissent est aussi absolue que
celle des catholiques et leur prévention aussi
forte. Fénelon nous le dit avec autant de vigueur
que d'ironique finesse :

Qui le croirait, que l'examen, unique fondement de cette
Réforme, fut néanmoins ce qu'il est le plus difficile d'obtenir d'elle? « Enquérez-vous, dit-elle, diligemment des
Écritures. » Ne penseriez-vous pas qu'elle ne dispense
personne de l'examen? Elle veut qu'on lise et qu'on juge,
mais à condition que le juge demeurera toujours prévenu.
Car si vous allez de bonne foi, dans cet examen, jusqu'à
mettre en doute la religion protestante, jusqu'à vous rendre
entièrement neutre entre les deux Églises : « C'en est fait,
s'écrient-ils, vous êtes perdu; c'est à la voix de l'enchan-
teur que vous prêtez l'oreille. »

Que s'il arrive enfin au missionnaire opiniâtre
de fixer l'adversaire toujours fuyant et de le convaincre, rien n'est fait encore. L'esprit de contradiction qui persiste, et cet entêtement sans raison, qui, en se prolongeant, devient tout à fait
invincible, tout cela ferme la bouche au caté-
chisé, et lui tient les lèvres invinciblement
serrées. Ici, un aveu direct, et bien précieux, de
l'orateur.

Combien de fois ai-je éprouvé ce que je vais dire! Vous
avez convaincu sur tous les articles, vous croyez avoir tout
fait; mais vous ne faites rien si, par un puissant attrait de
piété, vous n'enlevez l'âme à elle-même *pour lui faire
sentir ce que c'est que d'être humble;* si vous ne boule-
versez le fond d'une conscience, si vous ne tenez un cœur
en suspens et comme en l'air au-dessus de ses préjugés.

Bref, il faut comme une grande émotion invo-
lontaire où toute l'âme se fond et s'abandonne. Il
faut la grâce. « Vous aimiez le mensonge, ma
chère sœur, mais la vérité vous aimait; vous étiez
à elle avant la création du monde, et vous deviez

enfin l'aimer. » ... L'heure de Dieu est venue....
vos yeux s'ouvrent... « Seigneur que voulez-vous
que je fasse?... Que vois-je? Où suis-je?... Que
sont devenus tous ces objets que j'ai cru voir si
clairement? Tout s'évanouit, tout m'échappe;
tout ce qui m'appuyait se fond dans mes mains.
Ma vie entière n'a donc été qu'un songe, et voici
mon premier réveil. »

Dès lors, toutes les difficultés se résolvent par
l'humilité et par l'amour :

O Père tout ensemble des lumières et des miséricordes !
O Dieu de consolation! Vous me faites entrer dans
toute la vérité par le seul sentiment que vous me donnez
de ma misère et de mon impuissance... Je n'ai plus besoin
du raisonnement; voici l'enfance marquée dans l'Evangile,
la voie abrégée pour les pauvres d'esprit que Jésus-Christ
nomme bienheureux : les yeux fermés, ne sentir plus que
son ignorance et la bonté de Dieu.

Fénelon repasse alors les réponses qu'il faisait
naguère, dans ses instructions familières, aux
principales objections de ces femmes et de ces
jeunes filles : si bien que nous croyons assister à
une séance de son catéchisme. Il laisse de côté
les points sur lesquels il pourrait discuter avec
un ministre et, par exemple, la théorie de la
grâce : il suppose que, sur cet article, particulièrement inintelligible, une femme sera accommo-
dante. Il ne retient, pour les réfuter en quelques
mots décisifs (et le plus souvent par des raisons

de sentiment) que les objections familières au commun des protestants, celles qu'ils jettent le plus facilement à la tête des catholiques.

Sur la présence réelle : « … Ici, l'amour simple prend tout à la lettre. » Et cet argument ingénieux : « Appliquez à la Trinité et à l'Incarnation le sens de *figure* que vous donnez avec aussi peu de fondement à l'Eucharistie, le christianisme n'est plus qu'un nom ; l'Écriture, qu'un amas d'allégories susceptibles de toutes sortes de sens. » — Sur les prières pour les morts et les indulgences, il allègue surtout la beauté et la douceur de cette union de l'Église de la terre avec l'Église du ciel. — Sur le culte des images, il fait dire à sa jeune convertie : « … O aimable représentation du Sauveur mourant pour mes péchés ! Je n'ai garde de la servir, car je suis jalouse de ne servir que celui dont elle est l'image ; mais, pour l'amour de lui, je me sers d'elle, et je l'honore comme le livre des Évangiles, qui est aussi une image des actions et des paroles du Sauveur, ou comme on salue un pasteur, devant qui on se met quelquefois à genoux, même parmi les protestants. » — Sur l'office en latin : « Peut-on appeler une langue inconnue, à laquelle on ne peut en conscience répondre *amen*, une langue qui est familière à la plupart des personnes instruites, et dont on met des versions fidèles dans les mains du reste du peuple?… Le latin est-il plus inconnu au peuple chrétien, que le français du siècle passé ne l'est aux paysans de Gascogne et de tant d'autres provinces, qui, dans la Réforme, ne chantaient les psaumes et n'avaient la Bible qu'en cette langue si éloignée de la leur et devenue si barbare ? » — Sur les cérémonies catholiques : « ... Est-ce donc là, ajoute-t-elle, ce que j'appelais des superstitions ? Je n'y vois que des représentations sensibles de nos mystères, pour mieux frapper les hommes attachés aux sens. Ce n'est point les connaître, que de leur donner un culte sec et nu, tel qu'était le nôtre. »

Ainsi, la seconde partie de cet admirable sermon nous donne une idée fort exacte des leçons que faisait l'abbé de Fénelon aux « Nouvelles Catholiques » Et dans la première partie, il nous a fait, avec pénétration, ce qu'on pourrait appeler la psychologie de l'hérétique, et nous a tracé aussi un émouvant tableau du drame qui se joue entre lui et son catéchiste. Et sans doute Fénelon, qui se sentait si supérieur à ses auditrices, et pour qui, au surplus, la doctrine catholique était l'évidence même, et l'unité dans la foi le plus grand bien du monde, a pu s'irriter quelquefois contre la résistance inattendue, l'orgueil secret, la soumission décevante et jamais définitive de ces femmes et de ces petites filles : mais il paraît, ici, connaître trop bien le cœur humain, et ce que c'est qu'une conversion, et comme elle s'opère, et quels obstacles toujours renaissants elle rencontre dans ce cœur ; il se rend trop bien compte de l'horrible et incroyable difficulté qu'il y a à se convertir : (« Seigneur, mettez devant vos yeux ses larmes, ses os brisés et ses entrailles déchirées ») ; il paraît trop persuadé que la grâce seule peut achever l'œuvre du missionnaire ; enfin, dans tout ce discours, sa vue est trop pénétrante, et son accent trop ému, trop tendre même, pour qu'on puisse le soupçonner d'avoir maltraité pour son compte ou même laissé sciemment maltraiter ces jeunes filles et ces femmes. Il les aurait plutôt aimées en proportion de la peine qu'elles lui donnaient. Ici, je crois, nous pouvons l'absoudre et même l'admirer.

En Saintonge, nous verrons.

TROISIÈME CONFÉRENCE

FÉNELON MISSIONNAIRE
« L'ÉDUCATION DES FILLES »

La Révocation de l'Edit de Nantes fut signée le 17 octobre 1685, à l'applaudissement de presque toute la France, les victimes exceptées.

Le rétablissement de l'unité religieuse en France par l'extinction du protestantisme avait toujours été un des principaux desseins du roi. Pendant tout son règne, les conversions avaient été nombreuses; souvent intéressées d'ailleurs. Mais, en cette année-là, on lui annonçait de toutes les parties du royaume, et surtout du Midi, que les populations huguenotes se convertissaient en foule ; que les villes en corps abjuraient l'hérésie ; que, dans des provinces entières, il ne restait plus qu'un nombre infime de protestants. « Il est vrai que la seule menace des garnisaires avait dans maint endroit fait des prodiges : on aimait mieux prévenir les soldats que de les attendre. » (Crouslé.)

Le roi crut le moment venu d'abolir les garanties que son aïeul Henri IV avait accordées aux églises protestantes. « La religion réformée, en tant que puissance légalement reconnue, n'existait plus en France. »

Les Réformés se soumirent. Que pouvaient-ils faire ? (L'Eglise catholique aussi et les ordres religieux se sont soumis à la loi dans ces derniers temps.)

Mais ni le roi, ni ses ministres, ni l'Eglise ne se contentèrent d'une soumission de pure forme. On voulait, de ces « nouveaux convertis », faire de véritables catholiques. Scrupule touchant, ou exigence extravagante. On envoya donc les hommes les plus habiles et les plus éloquents du clergé prêcher les hérétiques extérieurement soumis et achever leur conversion intérieure.

Bourdaloue fut à Montpellier, Fléchier en Bretagne.

Fénelon était tout indiqué, par ses précédents travaux, pour être un des prédicateurs. Sur le conseil de Bossuet, il fut envoyé en Aunis et en Saintonge, sur le littoral. Il y travailla de décembre 1685 à juillet 1686, et de mai à juillet 1687. Il fut le chef et l'organisateur de la mission. Il s'était adjoint comme collaborateurs quelques amis personnels, tels que l'abbé de Langeron, et des clients de l'évêque de Meaux.

Le plan du roi était celui-ci : 1° contraindre les huguenots à se convertir ; 2° leur faire aimer la foi qu'on leur avait imposée par la force. Ce second projet était peut-être un peu naïf. D'autant que les prêtres chargés de changer les cœurs restaient en rapport avec les intendants et les soldats chargés de contraindre les corps.

Je dois dire que cela paraissait naturel et raisonnable au plus grand nombre des contemporains.

Mme de Sévigné écrit le 28 octobre 1685, sur le Père Bourdaloue :

Il s'en va, par ordre du roi, prêcher à Montpellier et dans ces provinces où tant de gens se sont convertis sans savoir pourquoi. Le P. Bourdaloue le leur apprendra et en fera de bons catholiques. Les dragons ont été de très bons missionnaires jusqu'ici : les prédicateurs qu'on envoie présentement rendront l'ouvrage parfait.

Et le 24 novembre 1685 :

J'ai retrouvé notre cher Corbinelli comme je l'avais laissé, un peu plus philosophe, et mourant tous les jours à quelque chose... Il convertit plus d'hérétiques par son bon sens et par ne pas les irriter par des disputes inutiles, que les autres par la vieille controverse. En un mot *tout est missionnaire présentement...*, et surtout les magistrats et les gouverneurs de province, soutenus de quelques dragons : c'est la plus grande et la plus belle chose qui ait été imaginée et exécutée...

Ainsi les missions, comme la révocation elle-même, sont à la mode dans le monde parisien et courtisan. — Mme de Sévigné, toutefois, raille un peu. Mais M. de Basville, intendant du Languedoc, écrit avec un sérieux et une candeur redoutables (Au contrôleur général Le Peletier, octobre 1685) :

> Je crois pouvoir vous mander présentement la conversion de tout le Languedoc ; du moins les Cévennes sont entièrement converties. Il n'y a pas un lieu un peu considérable où je n'aie été avec le duc de Noailles, et tout s'est converti à son arrivée. (Je crois bien !)... Voilà un grand ouvrage ; mais, en vérité, il ne faut pas encore le croire entièrement consommé. Il demande bien des soins. Il est question de gagner les cœurs, et de faire comprendre à ce grand nombre de convertis qu'ils ont bien fait de prendre ce parti, qu'ils n'ont pris que par une obéissance aveugle aux ordres du roi. Ils m'ont paru fort disposés à recevoir l'instruction et la souhaiter ardemment. Parbleu !

Donc, voilà Fénelon chef de mission en Saintonge. Il était en correspondance continuelle avec Seignelay, secrétaire d'État à la marine, et il trouvait à Rochefort un intendant, M. Arnoul, très zélé, et qui tour à tour prêchait lui-même les dissidents comme un évêque, et les terrorisait par ses dragons.

Mais, bien entendu, quand Fénelon ou ses collaborateurs parlaient, on cachait les dragons. Sur le conseil de l'intendant, Fénelon commença par Marennes. Il était charmant, nous le savons ; il plut tout de suite, et crut qu'il allait faire merveilles. Il écrit à Mme de Beauvilliers (28 décembre 1685) :

> Les peuples commencent ici à nous aimer ; ils courent en foule à nos instructions ; ils nous arrêtent dans les

rues pour nous parler. « Ils sont bonnes gens, disent-ils
en parlant de nous ; ils nous prêchent bien l'Écriture. »
Vous auriez du plaisir à nous voir embrasser ces marchands et ces matelots. Les applaudissements qu'ils nous
donnent leur sont utiles et ne nous font point de mal :
ils servent à les rendre dociles, et la grossièreté de
ces gens-là est un bon préservatif contre les tentations
de vaine gloire, quand ils nous donnent des louanges...

« La grossièreté de ces gens-là » et le badinage qui suit... oh ! que voilà qui est peu d'un
apôtre ! Jamais Bossuet n'eût écrit cette phrase.
Si Fénelon estime les âmes à leur prix surnaturel, pourquoi ce ton dédaigneux ? S'il prend sa
tâche au sérieux, pourquoi ce ton badin ? Ou,
s'il ne la prend pas au sérieux, que vient-il faire
là et que ne laisse-t-il ces gens tranquilles ? Je
sais qu'il s'amuse et n'y met aucune perversité :
mais cet amusement est un peu inattendu.

Quoi qu'il en soit, il partage l'illusion générale
et croit déjà la partie gagnée. Mais *trois semaines
après*, il change de ton.

Il écrit à la duchesse de Beauvilliers :

Voici ce que je vous supplie de faire lire à M. le marquis de Seignelay en secret :

Nous avons trouvé dans tous les esprits *un attachement
incroyable à l'hérésie ;* ils paraissent néanmoins frappés de
nos instructions jusqu'à verser des larmes et à paraître
quelquefois persuadés.

(Il est possible : Fénelon avait sans doute des
accents touchants ; et d'ailleurs ces malheureux
pleuraient sur eux-mêmes.)

Mais la cabale qui est entre eux, et les lettres envenimées qu'ils reçoivent des ministres qui sont passés en Hollande, renversent bientôt après toutes ces bonnes dispositions.

Voilà la vérité. Les nouveaux convertis n'étaient pas convertis ni disposés à se convertir. Et c'était bien naturel. Fénelon leur reproche ce que lui-même aurait fait probablement par simple point d'honneur, s'il avait été à leur place.

Mais alors que faire ? On ne peut pourtant pas révoquer la Révocation de l'Édit de Nantes. Notez que Fénelon, qui plus tard sera, qui est déjà peut-être ennemi du despotisme, ennemi de la guerre et de la violence, n'en croit pas moins que le pouvoir civil a le droit de maintenir ou de rétablir, même par la violence, l'unité religieuse. — En outre, il estime qu'un groupe de dissidents religieux est un danger permanent dans un grand État, quand cet État a justement pour ennemis et pour voisins des peuples de la même religion que cette minorité dissidente. Il sait que le fait d'avoir la même religion constitue, par-dessus les frontières, un lien plus fort que d'être de la même patrie. Et, comme Français et comme politique, il s'en alarme. Il écrit dans le cours de 1686 à 1687 :

Notre arrivée en ce pays, jointe aux bruits de guerre qui viennent sans cesse de Hollande, font croire à ces peuples (d'Aunis et de Saintonge) qu'on les craint et qu'on les ménage. Ils se persuadent qu'on verra bientôt quelque grande révolution, et que le grand armement des Hollandais est destiné à venir les délivrer...

Les lettres pastorales de Jurieu et les autres lettres innombrables de Hollande renversent toutes les cervelles...

Dès qu'on paraît les ménager, ils concluent que le roi y est obligé par l'état des affaires étrangères...

Il importe moins au roi de fortifier des places frontières que de mettre en sûreté une côte tout ouverte, où il y a des hérétiques innombrables qui, par une abjuration contrainte, n'ont fait que de s'envenimer davantage contre l'Eglise et contre le roi, et dont on devrait attendre les dernières fureurs dans des temps de trouble.

Bref, il croit à une complicité naturelle et inévitable des hérétiques avec l'étranger (surtout depuis qu'on a commencé à les contraindre) ; et, bien que cette complicité ait peut-être ses excuses, cela ne l'incline point à l'indulgence.

Mais, d'autre part, il croit, sinon à l'illégitimité, du moins à l'inefficacité de l'emploi de la force en ces matières. Plus tard, en 1707, dans le discours *Pour le sacre de l'électeur de Cologne*, il semble définir après coup la conduite qu'il a tenue ou qu'il aurait voulu tenir dans ses missions d'Aunis et de Saintonge :

... Si vous ne voulez qu'intimider les hommes, et les réduire à faire certaines actions extérieures, levez le glaive, chacun tremble, vous êtes obéi. Voilà une exacte police, mais non point une sincère religion... Souvenez-vous que le culte de Dieu consiste dans l'amour... Pour faire aimer, il faut entrer au fond des cœurs... La force peut-elle persuader les hommes ? peut-elle leur faire vouloir ce qu'ils ne veulent pas ? Ne voit-on pas que les derniers hommes du peuple ne croient ni ne veulent point

toujours au gré des plus puissants princes? Chacun se
tait, chacun souffre, chacun se déguise... chacun flatte,
chacun applaudit : mais on ne croit et on n'aime point ; au
contraire, on hait d'autant plus qu'on supporte plus impatiemment la contrainte qui réduit à faire semblant d'aimer.
Nulle puissance humaine ne peut forcer le retranchement
impénétrable de la liberté d'un cœur.

... La correction révolte secrètement jusqu'aux derniers
restes de l'orgueil ; elle laisse au cœur une plaie qui s'en-
venime facilement...

Évidemment ceci, écrit en 1707, est un souvenir de ce qu'il a vu en Saintonge vingt ans auparavant. Et enfin :

Le pasteur expérimenté dans les voies de la grâce
n'entreprend que les biens pour lesquels il voit que les
volontés sont déjà préparées par le Seigneur. Il sonde les
cœurs ; il n'oserait pas faire deux pas à la fois ; et, s'il le
faut, *il n'a point honte de reculer.*

À mon avis, Fénelon, en Saintonge et en
Aunis, a fini par reculer. Et cela lui fait grand
honneur. Mais, en attendant, il fait ce qu'il peut
et déploie toutes les ressources d'un esprit très
fin, très ingénieux, très politique et très bon
observateur de la réalité.

Il a vu du premier coup d'œil le mal produit
par la Révocation, ce prétendu chef-d'œuvre du
roi, et par les conversions forcées ; et il ne le
cache point dans ses lettres. C'est la ruine des
populations. La navigation et le commerce ont
été mortellement frappés. Les logements mili-
taires (dragonnades) ont épuisé les habitants ; ils

s'en sont débarrassés par une feinte soumission ; mais ils se sont bientôt occupés de transporter leurs personnes et leurs biens à l'étranger... Il ne restera bientôt plus dans le pays que les pauvres ; et encore combien chercheront à fuir ! Car, de quoi vivront-ils dans ce pays abandonné par les familles qui en faisaient la prospérité ? — Le gouvernement du roi envoie des fonds pour distribuer des aumônes, et il essaye de barrer le passage aux fuyards. Mais quel état violent ! Que de tyrannie d'une part ! et de misère de l'autre ! (Crouslé.)

Un mois après sa lettre à la duchesse de Beauvilliers, Fénelon écrit, directement cette fois, au marquis de Seignelay :

Je crois devoir me hâter de vous rendre compte de la mauvaise disposition où j'ai trouvé le peuple de ce lieu. Les lettres qu'on leur écrit de Hollande lui assurent qu'on les y attend pour leur donner des établissements avantageux, et qu'ils seront au moins sept ans en ce pays-là sans payer aucun impôt. En même temps, quelques petits droits nouveaux qu'on a établis sur cette côte, coup sur coup, les ont fort aigris. La plupart disent assez hautement qu'ils s'en iront dès que le temps sera plus assuré pour la navigation.

Les illusions de Fénelon sont donc entièrement dissipées. Je ne sais pas si, à ce moment-là, il regrette la Révocation : du moins il néglige, dans ses lettres, d'en célébrer la beauté. Mais il ne peut être question de revenir en arrière. Tout ce qu'il peut faire, c'est de tirer le meilleur parti possible d'une situation très fâcheuse. Et l'on peut dire que, dans une affaire très spéciale et sur un terrain assez restreint, il se montre grand politique.

Deux grandes règles : 1° avoir soin que les dissidents ne connaissent les missionnaires que par des bienfaits et ne puissent jamais leur attribuer les mesures de rigueur; 2° établir pour les nouveaux convertis une sorte de régime religieux de transition, qui ne s'oppose pas trop violemment à leurs anciennes habitudes.

Fénelon n'admet pas la contrainte en matière de sacrements. (« Si nous avions voulu, écrit-il, éblouir de loin, nous aurions fait communier tout Marennes et toute la Tremblade; mais nous aurions, par cette précipitation, fait des scélérats, et serions indignes du ministère qu'on nous a confié. ») Mais il admet que l'on oblige les prétendus convertis d'assister à la messe et aux instructions, — pourvu que ce soit le pouvoir civil qui y tienne la main, et que les missionnaires puissent l'ignorer. Il écrit à Seignelay :

Pendant que nous employons la charité et la douceur des instructions, il est important, si je ne me trompe, que les gens qui ont l'autorité *la soutiennent,* pour mieux faire sentir aux peuples le bonheur d'être instruits doucement. Je crois que M. l'intendant (Arnoul) sera ici dans peu de jours ; cela sera très utile, car il sait se faire craindre et aimer tout ensemble. Une petite visite qu'il vint me rendre à Marennes fit des merveilles; il acheva d'entraîner les esprits les plus difficiles. Depuis ce temps-là, nous avons trouvé les gens plus assidus et *plus dociles.*

Cela fait frémir. Ceci est bien curieux (à Seignelay, 26 février 1686) :

> ... Cependant, je sais que, dans les lieux *où les missionnaires et les troupes sont ensemble,* les nouveaux convertis vont en foule à la communion. Ces esprits durs, opiniâtres et envenimés contre notre religion, *sont pourtant lâches et intéressés.*

Hélas ! la plupart des huguenots n'étaient point des héros en effet : ils ressemblaient en cela à la plupart des catholiques. Mais les persécutés n'ont vraiment pas de chance. Fénelon s'indigne contre eux quand ils résistent, et il les méprise quand ils cèdent. Alors, qu'est-ce qu'il veut ?

Par moments, dans l'entraînement de l'action, il n'est plus qu'un homme qui, persuadé de la bonté du but à atteindre, persuadé surtout qu'il *faut* l'atteindre, y emploie sans scrupule les moyens qui lui semblent le plus sûrs.

Il conseille la fabrication de faux libelles protestants :

> Il me paraît qu'il serait très utile de faire imprimer en Hollande et ensuite de répandre chez les nouveaux convertis des lettres qui montrassent le ridicule et l'emportement de celles de Jurieu... Afin que ces lettres ne fussent point suspectes, il faudrait qu'elles ne parussent point catholiques. L'envie et la division qui règnent en Hollande rendraient cela très vraisemblable.

Il organise des conférences contradictoires où les convertis sont admis à proposer leurs difficultés. Dans une de ces réunions, un personnage

que Fénelon qualifie de fou « voulut parler librement ; mais on le fit taire d'abord ». Il revint
deux jours après, Fénelon « le fit sortir doucement ». Et l'autorité civile mit le « fou » en
prison.

Il propose à Seignelay « de choisir en chaque
lieu les esprits envenimés et contagieux... et de
les exiler dans le cœur du royaume, où il n'y a
guère de huguenots. On pourrait sacrifier à cet
exemple ceux dont l'absence ne nuirait à ces
côtes ni pour la marine ni pour le commerce ».
(Car le souci de l'intérêt public ne l'abandonne
pas). « Dans cet exil, ils serviraient d'*otages* pour
leurs familles, qui ne pourraient déserter. » —
En revanche, il propose de laisser partir librement (ce qui est à la fois humain et habile) « un
certain nombre d'esprits séditieux qui, ayant vécu
sans religion pendant qu'ils étaient huguenots,
veulent maintenant se signaler dans la cabale
par leur chaleur contre l'Église catholique, et
certains fanatiques qui n'écoutent rien et dont
on ne peut redresser le travers... Il est certain
(d'ailleurs) que ces factieux sont les moins riches,
les moins laborieux et les moins utiles au commerce ».

Enfin, il est d'avis que l'on refuse aux nouveaux convertis « la liberté de voir les prisonniers ». (Pour quels méfaits ces hommes étaient-
ils retenus en prison? On ne sait, sauf pour un
d'eux, qui « avait craché l'hostie dans l'église,

après avoir communié, pendant une mission des Récollets ») :

Comme ceux-ci ne souffrent la prison que pour se glorifier de leurs chaînes dans tout le parti, dès qu'ils voient quelque nouveau converti, ils ne parlent que de leurs consolations et de leur zèle pour le martyre. Cent prédicateurs ne sauraient faire autant de bien qu'un seul prisonnier fait de mal quand il parle ainsi. Il ne faudrait pas même que les prisonniers eussent entre eux la liberté de se voir.

Et tout cela est fort intelligent, mais dur.

Un peu de corruption pourra achever les bons effets d'un peu de compression. Fénelon veut qu'on donne des pensions secrètes à certains chefs du parti qui commencent à revenir de bonne foi. « Par eux, dit-il, on saurait beaucoup de choses importantes. »

Voilà ce qu'il propose secrètement. Mais voici ce qu'il fait ouvertement.

Sans cesse il intervient entre les protestants et le pouvoir civil ou militaire. Il sollicite pour eux des soulagements et des grâces. Il signale au ministre les abus commis par l'administration des finances et le mécontentement causé par des impôts vexatoires. Il supplée aux aumônes du Consistoire protestant par des secours distribués aux pauvres qui se convertissaient et qui perdaient ainsi leur part de ces aumônes. Il écrit le 26 février 1686 : « J'ai pris soin que plusieurs petites grâces, que nous obtenions pour les habi-

tants de Marennes, passassent extérieurement
par le canal des Jésuites, et j'ai fait valoir au
peuple qu'il leur en avait l'obligation. »

Il est désolé de l'insuffisance du clergé local.
L'évêque de Saintes est « trop mou et trop crédule ». Le curé de Marennes « est vieux et un
peu fou ». Les autres « n'ont aucun talent de
parler, et c'est une confusion pour l'Église catholique ; car les huguenots étaient accoutumés à
avoir des ministres qui les consolaient et les
exhortaient par des paroles touchantes de l'Écriture ». — Quant aux moines, « les Récollets sont
méprisés et haïs, surtout des huguenots dont ils
ont été les délateurs et les parties en toute occasion. Les Jésuites de Marennes sont quatre têtes
de fer, qui ne parlent aux nouveaux convertis,
pour ce monde, que d'amende et de prison, et,
pour l'autre, que du diable et de l'enfer ».

Sa méthode, à lui, et celle qu'il conseille à ses
collaborateurs est bien différente :

Nous tâchons d'éviter dans nos sermons l'air contentieux
des controverses... *Nous faisons couler les preuves* par voie
de simple explication... Ainsi nous insinuons tout ce qu'il
faut pour faire de vrais catholiques, en ne paraissant travailler qu'à faire, en général, de bons chrétiens.

Et encore ceci, qui est si librement vu :

Car il s'agit bien moins au fond de controverses que de
l'habitude dans laquelle les peuples ont vieilli de suivre
extérieurement un certain culte, et de la confiance qu'ils
avaient en leurs ministres. Il faut transplanter insensible-

ment cette habitude et cette confiance chez les pasteurs catholiques : par là les esprits se changeront presque sans s'en apercevoir.

Il cherche donc à les heurter le moins possible. Les protestants réprouvent le culte des images ? Fénelon ne le leur impose pas. Ils répugnent au culte de la Vierge ? Fénelon dans ses premiers sermons du moins, supprime l'*Ave Maria*. Ils sont habitués à chanter les psaumes en français ? Fénelon demande qu'on leur permette de chanter la traduction en vers de Godeau. « Ne pourrait-on, dit-il, faire pour les psaumes ce que les missionnaires font à la campagne pour certains cantiques sur les mystères, qu'ils font chanter aux paysans après l'office ? » — Ils sont accoutumés à la lecture de la Bible ? Fénelon propose de leur distribuer des Nouveaux Testaments « avec profusion » ; car « si on leur ôte leurs livres sans leur en donner, ils diront que les ministres leur avaient bien dit que nous ne voulions pas laisser lire la Bible, de peur qu'on ne vît la condamnation de nos superstitions et de nos idolâtries ».

Sur tous ces points, excepté le dernier, ses propositions sont repoussées par Seignelay, et l'esprit du fonctionnaire paraît ici singulièrement plus étroit que celui du prêtre. Fénelon insiste pourtant et allègue les plus solides raisons : « ... Nous étions persuadés que l'intention du roi était qu'on ne négligeât rien de tout ce que la religion permet pour lui conserver tant de marchands et de matelots. » — Mais sa relative liberté d'esprit scandalisait les dévots et les quatre « têtes dures » des jésuites de Marennes. — Il continue d'ailleurs de déployer toutes les ressources de l'esprit le plus ingénieux : il organise, pour frapper les imaginations, des conférences avec coups de théâtre, où l'on produit soudain quelque ministre converti ; d'autres, qui sont comme des représentations dramatiques, où l'abbé Langeron est le catholique et où Fénelon fait le protestant. Il a les idées les plus pratiques, comme d'établir « dans les deux ou trois principaux lieux du pays des écoles pour les deux sexes... Cela assurerait l'éducation de toute la jeunesse qui faute de ce secours, sera empoisonnée par les parents ». Enfin il se prodigue et s'épuise de toutes façons :

> Nous allons de maison en maison rendre des visites, où nous passons assez souvent quatre à cinq heures à raisonner. Les familles s'assemblent ; les voisins viennent aussi, chacun dit ses difficultés ; surtout les femmes paraissent fort agitées ; plusieurs des plus considérables d'entre elles commencent à se déclarer, se préparent aux sacrements et songent à gagner leurs maris.

Eh ! oui, demain tout le monde se convertira. Mais, à attendre ce demain, Fénelon bientôt se lasse et se dégoûte. Dès le 8 mars 1686, il écrit à Bossuet sur un ton de badinage un peu imprévu, à propos d'un de ses collègues de mission :

> Son absence (de Paris) bien loin de lui nuire, doit lui servir, surtout depuis que nous sommes catholiques authen-

tiquement reconnus par les *Ave Maria* dont nous remplissons (maintenant) toutes nos conférences... (Mais si M. de Seignelay) nous tient trop longtemps ici loin de vous, nous supprimerons encore l'*Ave Maria ;* et peut-être irons-nous jusqu'à quelque grosse hérésie, pour obtenir une heureuse disgrâce qui nous ramène à Germigny.

Il était d'ailleurs malade. Il obtint un congé en juillet 1686. L'année suivante, au mois de mai, il revint à la Rochelle. Il y constata que les missionnaires qu'il y avait laissés n'avaient pas gagné grand'chose, et il quitta le pays en juillet, pour n'y plus revenir.

L'unité religieuse n'était nullement rétablie. Un peu diminués de nombre, et dépouillés de leurs droits civils, mais plus redoutables peut-être, amers, ulcérés, désormais irréductibles, et un peu plus disposés qu'auparavant à « sympathiser » avec leurs coreligionnaires du dehors, les protestants de France continuent à être protestants. Pour réaliser cette unité (souhaitable certes, mais le maintien d'une paix même approximative l'est aussi), ce n'est pas assez d'une persécution, odieuse assurément, mais en somme médiocre, si l'on peut dire. Il n'aurait fallu rien de moins que l'anéantissement des dissidents et, par exemple, les procédés péremptoires (et dont, tout de même, le roi et ses ministres étaient incapables) des Espagnols contre les Juifs... Alors, à quoi bon ?... Dieu ! que toute cette histoire, où l'on ne peut aimer personne, est triste !

Hélas, si les mœurs sont un peu moins dures, l'intolérance n'est guère moindre aujourd'hui qu'autrefois. Et elle paraît plus affreuse chez des esprits qui se prétendent libres. Nous avons revu, nous voyons encore la persécution religieuse en vue de l'unité politique ou morale, l'Église catholique, son clergé et ses ordres monastiques dépouillés, mis hors du droit commun, comme le furent autrefois les protestants et leur Église. — La tolérance est une vertu excessivement difficile. Elle est peut-être plus difficile que l'héroïsme. Notre premier mouvement, et même le second, est de haïr quiconque ne pense pas comme nous...

La tolérance de Fénelon me paraît admirable, non seulement pour son siècle, mais en elle-même. Étant donné : 1° que les huguenots lui étaient naturellement antipathiques ; 2° qu'il les croyait dangereux pour l'État, héréditairement enclins à s'allier aux ennemis du roi ; 3° que leur erreur en religion lui paraissait plus claire que le jour ; 4° qu'il avait conscience, comme prêtre catholique, de tenir la vérité ; 5° que la force de ses démonstrations l'éblouissait lui-même et qu'il lui semblait qu'on n'y pouvait pas résister sans un entêtement stupide ou une malice perverse ; 6° que, du reste, ce n'était pas lui qui avait révoqué l'Édit de Nantes et que certainement, s'il avait été le souverain, il ne l'eût pas révoqué, mais eût continué à corrompre doucement les protestants par des « primes » aux convertis (ou plutôt il aurait varié les méthodes selon les régions; ce qui est absurde, c'est que la Révocation ait été une mesure *générale*); 7° que les sentiments modernes (d'ailleurs purement théoriques) sur la liberté de conscience n'étaient pas plus connus, à cette époque, des protestants que des catholiques, et que les protestants en avaient fait bien d'autres là où ils avaient été les plus forts; tout cela, dis-je, étant présent à nos mémoires, je ne pense pas que personne, dans les mêmes circonstances et dans le même emploi, eût pu se montrer plus doux que l'abbé de Fénelon. Il est humain et clairvoyant. Il conçoit très bien l'état des « nouveaux convertis », surtout des pasteurs, leurs tiraillements et leurs angoisses entre leurs anciennes croyances et les nouvelles. « Pour les sages, écrit-il, ils nous disent eux-mêmes que les *peines d'esprit* causées par les préjugés de religion sont si *cruelles* qu'ils n'ont garde de les vouloir faire souffrir à leurs enfants... » Il comprend, il a pitié. Il est si conciliant qu'il inquiète Seignelay et les gens du roi et les fait douter de son orthodoxie. Et nous avons vu quelle connaissance des hommes et quel sens des réalités dans les moyens qu'il propose pour convertir les peuples sans qu'ils s'en aperçoivent trop et sans trop les faire souffrir. Il a montré des qualités d'administrateur et de diplomate. Il a même montré des vertus d'apôtre, oui : mais ce qui sur-

nage, c'est qu'il s'est conduit, usant de tout, de
finesse et d'énergie, de franchise et de duplicité,
de séduction et d'intimidation, comme un préfet
laïque très intelligent, chargé de la plus ingrate
des missions.

Cependant on s'est aperçu, à Paris et à la cour,
de la richesse de cette nature et de la souplesse
de ce génie. L'abbé de Fénelon est maintenant
très en vue. Il paraît propre, sur toutes choses,
à l'action extérieure; d'une orthodoxie sûre, mais
d'un esprit indulgent; en apparence point de
mysticisme excessif; un admirable bon sens:
tout à fait un de ces prêtres nés pour le gouvernement politique des hommes.

Or, c'est dans ce temps-là, d'après Saint-Simon,
qu'il entendit parler d'une femme singulière, qui
commençait à être connue et qui semblait aux
uns une sainte, aux autres une intrigante ou une
folle : Mme Guyon. Et le cardinal de Beausset
raconte que « à son retour des missions du Poitou, passant par Montargis (pays de Mme Guyon),
Fénelon voulut prendre lui-même des informa-
tions parmi les personnes qui avaient été témoins
de sa conduite pendant les premières années de
sa jeunesse et de son mariage. Il fut touché des
témoignages unanimes qu'il entendit rendre à sa
piété et à sa charité. »

Nous savons très rarement ce que nous faisons.
Ou plutôt nous ne savons jamais les conséquences

qu'auront pour nous-mêmes les moindres de nos mouvements. L'abbé de Fénelon ne se doutait point que la personne bizarre sur laquelle il interrogeait les gens de Montargis était appelée à le transformer lui-même quelques années plus tard, du moins à éveiller dans les profondeurs de son âme des sentiments qu'il ignorait encore, et à bouleverser sa vie tout entière.

En attendant, il reprend ses fonctions de supérieur des « Nouvelles Catholiques ». Il est question de lui pour l'évêché de Poitiers ; puis l'évêque de la Rochelle, celui que Fénelon qualifiait de pauvre homme dans ses lettres, le demande pour coadjuteur. Mais Fénelon est écarté du premier poste par M. de Harlay, archevêque de Paris, « qui ne pouvait lui pardonner ses liaisons intimes avec Bossuet », et du second poste « parce qu'on fit entendre au roi qu'il était suspect d'opinion janséniste sur la grâce ». Telles sont les explications de Beausset.

Je n'y crois pas beaucoup. Il est vrai qu'à un moment, par curiosité, Fénelon avait été (d'après Saint-Simon) des dîners jansénistes de la duchesse de Brancas. Mais il y avait longtemps de cela, et il était maintenant soutenu à la cour par toute la puissante famille de Colbert, filles, gendres et fils. A mon avis, il aurait eu l'évêché de Poitiers ou celui de la Rochelle s'il l'avait voulu. Un saint, un véritable apôtre aurait vu dans cette désignation la volonté de Dieu et fût revenu avec

joie dans le pays des hérétiques afin d'y poursuivre et d'y achever comme évêque ce qu'il avait
commencé comme missionnaire.

Mais je crois qu'il ne s'intéressait plus très
vivement à l'impossible conversion des matelots
et des marchands d'Aunis et de Saintonge, et que
ce fut bien lui qui refusa de retourner soit à Poitiers, soit à la Rochelle, justement parce qu'il en
venait. Pourquoi serait-il allé s'user là-bas sur
une tâche ingrate et obscure?

Il entendait fort bien les intérêts de sa réputation. La première chose qu'il fit en rentrant à
Paris après sa première mission, ce fut de faire
imprimer (mars 1687) son traité de l'*Éducation
des filles*, qu'il avait écrit quelques années auparavant pour la duchesse de Beauvilliers.

Si vous lisez ce petit livre, vous le trouverez
sensé et charmant, sans rien d'extraordinaire.
Pour sentir ce qu'il vaut, ou ce qu'il a valu, il
faut le considérer, non point en lui-même, mais
à sa date.

Vous vous rappelez la pédagogie du temps en
ce qui regarde les filles ; vous vous rappelez,
vingt ans seulement avant le livre de Fénelon,
les propos de Gorgibus, d'Arnolphe et de Chrysale, qui représentaient l'opinion publique et la
tradition sur ce point. Les livres dont Gorgibus
conseille la lecture à Célie sont du seizième siècle
ou du commencement du dix-septième ; et Arnolphe, dans son discours à Agnès, se souvient

au moins de deux passages d'un livre imprimé en 1542 et traduit du latin de l'Espagnol Vivès par Pierre de Changy: l'*Institution de la femme chrétienne*, — dont je vous dirai quelques mots, car il est amusant.

Ce livre développe l'antique doctrine chrétienne dans toute sa rudesse. Il respire la plus farouche défiance de la nature humaine, et surtout féminine. On est un peu surpris de l'idée que l'auteur semble se faire des jeunes filles. Il a l'air de les regarder comme des bêtes malignes qui n'ont qu'une chose en tête, et qu'il faut donc surveiller et garder strictement et garrotter de devoirs et de disciplines. Au reste il y a du bon — çà et là — dans cette ferraille de durs préceptes.

La petite fille, une fois sevrée, ne devra jouer qu'en présence de sa mère ou d'une autre femme âgée, et jamais avec des garçons. « Elle ne doit continuer de hanter les enfants mâles, pour non se accoutumer à soi délecter avec les hommes. »

Puis elle apprendra à coudre, à filer, à tenir le ménage et à faire la cuisine, et cela quelle que soit sa condition (fort bon, cela). Car saint Jérôme conseilla ces travaux à une descendante des Scipions ; car Tarquin trouva Lucrèce en train de filer la laine ; car Pénélope fit de la tapisserie pendant les vingt années que dura l'absence d'Ulysse ; car la reine Isabelle de Castille, etc. (Vivès écrivait dans un temps où, moitié soumission d'esprit, moitié pédantisme naïf et contentement de savoir tant de choses, on n'écrivait pas une ligne sans alléguer ses autorités ; et c'est à grand renfort de citations qu'on affirmait que les roses sentent bon ou que la richesse ne fait pas toujours le bonheur.)

Continuons. La jeune fille apprendra à lire, attendu que les bonnes lectures et les récits d'actions vertueuses incitent à la vertu. Mais vous vous garderez de laisser aux mains de votre fille « livres pleins de lascivetés et pestifères, attirants à vice, comme Lancelot du Lac, le Roman de la Rose, Tristan, Fierabras, Merlin, Florimond, etc... Mais la jeune fille lira les Vies des saints et saintes, la Consolation de Boëce, la Vie des Pères du désert, la Fleur des Commandements et autres écrivains salutaires. (Notez que la lecture de Boëce suppose une certaine culture, et que Vivès, s'il veut les filles très surveillées, les admet instruites, mais seulement en vue du salut. Son idéal féminin paraît être quelquefois « la nonne savante ».

Vivès démontre ici par diverses preuves l'excellence de la virgínité. C'est d'abord que Dieu voulut avoir mère vierge, disciple vierge, Église vierge. C'est aussi que Cybèle, Diane et Minerve sont vierges, et aussi les neuf Muses, et pareillement les dix sibylles, — et, parmi les animaux, la licorne !

La jeune fille ne boira que de l'eau, ou du vin très étendu d'eau ; elle s'abstiendra d'épices et de sauces ; elle ne mangera que des viandes légères, et encore rarement et en petite quantité, et se nourrira surtout de potages. Son lit sera dur, et son sommeil « non pas long, suffisant toutefois à la valitude de sa personne ». Et jamais elle ne demeurera oisive. Car Ovide, racontant l'amour criminel d'Egisthe et comment il assassina Agamemnon, n'en donne d'autre raison, sinon qu'Egisthe était un homme paresseux et qui n'avait pas d'occupation.

La jeune fille ne mettra point de fard, ne portera pas de bijoux, ne se parfumera pas, n'aura que des robes de drap tout unies, « comme en portait la sainte Vierge ». Elle évitera le tête-à-tête même avec un proche parent, frère, oncle ou cousin. Car « Ammon violenta sa sœur Thamar, et Camius sa sœur Biblis ». Elle ne dansera jamais, car « des danses naissent les amourettes », et l'amour est la chose la plus funeste du monde ; car « Adam mit tous ses successeurs en peine pour Ève, et David ses sujets pour Betsabée ». Or, si la jeune fille ne fuit les occasions, comment pourra-t-elle résister à l'amour, « quand l'amour a incité David à faire mourir un innocent, Salomon à idolâtrie, Samson à débilitation, Médée à lacérer son père et tuer ses enfants. Catilina à occire son propre fils ? » Songez à cela, mesdemoiselles !

Et voici quelques lignes qui résument tout l'esprit de ce livre gothique :

Aux hommes sont nécessaires plusieurs vertus : prudence, éloquence, mémoire, justice, force, libéralité, magnanimité, art pour vivre, astuce à gouverner le bien public... Mais à la femme rien n'y est désiré que pudicité... et, si cette seule lui manque, la femme est réputée méchante et vicieuse, quelque autre vertu qu'elle ait en soi... Car, par pudicité le demeurant est sauf, et icelle perdue, toutes autres vertus sont effacées.

« La foi chrétienne, dit Pascal, ne va presque qu'à établir ces deux choses : la corruption de la nature et la rédemption de Jésus-Christ. » Vivès est un éducateur de jeunes filles qui se souvient surtout de la corruption de la nature.

La même idée commande encore tout le règlement de ce couvent de Port-Royal, où les pieuses familles faisaient élever leurs enfants. On trouve, dans les *Constitutions du monastère de Port-Royal du Saint-Sacrement* (1665), sous le titre de *Règlement pour les enfants*, une sorte de lettre datée du 15 avril 1657, qui est probablement de la mère Agnès Arnauld. Cette sainte religieuse y expose à un supérieur la discipline de la maison. On élevait là des filles de tous les âges, depuis quatre ans jusqu'à dix-sept et dix-huit. « Or voici le résumé de la discipline uniformément imposée à ces petits enfants et à ces jeunes filles : 1° silence ; 2° obéissance absolue ; 3° point d'amitiés particulières ; 4° pénitences et humiliations de toutes sortes ; 5° prières et offices toute la journée. » Ce résumé est de Crouslé.

Sans doute, dans la pratique, cela s'adoucit et

s'accommode un peu. La religieuse qui expose
ce programme ne le considère pas elle-même
sans frayeur :

Il se peut faire, et que tous les enfants ne soient pas
capables d'un si grand silence et d'une vie si tendue…, et
que toutes les maîtresses ne puissent pas les entretenir
dans une si exacte discipline en gagnant en même temps
leur affection et leur cœur, ce qui est tout à fait nécessaire… C'est donc à la prudence à tempérer toutes ces
choses.

A la bonne heure ! Mais, avec tout cela, la base
du programme, c'est bien la pure doctrine chrétienne, c'est bien le dogme·de la nature déchue.
Au reste, on pourrait dire qu'il n'y a que deux
principes d'éducation : la croyance au péché originel, et la croyance à la bonté de la nature. Et,
par suite, il n'y aurait, au fond, que deux traités
d'éducation possibles : d'un côté l'*Institution de
la femme chrétienne* de Vivès ou le *Règlement*
de la mère Agnès Arnauld ; de l'autre, le chapitre de Montaigne sur l'*Institution des enfants*
ou l'*Émile* de Rousseau. La nouveauté du *Traité
de l'éducation des filles*, c'est qu'on puisse se
demander dans laquelle de ces deux catégories se
range cet ouvrage d'un prêtre délicieux.

Quand on passe du *Règlement* de Port-Royal
au *Traité de l'éducation des filles*, il semble
qu'on change d'air. Déjà les réflexions prélimi-
naires ont un tour aisé et dégagé qui sent plus

l' « honnête homme » que le docteur ou que
l'homme d'Eglise. Des observations importantes,
et même profondes, y sont exprimées comme des
choses toutes simples, couramment, en un style
fluide, un style qui, en 1684, est exactement ce
que sera celui de Voltaire. Par exemple :

... Enfin, il faut considérer, outre le bien que peuvent
les femmes quand elles sont bien élevées, le mal qu'elles
causent dans le monde quand elles manquent d'une éducation qui leur inspire la vertu. Il est constant que la
mauvaise éducation des femmes fait plus de mal que celle
des hommes, puisque les désordres des hommes viennent
souvent de la mauvaise éducation qu'ils ont reçue de leur
mère, *et des passions que d'autres femmes leur ont inspirées dans un âge plus avancé.*

Quelles intrigues se présentent à nous dans les histoires,
quel renversement des lois et des mœurs, quelles guerres
sanglantes, quelles nouveautés contre la religion, quelles
révolutions d'Etat causées par le dérèglement des femmes !
Voilà ce qui prouve l'importance de bien élever les filles :
cherchons-en les moyens.

Vivès et Port-Royal veulent que les filles soient
élevées dans l'horreur du monde. Le « monde »,
c'est un je ne sais quoi d'abominable et de dangereux dont on leur fait peur. Mais Fénelon, et
cela, dès la deuxième page :

Le monde n'est point un fantôme, *c'est l'assemblage de
toutes les familles :* et qui est-ce qui peut les policer avec
un soin plus exact que les femmes, qui, outre leur autorité
naturelle et leur assiduité dans la maison, ont encore
l'avantage d'être nées soigneuses, attentives au détail,
industrieuses, insinuantes et persuasives ?

Fénelon commence par l'éducation de l'enfant, garçon ou fille. Un grand principe la domine : *Il faut*, dit-il, en propres termes, se *contenter de suivre et d'aider la nature*. Il s'occupe d'abord, et dans le détail, de l'éducation physique de l'enfant et de sa nourriture. On doit « laisser affermir les organes *en ne pressant point l'instruction* ». Le moment venu, il faut instruire l'enfant doucement, et sans qu'il s'en aperçoive. Ne jamais lui mentir, le mener par la raison autant qu'on peut. Le laisser jouer ; mêler l'instruction avec le jeu. Lui présenter la vertu sous un aspect aimable. Fénelon va jusqu'à écrire (ce qui est à mille lieues de Port-Royal) : « Après tout, il ne faut point s'opiniâtrer à faire goûter aux enfants certaines personnes pieuses dont l'extérieur est dégoûtant. »

Pour les châtiments, la peine doit être aussi légère qu'il est possible, mais accompagnée de toutes les circonstances qui peuvent piquer l'enfant de honte et de remords. Par exemple :

Parlez devant lui, avec d'autres personnes, du malheur de ceux qui manquent de raison et d'honneur jusqu'à se faire châtier... Servez-vous quelquefois d'une personne raisonnable qui console l'enfant, qui lui dise ce que vous ne devez pas lui dire vous-même... Tâchez de faire qu'il se condamne lui-même aux soumissions nécessaires. Etc.

Le moins qu'on peut faire de leçons en forme, c'est le meilleur. — Pour apprendre à lire aux enfants :

On n'a qu'à leur raconter des choses divertissantes qu'on tire d'un livre en leur présence... Après cela, ils souhaitent d'eux-mêmes de pouvoir aller à la source de ce qui leur a donné du plaisir... La manière d'enseigner à écrire doit être à peu près la même.

Et encore :

Gardez-vous bien de menacer les enfants de les faire étudier, ou de les assujettir à quelque règle... *Il faut faire le moins de règles qu'on peut ;* et, lorsqu'on ne peut éviter d'en faire quelqu'une, il faut la faire passer doucement *sans lui donner ce nom.*

Pour terminer ce résumé de la première éducation, voici un exemple de « conversation instructive ». C'est pour apprendre à l'enfant ce que c'est que l'âme : « Voyez-vous cette table... cette chaise... cette fenêtre ?... Cette table vous connaît-elle ?... Qui vous aime le mieux, de cette table ou de cette chaise ?... Et la fenêtre, est-elle bien sage ?... Et cette poupée, vous répond-elle quand vous lui parlez ?... Elle n'est donc pas comme vous, car vous la connaissez, et elle ne vous connaît point... » Etc.

Mais, messieurs, où donc retrouvons-nous ces méthodes d'éducation, cette douceur, et aussi cet artifice, ces petites comédies arrangées pour que l'enfant apprenne sans effort ce qu'il a besoin de savoir ? — Tout simplement, — quatre-vingts ans après, — dans la première partie de l'*Émile* de Jean-Jacques Rousseau. Jean-Jacques ne fait, en vérité, que développer et systématiser les premiers chapitres de l'*Éducation des filles*.

Fénelon croit-il donc, comme Rousseau, à la bonté de la nature? Voici un passage bien curieux :

Si peu, dit-il, que le naturel des enfants soit bon, on peut les rendre ainsi dociles, patients, fermes, gais et tranquilles : au lieu que, si l'on néglige ce premier âge, ils y deviennent ardents et inquiets pour toute leur vie... ; le corps, encore tendre, et *l'âme, qui n'a encore aucune pente vers aucun objet,* se plient vers le mal...

L'âme se plie vers le mal parce qu'on l'a négligée : mais Fénelon n'en vient pas moins de dire qu'elle n'avait d'abord « aucune pente vers aucun objet », et qu'elle n'était donc pas corrompue. Il ajoute qu'il se fait alors chez les enfants « une espèce de second péché originel, qui est la source de mille désordres quand ils sont plus grands ». Il ne nie donc pas le premier péché originel, puisqu'il parle d'un « second » : mais il semble que le premier se réduise pour lui à assez peu de chose. En somme, et d'une façon générale, si l'orthodoxie de Fénelon est hors de doute, il est certain que la notion du péché originel, de la chute, tient dans son œuvre infiniment moins de place que chez les écrivains de Port-Royal (cela va sans dire), mais même que chez Bossuet, et que c'est un point sur lequel il évite de se congestionner.

Je ne vous analyserai point le reste de ce petit

livre, c'est-à-dire la partie qui regarde la jeune fille proprement dite. C'est fort agréable, mais cela nous semble peu frappant, — parce que cela est resté vrai depuis plus de deux siècles. Mais c'était en partie nouveau à son heure. La *marque* de Fénelon est, en général, moins forte que celle des autres classiques du dix-septième siècle, précisément parce que, très souvent, il pense comme nous, et avec le même ton.

Donc, il veut préparer des femmes, des mères, et des maîtresses de maison, à la fois aimables et sérieuses ; bref, ce qui est demeuré l'idéal féminin le plus souhaitable. Il les veut chrétiennes, mais ni dévotes, ni mystiques. Le petit cours d'histoire sainte et de catéchisme qu'il leur fait est charmant et réduit à l'essentiel. On ne peut pas dire qu'il rajoute au dogme. Une prière simple, familière, tendre et confiante, voilà presque toute la pratique. (*Avis à une dame de qualité.*)

Il a, sur les défauts des jeunes filles, leur timidité, leurs larmes trop faciles, le caractère passionné de tous leurs sentiments, leur goût pour la ruse et pour la comédie, les remarques les plus justes et les plus jolies. Il veut qu'on leur donne des clartés de tout. Il ne leur interdit ni la musique, ni la peinture, ni la poésie, — ni une coiffure et des robes simples, mais arrangées pour plaire, et sur le modèle des statues antiques, ne se doutant point que, par la perversité des temps, la toilette qu'il conseille aux jeunes filles sera quelque jour le déshabillé du dix-huitième siècle et, quelque autre jour, la tunique des Merveilleuses.

Parmi ces préceptes et ces conseils qui n'ont plus rien de surprenant pour nous, se détachent, çà et là, des mots d'une grâce particulière : « Retenez leur esprit le plus que vous pourrez dans les bornes communes, et apprenez-leur qu'il doit y avoir, pour leur sexe, *une pudeur sur la science*, presque aussi délicate que celle qui inspire l'horreur du vice. » Ou bien (il veut que les femmes soient braves) : « Quand on est chrétien, de quelque sexe qu'on soit, il n'est pas permis d'être lâche. »

Au total, et déjà, — le type d'une éducation de jeune fille aux « Oiseaux » (dirais-je s'il y en avait encore) décrit par un prêtre de leur monde.

Le 17 août 1689, Fénelon était agréé par le roi comme précepteur du duc de Bourgogne.

QUATRIÈME CONFÉRENCE

FÉNELON, PRÉCEPTEUR DU DUC DE BOURGOGNE

LES *FABLES*, LES *DIALOGUES DES MORTS*

La nomination de Fénelon aux fonctions de précepteur du duc de Bourgogne (et de ses deux frères) fut accueillie par un applaudissement universel; d'autant plus qu'il ne s'était pas montré depuis deux ans, et qu'on racontait qu'il avait fallu le chercher dans sa retraite.

Bossuet écrivait avec candeur à la marquise de Laval (cousine germaine de Fénelon et, depuis, sa belle-sœur) :

Hier, madame, je ne fus occupé que du bonheur de l'Eglise et de l'Etat; aujourd'hui que j'ai eu le loisir de réfléchir avec plus d'attention sur votre joie, elle m'en a donné une très sensible. Monsieur votre père (le feu marquis Antoine de Fénelon), un ami d'un si grand mérite et si cordial, m'est revenu dans l'esprit. Je me suis représenté comme il serait à cette occasion et à un si grand éclat *d'un mérite qui se cachait avec autant de soin.*

Le brave homme! (je parle de Bossuet).

Mais, dans le même temps, le supérieur de
Saint - Sulpice, M. Tronson, moins crédule,
M. Tronson qui avait été le directeur de Fénelon
et qui le connaissait bien, et avec qui le jeune
abbé se vantait (vous vous en souvenez) d'être
en intimité spirituelle, M. Tronson écrit au nouveau précepteur; et sa lettre est un petit chef-
d'œuvre de psychologie, — comme en ont écrit
beaucoup d'écrivains même de second ordre, dans
ce siècle où l'on pratiquait l'examen de conscience :

Vos amis vous consoleront sans doute (des dangers que
l'abbé rencontrera à la cour) sur ce que vous n'avez pas
recherché votre emploi... Mais il ne faut pas trop vous
appuyer là-dessus ; *on a souvent plus de part à son éléva-
tion qu'on ne pense ;* il est très rare qu'on l'ait appréhendée
et qu'on l'ait fuie sincèrement. L'on ne recherche pas
toujours avec l'empressement ordinaire les moyens de
s'élever : mais l'on ne manque guère de lever adroitement
les obstacles. On ne sollicite pas fortement les personnes
qui peuvent nous servir; mais *on n'est pas marri de se
montrer à eux par les meilleurs endroits...* Ainsi personne
ne saurait s'assurer entièrement qu'il ne se soit appelé soi-
même.

C'est, je crois, M. Tronson qui avait raison.
Plus tard, dans cette affaire du quiétisme où
Fénelon déploiera tant d'artifices et de prestiges,
M. Tronson sera le seul que l'archevêque de
Cambrai ne parviendra jamais à tromper. Impo-
tent, toujours malade, du fond de sa petite
chambre de Saint-Sulpice, il suit des yeux
l'éblouissant prélat, et toujours il le juge tout

en l'aimant, mais jamais il ne le condamne tout
en le jugeant. Le bonhomme se contentera de
dire des *Maximes des Saints :* « Cela me passe,
cela est trop fort pour moi ».

La vérité est que Fénelon fut poussé vers le
préceptorat, et non pas assurément à son insu, par
toute la tribu des Colbert, — à laquelle il faut
joindre Mme de Maintenon et les Noailles, — tribu
qu'il enchantait, instruisait et conduisait secrètement depuis plusieurs années.

Un épisode très significatif de sa puissance de
séduction et de son goût à mener les âmes. Vous
vous rappelez le marquis de Seignelay (fils de
Colbert), à qui Fénelon envoyait de Saintonge
des rapports si intelligents, et qui trouvait
Fénelon trop libéral et trop facile ? Ce dur catholique était un assez grand débauché. Usé à la fois
par le travail et les plaisirs, il mourut à quarante ans (en 1690). D'abord pénitent de
M. Tronson, après des commencements de conversion suivis de rechutes, il s'était enfin adressé,
comme le reste de sa famille, à l'abbé de Fénelon. L'abbé lui écrivit plusieurs lettres de
direction, qui sont magnifiques par beaucoup
d'endroits. Mais il est certain que Fénelon ménage
peu le pécheur :

Après tant de grâces reçues autrefois, vous avez plus
besoin qu'un autre de tomber de bien haut, parce qu'il
faut abaisser votre hauteur qui est extrême, et écraser
votre orgueil qui se relèverait toujours...

Dieu vous humilie en vous instruisant. D'ailleurs il vous tient (par la maladie) dans un état d'impuissance qui renverse tous les projets de votre ambition. Toutes ces hautes pensées, dont vous aviez nourri votre cœur depuis si longtemps, s'évanouissent. Votre sagesse est confondue...

Et encore :

Il ne vous reste donc, ou que de retomber par un affreux désespoir dans l'abîme de l'iniquité, livré à vous-même, au monde insensé et à tous vos tyranniques désirs, ou de vous abandonner sans réserve au père des miséricordes.

Crouslé devrait goûter ce langage adressé à un puissant de la terre et à un homme qui avait été si strict avec les protestants. Mais point : c'est de Seignelay que Crouslé a pitié. Il trouve les paroles de Fénelon « formidables ». Il s'écrie : « Quelle hauteur! quels airs menaçants! et enfin quelle dureté! » Et il juge que Fénelon « foudroie sans nécessité... comme un fanatique sans entrailles ».

C'est que Crouslé détestait Fénelon. Brunetière aussi l'exécrait. Dans son *Manuel*, Brunetière, traçant le sommaire d'une étude sur Fénelon, débute ainsi : « ... D'un écrivain qui ne ressemble point à son style, et qu'autant il y a de douceur ou d'onction même dans le *Télémaque*, autant le vrai Fénelon fut *dur, impitoyable et cassant*. » Comme si, vraiment, c'était là, chez Fénelon, le trait qui saute aux yeux et qui domine le reste ! Mais c'était naguère la mode (on en est un peu revenu, je crois) de traiter ainsi cet homme qui fut tant aimé. Pourquoi cette haine ? Était-ce violent esprit de contradiction, et parce que le dix-huitième siècle s'était fait un Fénelon trop doux et un peu fade ? Ou bien y avait-il d'autres raisons ? Je ne sais pas encore.

En ce qui regarde les lettres à Seignelay, je ne comprends pas du tout l'indignation de Crouslé. D'abord, Fénelon ne fait qu'adresser à un pénitent en particulier des paroles que les prédicateurs adressent continuellement à tous les pécheurs en général. Et puis, avait-il tant à épargner un homme qui, par une contradiction assez fréquente assurément, mais toutefois déplaisante, avait été à la fois un luxurieux et un orthodoxe sans pitié, et qui, très probablement, ne revenait à Dieu que par terreur, chose infiniment répugnante au futur apôtre du pur amour? Et encore, qui sait si Fénelon ne se souvenait pas que cet homme sans mœurs, faisant le théologien, lui avait interdit ou fait interdire par le roi tous ses sages accommodements avec les protestants? et qui sait s'il ne goûtait par un secret plaisir à prendre sur ce pharisien, — et pour son plus grand bien d'ailleurs, — une sorte de revanche en lui faisant peur de l'enfer? — Reconnaissons aussi qu'il aimait dominer les âmes et qu'il savait qu'il y en a que l'on domine en les rudoyant. — Mais plutôt encore, pourquoi ne pas croire à l'entière sincérité sacerdotale de Fénelon, et ne pas admettre que cet ambitieux, ce politique, ce

séducteur et ce dominateur avait pourtant (et il
l'avait) une foi profonde, intense, dramatique
même et, dans son âme, une partie réservée aux
idées éternelles, un refuge où il oubliait le monde
après avoir travaillé en vue du monde, où il se
souvenait qu'une seule chose importe et que le
reste n'est rien ? Cette dualité n'est pas si rare.
Elle ne l'est certainement pas plus que la dualité
de Seignelay, débauché avec emportement et
orthodoxe avec dureté.

Les autres âmes considérables dirigées par
Fénelon, c'était d'abord le duc de Beauvilliers et
le duc de Chevreuse ; tous deux également sérieux
et scrupuleux ; Chevreuse plus raisonneur et qui,
allant toujours au bout de son raisonnement, se
trompait avec une grande force ; Chevreuse, jadis
élève des jansénistes, et compagnon du jeune
Racine à Port-Royal, plus méticuleux, plus perdu
dans le détail, plus rêveur peut-être, et aussi
plus totalement soumis à l'ascendant de l'abbé :
c'est Chevreuse, très souvent, qui servira d'intermédiaire entre Fénelon et Mme Guyon. Avec leurs
femmes, avec Mme de Maintenon, avec les Noailles
et quelques autres, les deux ducs formaient dans
la cour, un peu à l'écart, un groupe intime de
dévots distingués, d'une piété qu'ils ne trouvaient
jamais assez choisie, assez spiritualisée. Car,
dans ce monde du dix-septième siècle, on raffinait
sur la religion, absolument comme on raffine
aujourd'hui sur l'art ou sur la musique.

Le duc de Bourgogne régnerait un jour. S'emparer de son éducation, c'était s'emparer de l'avenir. Le groupe fénelonien, profondément pieux, très soumis à l'Eglise, faisait ce noble rêve de montrer un jour sur le trône un roi qui fût un saint, un roi qui, par conséquent, fût sur bien des points le contraire du vieux Louis XIV. Et l'abbé de Fénelon est visiblement désigné de Dieu pour pétrir ce futur saint Louis.

Fénelon n'était que le précepteur du jeune prince, mais il dirigeait la conscience du gouverneur, le duc de Beauvilliers. Il s'adjoignit son intime ami, l'abbé de Langeron, qui fut lecteur du prince, et son neveu l'abbé de Beaumont, qui fut sous-précepteur avec l'excellent abbé Fleury. Et il se mit à l'œuvre.

Vous connaissez la légende. Mais je ne puis vraiment me dispenser de vous relire la page de Saint-Simon :

Ce prince naquit terrible, et sa première jeunesse fit trembler ; dur et colère jusqu'aux derniers emportements, et jusque contre les choses inanimées ; impétueux avec fureur, incapable de souffrir la moindre résistance, même des choses et des éléments, sans entrer en des fougues à faire craindre que tout ne se rompît dans son corps ; opiniâtre à l'excès ; *passionné pour toute espèce de volupté, et des femmes, et, ce qui est rare à la fois, avec un autre penchant tout aussi fort.* Il n'aimait pas moins le vin, la bonne chère, la chasse avec fureur, la musique avec une sorte de ravissement, et le jeu encore, où il ne pouvait supporter d'être vaincu, et où le danger avec lui était extrême ; enfin, livré à toutes les passions et transporté de tous les plai-

sirs ; souvent farouche, naturellement porté à la cruauté ;
barbare en raillerie et à produire les ridicules avec une
justesse qui assommait...

Joignez à cela un orgueil fou, qui allait jusqu'au mépris de ses propres frères, destinés à
devenir ses sujets...

C'est proprement le portrait de Néron.

Et maintenant, écoutez :

De cet abîme sortit un prince affable, doux, humain,
modéré, patient, modeste, pénitent, etc., autant et quelquefois au delà de ce que son état pouvait comporter,
humble et austère pour soi. Tout appliqué à ses devoirs et
les comprenant immenses, il ne pensa plus qu'à allier ses
devoirs de fils et de sujet avec ceux auxquels il se voyait
destiné...

Voilà qui est bien : mais regardons ce texte
de près. La plupart des traits dont se compose la
première de ces peintures (« passionné pour toute
espèce de volupté », et le reste; « le vin, la chasse
avec fureur... et le jeu encore...; barbare en raillerie et à produire les ridicules... ») ne peuvent
évidemment pas se rapporter à un enfant, mais
à un jeune homme de dix-huit ans pour le moins.
Or, le duc de Bourgogne n'a que sept ans lorsque
Fénelon devient son précepteur. S'il était à dix-
huit ans tel que le peint Saint-Simon, il s'ensui-
vrait que les dix ou onze premières années des
leçons de Fénelon n'ont servi absolument à rien;
et cela, justement dans la période où un enfant
est le plus capable de se transformer. Est-ce

possible? est-ce vraisemblable? Ou faut-il conclure
que Saint-Simon se trompe? ou que du moins il
exagère? et qu'il exagère à la fois les défauts ou
vices du prince et la rapidité de sa conversion,
afin de produire plus d'effet?

Ce qui augmente encore la difficulté, c'est que,
lorsque le duc de Bourgogne a dix-huit ans,
(l'âge auquel peut convenir le portrait tracé par
Saint-Simon), nous sommes en 1700; et, depuis
le 1er août 1697, Fénelon est exilé dans son diocèse: sans compter que, pendant les deux années
qui ont précédé, il n'a passé qu'un trimestre par
an auprès de son élève. En sorte que, cette mira-
culeuse transformation d'une espèce de monstre en
une espèce d'ange, Fénelon l'aurait opérée absent,
et de loin. Tout cela est possible, mais singulier (1).

Le vrai ou le vraisemblable sur ce point, nous
pourrons peut-être l'induire des ouvrages que
Fénelon écrivit pour son élève : les *Fables*, les
Dialogues des Morts, le *Télémaque*.

Mais, en outre, il y a un morceau très explicite
écrit, il est vrai, pour être lu du duc de Bourgogne, mais qui, cependant, paraît bien renfermer

(1) M. L.-N. Baragnon m'écrit :

« ... On ne peut qu'admettre sans réserves votre critique du
témoignage de Saint-Simon. Mais ne serait-il pas possible que
l'humilité du bon Prince ait dupé son confident?... Assurément,
il a dû dire et penser qu'il était capable de tous les crimes.
Saint-Simon, sans plus réfléchir, aura enregistré le propos. »

Cette hypothèse est ingénieuse et plausible. Nous savons
d'ailleurs que le duc de Bourgogne aimait à se railler et à se
maltraiter lui-même.

tout l'essentiel du jugement de Fénelon sur son
élève. Or, nous y voyons un adolescent extrêmement orgueilleux, follement violent, incroyablement « fantasque » (c'est le titre du morceau),
mais non point du tout un monstre. Les vices
signalés par Saint-Simon n'y sont même pas in-
diqués, soit discrétion du peintre, soit que le
jeune prince ne les ait jamais eus, soit qu'il ne
les eût pas encore; et les traits qui le rendent
sympathique sont à côté des traits désobligeants :

... Quand il manque de prétexte pour attaquer les autres,
il se tourne contre lui-même : il se blâme, il ne se trouve
bon à rien, il se décourage, il trouve fort mauvais qu'on
veuille le consoler. Il veut être seul, et ne peut supporter
la solitude... Quelquefois il ne peut s'empêcher d'être
étonné de ses excès et de ses fougues. Malgré son chagrin,
il sourit des paroles extravagantes qui lui ont échappé...
Dans sa fureur la plus bizarre et la plus insensée, il est
plaisant, éloquent, subtil, plein de tours nouveaux, quoiqu'il ne lui reste pas seulement une ombre de raison...
Tout lui est égal pourvu qu'il se fâche; il n'aime plus les
gens, il n'en est point aimé; on le persécute, on le trahit;
il ne doit rien à qui que ce soit. Mais attendez un moment,
voici une autre scène. Il a besoin de tout le monde; il
aime, on l'aime aussi; il flatte, il s'insinue, il ensorcèle
tous ceux qui ne pouvaient plus le souffrir; il avoue son
tort, il rit de ses bizarreries, il se contrefait; et vous croiriez que c'est lui-même dans ses accès d'emportement,
tant il se contrefait bien.

Tout ce portrait, si vivant, donne l'idée d'une
très forte et très riche nature, effrénée, oui, mais
non pas anormale ni vile. Et voici un trait précieux. Bien plus tard, en 1712, après la mort du

duc de Bourgogne, le Père Martineau, qui avait été son confesseur, voulant écrire un livre sur les vertus du jeune prince, demanda des renseignements à Fénelon. De sa réponse, je détache ce passage :

Je l'ai toujours vu *sincère et ingénu,* jusqu'au point que nous n'avions besoin que de l'interroger pour apprendre de lui les fautes qu'il avait faites. Un jour, il était en très mauvaise humeur, et il voulait cacher dans sa passion ce qu'il avait fait en désobéissant. Je le pressai de me dire la vérité devant Dieu. Alors il se mit en grande colère et il s'écria : *Pourquoi me le demandez-vous devant Dieu? Hé bien, puisque vous me le demandez ainsi, je ne puis vous désavouer que j'ai fait telle chose.* Il était comme hors de lui par l'excès de la colère, et cependant la religion le dominait tellement, qu'elle lui arrachait un aveu si pénible.

Allons, il y avait de la ressource dans ce garçon.

Nous connaissons le règlement auquel le duc de Bourgogne (et ses deux frères, Anjou et Berri) étaient soumis. C'est un règlement d'une éminente sagesse, merveilleusement adapté à son objet, qui est de former un prince, et non point un savant, un philosophe ou un saint. Il nous est exposé dans un mémoire de Louville, gentilhomme de la maison du duc d'Anjou (1690).

La nourriture la plus simple. Le matin, les trois jeunes princes ne mangeaient que du pain sec et buvaient « un grand verre d'eau et de vin, ou d'eau pure à leur choix ». Au reste on les laissait manger à leur appétit, mais on ne leur servait que des « choses saines », c'est-à-dire des viandes pour la plupart sans assaisonnements, et fort peu de ragoûts, de ces ragoûts que Fénelon avait en horreur et regardait comme funestes à la vertu (voir toute son œuvre *passim*). — « On les élève, dit Louville, comme s'ils devaient être un jour des athlètes », M. le duc de Beauvilliers étant persuadé qu' « un prince infirme n'est bon à rien, surtout en France où il faut qu'ils commandent leurs armées en personne ». — Les exercices du corps les plus violents, et tant qu'ils voulaient : course, chasse, jeu de paume. Et, pour les jours de pluie, cartes, tric-trac, échecs, billard.

L'éducation morale comportait moins de liberté. Ils étaient très surveillés ; pas de conversations secrètes, pas d'amitiés intimes. Une vie toute publique, une vie en plein jour, comme doit être une vie royale. Ce régime avait d'ailleurs l'avantage d'écarter d'eux tout autre influence que celle du gouverneur et du précepteur ou des sous-précepteurs.

Très peu de punitions, et non physiques. « Jamais M. le duc de Beauvilliers n'a donné le fouet ou la férule à aucun des trois princes. » Education religieuse discrète et brève dans ses pratiques : « *Elle est répandue sur le tout* ; et l'on songe bien plus à les rendre chrétiens par les sentiments vertueux qu'on leur inspire... que par des pratiques extérieures et pénibles qui ne produisent ordinairement d'autre effet, dans tous les enfants qui en sont accablés, que de leur donner, pour tout le reste de leur vie, de l'éloignement et quelquefois même de l'horreur pour la piété. »

Pour l'étude, quatre heures seulement par jour, en deux fois. Un fond très sérieux de littérature classique. Mais « on ne veut point qu'ils fassent de vers ni latins ni français, parce qu'il est ridicule à un prince de vouloir passer pour poète ». Tout l'inutile est écarté. Donc, pas de langues vivantes, « les princes ne voyageant jamais (dans ce temps-là) et tous ceux qui viennent à la cour sachant parler français ou latin » (heureux temps!) — Et enfin :

On leur donne une grande horreur de la pédanterie, et l'archevêque de Cambrai, leur précepteur, est persuadé qu'il vaudrait mieux qu'un prince fût tout à fait ignorant en ce qui regarde les belles-lettres ou les arts que de les savoir d'une manière pédante, parce *qu'il est ridicule à un prince d'être caractérisé par aucune chose que ce puisse être, lorsqu'elle ne convient pas essentiellement à son état;* n'y ayant que trois choses, pour ainsi dire, qu'il lui soit permis de savoir à fond : l'histoire, la politique et commander les armées.

Quelle appropriation des moyens aux fins! quel bon sens! quelle raison!

Fénelon écrivit d'abord pour le duc de Bourgogne des ouvrages enfantins, des contes de fées, des contes tirés de l'antiquité grecque, des fables proprement dites. Il les écrivait évidemment au courant de la plume, sans l'ombre même d'une arrière-pensée de publicité (quelques-uns de ces petits morceaux furent imprimés de son vivant, à son insu; les autres après lui) et dans le seul dessein d'instruire, de corriger ou d'amuser son très jeune élève. Crouslé triomphe donc trop facilement, lorsqu'il constate que ces bagatelles ne valent pas les fables de La Fontaine. Moi, je les trouve charmantes dans leur négligence.

Il y a quelques Contes de fées, qui ont dû être écrits vers 1690, avant les contes de Perrault (parus en 1697). Ceux de Perrault ont cette supériorité d'être vraiment des contes, légués par une tradition, pleins d'inattendu, et qui n'ont point d'intention moralisatrice (à l'exception des *Fées*, si vous voulez). Ceux de Fénelon ont été inventés pour donner une leçon. Il y en a trois qui sont des histoires de vieilles reines et de jeunes paysannes. Les deux premiers ne sont que des variations sur le même thème. Peut-être l'un des deux est-il un « corrigé » remis au net par le duc de Bourgogne ou l'un de ses frères. Ces contes nous peignent de vieilles reines hideuses de laideur et d'infirmités. Ils ont sans doute pour objet de rappeler à un petit prince très orgueilleux que les personnes royales sont de la même argile que le commun des hommes, — et aussi de lui persuader que les paysans et les bergers sont plus heureux que les rois. — Le style est familier, assez vert parfois, et d'un pittoresque et d'un réalisme non cherchés : « ... Laissez-moi mon bavolet avec mon teint fleuri. » « ...Mais elle était crasseuse, court vêtue et faite comme un petit torchon qui a traîné dans les cendres. » « La reine Gisèle était borgne et presque aveugle ; ses yeux de travers avaient une bordure d'écarlate ; enfin elle avait une barbe grise au menton. » — Ceci est tout à fait du Voltaire : — La fée donna à Péronnelle à choisir entre trois maris : l'un jaloux, mais riche ; l'autre bien fait et noble, mais pauvre ; le dernier, paysan comme elle, ni beau ni laid, ni riche ni pauvre, qui ne l'aimerait ni trop ni trop peu. Péronnelle ne savait lequel prendre :

Mais la fée lui dit : « Allez, vous êtes une sotte. Voyez-vous ce paysan ? voilà le mari qu'il vous faut. Vous aimeriez trop le second ; vous seriez trop aimée du premier ; tous deux vous rendraient malheureuse ; c'est bien assez que le troisième ne vous batte point... Il vaut mieux être Péronnelle au village qu'une dame malheureuse dans le beau monde. »

Le conte intitulé *Histoire d'une jeune princesse* ne veut rien prouver du tout. Il est plus fantasque, paraît moins inventé, ressemble davantage à ceux de Perrault. (Il y a des détails imprévus : le prince qui, outre sa bouche naturelle, avait une petite bouche au bout de chaque doigt de la main.) Celui-ci, on voudrait savoir si Fénelon l'a imaginé, et s'il ne l'a pas rapporté de chez les paysans de son Midi, — et encore si,

causant avec Charles Perrault (qu'il a certainement connu), il ne lui suggéra pas l'idée d'écrire
des contes populaires pour son petit garçon.

Puis, il y a la série, un peu languissante pour
nous, mais non pas peut-être pour un enfant, des
histoires d'Anneaux enchantés et qui rendent
invisibles, — contes dont la morale est que les
talismans procurent tout, excepté la paix et le
bonheur, ou encore : « Qu'il est dangereux de
pouvoir plus que les autres hommes ! » (*Histoire
de Rosimond et de Braminte.*)

Ici, quelques inadvertances de moraliste dis-
trait.

Dans *l'Anneau de Gygès*, la description, très
séduisante, surtout pour des yeux enfantins, du
palais de Crésus, de ses magnifiques jardins et
de leurs changements à vue, est tout à fait propre
à inspirer au petit prince, contre le vœu de son
précepteur, le goût des bâtiments somptueux et
des jardins où l'art force la nature. — Et que
dirons-nous du *Voyage dans l'Ile des Plaisirs ?*
L'objet du conte est de corriger l'enfant de sa
gourmandise ; et c'est le récit d'un voyageur qui,
pour avoir fait trop bonne chère dans une île
merveilleuse, s'en fatigue et revient à la sobriété.
Mais que les descriptions des bonnes choses dont
il se lasse sont donc savoureuses ! Quand j'étais
petit, je bavais de convoitise en lisant et relisant
ce récit alimentaire : « A peine fus-je dans mon
lit que j'entendis un grand bruit... On me dit que

c'était la terre qui s'entr'ouvrait ainsi toutes les nuits à une certaine heure, pour vomir, avec grand effort, des ruisseaux bouillants de chocolat mousseux... » Quelle singulière façon de détourner un enfant de la gourmandise que de lui mettre ces tableaux sous les yeux! Tel, certains romanciers nous peignent complaisamment les effets des passions pour nous en dégoûter. Ceux-là savent ce qu'ils font. L'abbé de Fénelon ne savait pas. Il y a en lui une innocence. Je le crois très faiblement sensuel.

Puis viennent les fables proprement dites. Elles ne nous apprennent rien de particulier sur le caractère du petit prince. Elles déconseillent l'orgueil, la vanité, la colère, flétrissent la lâcheté, la flatterie, le mensonge, recommandent la sincérité, la modestie, le courage, comme c'est leur devoir de fables. Quelques-unes sont inspirées assez directement par celles de La Fontaine.

L'abbé de Fénelon adore La Fontaine. Quand le bonhomme mourut (1695), il composa sur lui un petit morceau latin qui devait sans doute être traduit par son élève. Il loue dans La Fontaine le badinage piquant et les grâces décentes, et la « nature simple et nue », et l'élégance sans fard, et une « négligence dorée ». Il le met au rang des poètes anciens, et cite à son sujet Anacréon, Horace, Térence et Virgile.

Nous voyons par le douzième livre des fables de La Fontaine que le jeune prince aime aussi le vieux poète. La Fontaine composa pour lui *les Compagnons d'Ulysse* et *le Chat et les deux Moineaux*. Il écrivit *le vieux Chat et la jeune Souris* pour « Monseigneur le duc de Bourgogne qui avait demandé à M. de La Fontaine une fable qui fût nommée le Chat et la Souris ». Mais évidemment il avait vu l'enfant chez son précepteur; et sans doute Fénelon et La Fontaine purent s'entretenir ensemble des poètes, et de Platon qu'ils adoraient l'un et l'autre. Et le vieux bohème ingénu ne déplut pas à l'abbé si épris de simplicité et de naturel; et il n'est pas absurde non plus de supposer que le prêtre bienveillant contribua à ramener à Dieu, par des paroles insinuantes, l'auteur des *Contes*, — qui, au surplus, dans sa jeunesse avait été (qui saura pourquoi?) novice à l'Oratoire. Seulement je ne pense pas que ce fut Fénelon qui lui conseilla le cilice.

Si peut-être le petit prince lut à La Fontaine quelques-unes des fables en prose que l'abbé composait pour lui, et où sans doute l'enfant collaborait un peu, l'auteur des *Deux Pigeons* dut y approuver bien des traits d'une couleur simple et charmante : « ... Ils revenaient dans le colombier blanchi et plein de petits trous. » Et cette impression d'été : « L'air que les animaux respiraient était semblable à de l'eau tiède. » Et ce début : « Un renard, ayant vieilli dans la finesse, voulut donner ses derniers jours à la curiosité. » Car ces fables de Fénelon sont jolies.

Puis viennent les petits morceaux mythologiques sur de menus événements de la vie du prince. Un jour qu'il a fait des fautes en récitant sa leçon et qu'il a impatiemment supporté les corrections, Fénelon écrit le *Jeune Bacchus et le Faune*. Vous vous rappelez? « ... Le critique était jeune, gracieux et folâtre; sa tête était couronnée de lierre et de pampre... Mais comme Bacchus ne pouvait souffrir un rieur malin..., il lui dit d'un ton fier et impatient : Comment oses-tu te moquer du fils de Jupiter? Le Faune répondit sans s'émouvoir : — Hé, comment le fils de Jupiter ose-t-il faire quelque faute? » — Mais, une fois que l'enfant a fait une bonne version des *Géorgiques*, l'abbé imagine que, dans les Champs Elysées, Hésiode, jaloux de Virgile, lui dit pour l'ennuyer : « O Virgile, tu as fait des vers plus durables que l'airain. Mais je te prédis qu'un jour on verra un enfant qui les traduira en sa langue et qui partagera avec toi la gloire d'avoir chanté les abeilles. » — Une autre fois, le petit Louis devant quitter Versailles, l'abbé lui fait dire adieu par les Nymphes et les Faunes, et Flore et Pomone, etc... Dans tout cela, on voit le sourire, que l'enfant comprenait fort bien. Rien de plus doux, de plus ingénieux, de plus plaisant, de plus caressant que cette éducation d'un petit prince par un prêtre du plus souple génie et qui avait la passion d'être aimé.

Enfin, le recueil se termine par des sortes de

poëmes narratifs, notamment *les Aventures de Mélésichton* et *les Aventures d'Aristonoüs*. Mélésichton, noble Mégarien, ruiné, apprend à vivre d'une vie simple et rustique avec toute sa famille et est parfaitement heureux. « La vraie noblesse consiste à ne recevoir rien de personne et à faire du bien aux autres. Ne recevez donc rien que du sein fécond de la terre et de votre propre travail. » Et c'est un bon conseil donné aux nobles de France de résider sur leurs terres et d'y presser les deux mamelles, labourage et pâturage. — Aristonoüs, après de longues aventures, ayant retrouvé le petit-fils de l'homme à qui il doit sa fortune, lui fait part de tous ses biens. Et cela fait songer, vraiment, malgré quelque fadeur et une moindre poésie, au *Mendiant* et aux autres fragments épiques d'André Chénier. Cela est très harmonieux, très pur; cela respire la sagesse, la modération et le courage; la vie conforme à la nature y est honorée; des divinités gracieuses y président aux destinées des hommes. Les personnages y sont sensibles, et abondants en larmes, — comme on aimera tant l'être au dix-huitième siècle. La campagne est trop riante, les bergers trop polis. L'idée que le poète se forme de l'antiquité homérique y manque par trop de sévérité et de rudesse. En somme, autant que d'Homère ou de Théocrite, il se souvient de l'*Astrée*. Mais il y avait là de quoi ravir l'imagination d'un enfant bien doué.

Crouslé dit très bien cette fois : « Fénelon, voulant façonner un prince véritablement humain, commençait par le rendre amoureux du beau. »

Et nulle pruderie. Ce prêtre ne craint pas de mettre sous les yeux de cet enfant des images d'innocentes amours et de beauté féminine. Chose piquante, dès lors que la beauté est sans ornements, il la croit sans danger : « Un berger rêveur menait son troupeau sur les rives fleuries du fleuve Achéloüs... Il ne pensait qu'à la bergère Phidile, simple, naïve, sans aucune parure, à qui la fortune ne donna jamais d'éclat emprunté, et que les Grâces seules avaient ornée et embellie de leurs propres mains. » Et sur une autre : « Ses cheveux blonds étaient noués négligemment derrière sa tête; quelques-uns échappés flottaient sur son cou... elle n'avait qu'une robe légère, avec une ceinture qui la relevait un peu. » Ces images ne pouvaient qu'émouvoir agréablement un jeune garçon. — Bonheur dans la vertu, « aimable simplicité du monde naissant », bonté de la nature, humanité, sensibilité... Jean-Jacques Rousseau, quatre-vingts ans plus tard, n'imaginera pas de plus douces leçons pour l'enfance d'Émile ; à cela près que, moins confiant, il écartera de lui l'image des Phidile et ne jugera pas prudent de lui parler si tôt des femmes.

Je pense que le duc de Bourgogne avait de huit à douze ans lorsque Fénelon écrivait les contes et les fables, et que les *Dialogues des Morts*

furent composés pour l'instruire en le divertis-
sant entre sa douzième et sa quinzième année et
sans doute un peu au delà.

Ils sont très inégaux, et d'étendue et d'intérêt.
Il y en a que Fénelon a écrits à la hâte, et qu'il
n'a pas achevés ou qui sont restés à l'état de
canevas ; d'autres où il a pris goût, et qu'il s'est
plu à developper et à soigner davantage. Mais il
n'écrivait que pour un enfant. Et c'est donc surtout comme instruments d'éducation, et d'éducation royale, que j'examinerai ces fantaisies
presque toujours aimables et souvent substan-
tielles.

Il semble bien que ce genre ait été inventé par
Lucien, l'esprit le plus libre peut-être de l'antiquité. La nature même de cette fiction implique
raillerie, satire et, très facilement, un peu ou
beaucoup de scepticisme ou de pessimisme. Car il
s'agit de montrer comment les morts jugent la vie,
et comment ils jugent leur vie, et comment ils se
jugent entre eux. La mort remet tout au point,
donne à tout un air de vanité, de farce et de
comédie. C'est l'envers du décor, c'est la carcasse
du feu d'artifice. Puis les morts, n'ayant plus rien
à perdre, disent tout. Le genre est aisément un
peu diabolique. (Voyez Fontenelle, dont le premier dialogue est un parallèle entre Alexandre
et Phryné). Sinon, il reste un peu innocemment
scolaire. Mais il semble qu'il doit être l'un des
deux.

Il n'est ni l'un ni l'autre chez Fénelon. Fénelon paraît d'abord continuer simplement sa méthode d'éducation, qui est celle du moindre effort pour son élève, et n'avoir dessein que de lui faire repasser agréablement sa mythologie et son histoire de France. Mais il a l'air, très souvent, de se divertir pour son propre compte et de se plaire à exprimer son sentiment personnel sur les choses et sur les hommes.

Rien de scolaire, ai-je dit, sinon peut-être le dessein général de moraliser. Rien de timide. Il profite de la fantaisie, de la familiarité et du peu de sérieux apparent de ces petites compositions pour dire, notamment sur les personnages de l'histoire de France, ce qu'il n'aurait sans doute pas osé dire dans des narrations suivies et régulières. Exemple (*François Ier et le connétable de Bourbon*) :

FRANÇOIS Ier.— Vous étiez donc en même temps orgueilleux et avare ? Voilà de belles passions !

BOURBON. — Vous étiez livré à vos passions aussi bien que moi ; car vous aviez des maîtresses, vous désiriez être empereur, et l'on prétend que vous ne haïssiez pas l'argent. En cette occasion, c'est la pelle qui se moque du fourgon.

FRANÇOIS Ier. — Nous nous disons l'un et l'autre nos vérités sans rien craindre ; mais nous ne nous en fâchons point.

BOURBON. — Pendant que nous vivions, nous ne les aurions pas supportées si facilement ; mais la mort ôte une grande partie des défauts.

Voilà le ton. C'est souvent le ton même de Fontenelle ou de Voltaire ;

Achille. — Oh ! si je pouvais redevenir jeune !
Chiron. — Tu redeviendrais emporté et indocile.
Achille. — La jeunesse est donc une maladie ?
Chiron. — Tu voudrais pourtant encore en être malade.

Je ne puis vous analyser ces soixante-dix-neuf capricieux dialogues, qui vont d'Hercule et d'Achille à Richelieu et à Mazarin. Le sixième dut bien amuser le petit prince. Ulysse, chez Circé, conseille vainement à son compagnon Grillus, changé en pourceau, de reprendre la forme humaine. Grillus s'y refuse ; et la morale de l'histoire est que, sans l'âme immortelle et sans une autre vie, c'est la philosophie du pourceau qui est la vraie. Mais Fénelon y a mis de l'âpreté, une verve brutale et une sorte d'*humour*, sans compter un singulier plaisir à appeler les choses par leur nom.

… Retournez à Ithaque, dit Grillus, la patrie d'un cochon se trouve partout où il y a du gland. Allez, régnez, revoyez Pénélope, punissez ses amants ; pour moi, ma Pénélope est la truie qui est ici près… Beaucoup de rois dans des palais dorés ne peuvent atteindre à mon bonheur ; on les nomme fainéants et indignes du trône quand ils veulent régner comme moi sans se mettre à la gêne et sans tourmenter le genre humain.

Et encore :

Je conclus qu'il vaut mieux être cochon que héros… La nation à laquelle je suis incorporé est modeste, silencieuse, ennemie de la subtilité et des beaux discours : elle va, sans raisonner, tout droit au plaisir.. J'aime mieux n'être que cochon gros et gras, content de mon ordure, que d'être homme faible, léger, malin, trompeur et injuste, qui n'espère d'être après sa mort qu'une ombre triste et un fantôme mécontent de sa condition.

Que n'y a-t-il pas dans ces dialogues? Il y a une conversation entre Socrate et Confucius (pourquoi non?) sur la Chine, — qui me paraît digne pour le moins de Fontenelle; où la Chine, qui était déjà à la mode, est jugée avec une liberté charmante (« C'est un peuple grave, mystérieux, composé, et rigide observateur de toutes ses anciennes coutumes *pour l'extérieur*... c'est un peuple *qui a fait de grands mystères de plusieurs choses très superficielles et dont la simple explication diminue beaucoup le prix* ») où nous trouvons enfin une critique excellente des inventions chinoises et de la langue chinoise elle-même, — et ce joli aveu, en passant, sur la peinture des Chinois : « Votre peinture a quelque vie et *une grâce je ne sais quelle*. »

Léonidas dit à Xerxès :

Les larmes que tu répandis à la vue de tant de millions d'hommes dont il ne devait rester aucun sur la terre avant la fin du siècle, marquent assez ton humanité. C'est le plus bel endroit de ta vie. Si tu n'avais pas été un roi trop puissant, tu aurais été un assez honnête homme.

Pisistrate soupire :

Je l'avoue franchement, la tyrannie ne me donnait aucun vrai plaisir : mais je n'aurais pas eu le courage de la quitter. En perdant l'autorité, je serais tombé dans une langueur mortelle.

Charon ne veut pas laisser passer Alcibiade parce qu'il n'a pas reçu les honneurs de la sépulture :

On assure, lui dit-il, que tu avais séduit une jeune femme noble, selon ta coutume, et que les frères de cette femme, pour se venger de ce déshonneur, mirent le feu à la maison et te firent brûler. — Eh bien, dit Alcibiade, j'ai donc été brûlé comme les autres morts, cela suffit... Veux-tu que Timandra vienne t'apporter mes cendres, ou qu'elle l'envoie un certificat ?

Alors Mercure intervenant :

Il faut avouer la vérité : en passant j'ai vu l'urne où la courtisane avait, disait-on, mis les cendres de son amant. Un homme qui savait si bien enchanter les femmes ne pouvait manquer de sépulture : il a eu des honneurs, des regrets, des larmes plus qu'il ne méritait.

Que dites-vous de ce badinage d'un prêtre? Des Jésuites, dans une édition scolaire des *Dialogues*, auraient beaucoup à retrancher, et pourtant ils furent écrits spécialement *ad usum delphini*. Mais Fénelon ne lui laisse pas ignorer que les héros et les rois purent avoir des maîtresses, et même des mignons.

Sur les « héros » les plus intéressants de l'histoire, et notamment sur Alcibiade (qui l'obsède), sur Caton l'Ancien, Cicéron, César et Louis XI surtout, et Henri VIII d'Angleterre, et Sixte-Quint, et François Ier et Charles-Quint, et Richelieu et Mazarin, ce sont les remarques les plus libres et les plus franches et les plus fines, et même les plus profondes et souvent les plus pittoresques.

César à Alexandre : « Tu fais grand cas de la justice sans l'avoir suivie. Pour moi je crois que le plus habile homme doit se rendre le maître, et puis gouverner sagement. »

Louis XI : « Quoi! l'histoire ne doit-elle pas respecter les rois? » Commines : « Les rois ne doivent-ils pas respecter l'histoire? »

Charles de Bourgogne à Louis XI : « Qui n'eut été trompé comme moi dans une occasion où vous étiez sincère ? »

Très bon, le gros Henri VIII racontant ses malheurs :

... Si vous saviez quelles étaient ces femmes, vous me plaindriez au lieu de me condamner : l'Aragonaise était laide et ennuyeuse dans sa vertu; Anne de Boulen était une coquette scandaleuse, Jeanne Seymour ne valait guère mieux; Catherine Howard était très corrompue, la princesse de Clèves était une statue sans agrément : la dernière m'avait paru sage, mais elle a montré après ma mort que je m'étais trompé. J'avoue que j'ai été la dupe des femmes.

Et toute la suite est fort plaisante jusqu'à : « Mettez-vous à la place d'un pauvre prince violemment tenté par ses passions et flatté par les prélats. »

Très coloré, le croquis d'Henri III par la duchesse de Montpensier :

Aller en masque le mardi gras, et le jour des Cendres en sac de pénitent avec un grand fouet; porter à votre ceinture un grand chapelet long d'une aune avec des grains qui étaient de petites têtes de mort, et porter en même temps à votre cou un panier pendu à un ruban, qui était plein de petits épagneuls, dont vous faisiez tous les ans une dépense de cent mille écus... découper, coller des images, et se jeter en même temps dans les curiosités de la magie, dans l'impiété et dans la politique de Machiavel; enfin courir la bague en femme, faire des repas avec vos mignons où vous étiez servi par des femmes nues et déchevelées; puis faire le dévot et chercher partout des ermitages : quelle disproportion!

Très savoureux, enfin, ce fragment de dialogue entre Henri IV et le pape Sixte-Quint :

Sixte. — ... Il y avait deux personnes dont je ne pouvais avec bienséance être l'ami, et que j'aimais naturellement... C'était vous et la reine Élisabeth d'Angleterre.

Henri. — Pour elle, je ne m'étonne pas qu'elle fût selon votre goût. Premièrement elle était pape aussi bien que vous, étant chef de l'Eglise anglicane; et c'était un pape aussi fier que vous, elle savait se faire craindre et faire voler les têtes. Voilà sans doute ce qui lui a mérité l'honneur de vos bonnes grâces.

Sixte. — *Cela n'y a pas nui;* j'aime les gens vigoureux et qui savent se rendre maîtres des autres. Le mérite que j'ai reconnu en vous et qui m'a gagné le cœur, c'est que vous avez battu la Ligue, ménagé la noblesse, tenu la balance entre les catholiques et les huguenots. Un homme qui sait faire tout cela est un homme... Si j'eusse vécu, je vous aurais reçu à l'abjuration sans vous faire languir.

Assurément, ces libres croquis d'histoire ne sont pas pour former un esprit timide ni un dévot.

Pour la politique, voici les tendances de Fénelon, dans les *Dialogues des Morts.*

Nulle teinte religieuse, mais la plus pure philosophie antique. Les princes doivent être de la plus stricte probité. Pas de conquête injuste. L'idéal serait le retour à l'âge d'or, mœurs simples, citoyens vertueux, l'amitié des citoyens servant de garde aux rois. Fénelon est sévère aux conquérants et aux grands capitaines et insiste sur leurs défauts et leurs faiblesses ; il a horreur des despotes, il ne parle qu'avec attendrissement de la liberté des peuples. Sans doute il avoue qu'« un peuple gâté par une liberté excessive est le plus insupportable de tous les tyrans ». Mais il ajoute : « Il faut un milieu. Ce milieu est qu'un peuple ait des lois écrites, toujours constantes et consacrées par la nation ; qu'elles soient au-dessus de tout ; que ceux qui gouvernent n'aient d'autorité que par elles, qu'ils puissent tout pour le bien et suivant les lois, qu'ils ne puissent rien contre les lois pour autoriser le mal. »

(C'est le vœu de Jean-Jacques : « Voici le grand problème politique, que je compare à la quadrature du cercle en géométrie : trouver une forme de gouvernement qui mettra la loi au-dessus de l'homme. » Et c'est bien en effet la quadrature du cercle, puisque la loi sera toujours faite par des hommes et appliquée par des hommes).

Fénelon ajoute : « Les Grecs ont seuls la gloire d'avoir fait des lois fondamentales pour conduire un peuple sur des principes philosophiques. » Ce sera précisément le vœu de la Révolution, et c'en est le langage.

Fénelon croit au pouvoir absolu du législateur pour transformer et les institutions et les mœurs... Régler par la loi l'étendue de la propriété, la partager également aux enfants après la mort du père ; retrancher la liberté de s'enrichir, envoyer les citoyens pauvres coloniser les îles désertes, — et aussi imposer la vertu par acte législatif, faire des héros par mesure de police, tout cela ne lui paraît qu'un jeu.

Il est pacifiste et humanitaire : « Un peuple n'est pas moins un membre du genre humain qu'une famille est un membre d'une nation particulière. » Et ceci, fort contestable : « Chacun doit infiniment plus au genre humain, qui est la grande patrie, qu'à la patrie particulière dans laquelle il est né. » — Mais, d'autre part (car les contradictions ne le troublent point) il serait tenté d'exagérer, à la façon jacobine, les droits de la patrie et de l'État sur le citoyen. C'est un mélange des idées (chrétiennes à l'origine) de philanthropie universelle avec le patriotisme exclusif des cités anciennes. — En somme, et bien que, dans ces *Dialogues*, il soit souvent dur pour les individus, il s'y montre d'un optimisme fou, à la Jean-Jacques, et y suppose, lui prêtre catholique, la bonté de la nature.

Au point où nous en sommes avec lui (car nous le verrons changer encore), Fénelon nous paraît en avance d'un siècle sur le plus grand nombre de ses contemporains. Il pense, vers 1695, comme pensera un gentilhomme français à la veille de 1789. Et c'est cela qu'il enseigne au duc de Bourgogne.

Mais il faut dire aussi que nous n'avons, dans les œuvres de Fénelon, que la partie profane de son enseignement. Il faudrait savoir comment, entre les leçons de littérature et d'histoire, il dirigeait la conscience de son élève, et comment il lui parlait en secret.

Car Fénelon n'est pas simple.

CINQUIÈME CONFÉRENCE

TÉLÉMAQUE

« Calypso ne pouvait se consoler du départ
d'Ulysse. Dans sa douleur, elle se trouvait malheureuse d'être immortelle. »

On ne lit plus *Télémaque*, mais tout le monde
connaît ces deux lignes. Elles sont gracieuses. Or,
cette grâce du commencement est dans le poème
tout entier, et le conserve malgré tout.

J'ai beaucoup lu *Télémaque* dans mon enfance,
entre douze et quatorze ans. Outre que nous
en apprenions des morceaux par cœur pour les
réciter en classe, je le lisais et le relisais pour
mon plaisir. Mais, quand j'ai commencé ces
leçons, je n'avais pas ouvert *Télémaque* depuis
plus de quarante ans, et j'en avais presque entièrement oublié le détail.

Eh bien, cette lecture « quarante ans après »,
ne m'a point paru désagréable. Sans doute j'ai
peu goûté au début, surtout dans les descrip-

tions, cette phraséologie molle et fleurie sans être
colorée. Mais le rythme n'est jamais absent de
cette prose. Puis, à mesure que j'avançais dans
le livre, j'y reconnaissais déjà tout entière la
future sensibilité du dix-huitième siècle. J'étais
émerveillé aussi, peu à peu, de l'abondance aisée
des réminiscences antiques et même des inventions. Puis, je remarquais beaucoup plus de
muscles dans les discours que dans les descriptions, et une vraie finesse, une rare connaissance
des hommes dans certains récits épisodiques,
certains portraits, certaines réflexions. Enfin,
j'étais frappé d'une sorte d'entêtement enthousiaste de l'auteur dans l'utopie politique. J'étais,
d'ailleurs, de plus en plus captivé par le récit lui-
même, qui est fort bien composé. Mais en même
temps et surtout, j'en comprenais le singulier
intérêt historique, et je songeais avec étonnement
par qui, pour qui et contre qui avait été écrit ce
roman : par un prêtre, pour le dauphin, contre le
roi.

Fénelon écrivit le *Télémaque* vers 1693 et
1694, « à la hâte, dit-il, à morceaux détachés et
à diverses reprises » *(au père Le Tellier 1710*',
dans le même temps où il écrivait aussi les
Dialogues des Morts, et dans le même dessein
et dans le même esprit. C'est un ouvrage d'une
extrême complexité : c'est un poème d'aventures,
une sorte de roman épique, qui est aussi un traité
d'éducation royale; c'est un poème dont le fond

est chrétien et dont la forme est imitée de l'antiquité païenne; et c'est un traité de gouvernement idéal, qui est aussi (peut-être sans préméditation?) un pamphlet politique.

Vous résumerai-je le *Télémaque?* Ce serait très difficile. Mais comme, d'autre part, il ne vous est certainement pas très présent, voici, pour rafraîchir vos souvenirs, les points essentiels de la fable.

Télémaque, parti à la recherche de son père sous la conduite de Mentor (qui est, vous le savez, Minerve), est jeté par une tempête dans l'île de Calypso, qui lui fait le meilleur accueil. Il raconte à la déesse ses premières aventures : en Sicile, chez Aceste, qu'il sauve d'une invasion de barbares ; en Egypte, où il est esclave au désert et instruit les bergers; à Tyr, chez le cruel Pygmalion, où il montre, à ce qu'il semble, quelque inadvertance morale (car, après avoir refusé de faire un assez léger mensonge pour échapper à Pygmalion, il se sauve en laissant Astarbé, maîtresse du tyran, perdre, par un mensonge beaucoup plus grave, un innocent qui l'avait dédaignée) ; à Chypre, où il résiste à Vénus et aux mœurs voluptueuses du pays; en Crète enfin, où il explique avec tant d'intelligence les lois de Minos, qu'on veut le couronner roi. Et cela fait la matière des cinq premiers livres.

Après cela, le récit va tout droit. Mentor, pour sauver Télémaque et d'Eucharis et de Calypso, le

précipite dans la mer. Recueillis par un vaisseau
phénicien, tous deux abordent à Salente, la ville
d'Idoménée ; et c'est autour de Salente que
tournent les dix derniers livres, où Télémaque
achève d'apprendre tout ce qu'il a besoin de
savoir pour être roi quelque jour. Mentor récon-
cilie Idoménée avec les Manduriens, à qui il voulait faire une guerre injuste. Puis, Télémaque se
joint aux Manduriens et à leurs alliés contre les
méchants Dauniens, et finit par tuer de sa main
leur roi Adraste. — Et cependant Mentor a totalement transformé Salente, l'a garottée de règles
étroites et bienfaisantes, y a réalisé un idéal à la
fois austère et idyllique. Et Télémaque, enfin,
aborde en Ithaque, non sans avoir, avant son
départ de Salente, sauvé d'un sanglier la princesse Antiope, que sûrement il épousera. — Je
laisse les épisodes, qui sont nombreux et assez
variés, et dont quelques-uns sont fort beaux.

Il y a des parties fanées, supportables encore
par un certain charme suranné, ou parce qu'elles
font penser à des choses plus anciennes et plus
belles. Ainsi, ce qu'on appelait autrefois, dans le
poème épique, le « merveilleux », et les « ma-
chines ». Les délibérations des dieux, la lutte de
Vénus et de Minerve, tout cela paraît « postiche »,
et est d'ailleurs beaucoup plus rapproché de Virgile que d'Homère.

Les descriptions, soit de batailles, de tempêtes,
d'incendies, soit de paysages et de vie cham-

pêtre, sont par trop générales et composées de phrases toutes faites. Elles manquent presque entièrement de ce que le jeune Racine goûtait si fort dans les descriptions d'Homère, qui, remarquait-il, « entre plus que Virgile dans le particulier ». Nulle vue directe, nulle représentation précise des objets. Un jour, chez les bergers d'Egypte, un lion se jette sur le troupeau de Télémaque : « Je n'avais en main que ma houlette, je m'avance hardiment. Le lion hérisse sa crinière, me montre ses dents et ses griffes, ouvre une gueule sèche et enflammée... Il bat ses flancs avec sa longue queue. Je le terrasse. » Comme c'est simple ! Ici, toutefois, un petit détail précis et qui fait plaisir : « La petite cotte de mailles dont j'étais revêtu, selon la coutume des bergers d'Egypte, l'empêche de me déchirer. »

Puis cela reprend : « Trois fois je l'abattis, trois fois il se releva ; il poussait des rugissements qui faisaient retentir *toutes* les forêts. Enfin, je l'étouffai dans mes bras. » Mon Dieu, oui. — Ces expressions peuvent sembler magnifiques et nobles aux enfants ; et probablement elles le semblaient à Fénelon qui avait une sensibilité très jeune. — Dans les récits de batailles, les comparaisons avec un lion rugissant, un torrent qui emporte tout, un roc, un chêne, etc... reviennent à chaque page. Et, sans doute, les comparaisons de ce genre, détaillées avec une précision naïve d'imagier primitif, étonnèrent et émerveillèrent, dans

des temps très anciens, les auditeurs de l'aède
Phémios ou de l'aède Homère : mais, tout de
même, il y a un peu trop de siècles qu'elles
furent fraîches. — Et il est vrai cependant que ces
comparaisons, toujours les mêmes, continueront
de former presque la moitié du style épique et
pour Voltaire et pour Marmontel, — et même
quelquefois pour Chateaubriand, si grand inven-
teur pourtant d'images neuves : tant l'homme
est un animal respectueux.

De même, dans la peinture de paysages ou de
vie champêtre, presque tout est général, et vague,
et mou. Je n'irai pas chercher plus loin que la
troisième page :

> Les doux zéphyrs conservaient en ce lieu, malgré les
> ardeurs du soleil, une délicieuse fraîcheur ; des fontaines,
> coulant avec un doux murmure sur des prés semés d'ama-
> rantes et de violettes, formaient en divers lieux des bains
> aussi purs et aussi clairs que le cristal ; mille fleurs nais-
> santes émaillaient les tapis verts dont la grotte était envi-
> ronnée...

Et à la page suivante :

> On voyait une rivière où se formaient des îles bordées
> de tilleuls fleuris et de hauts peupliers qui portaient leurs
> têtes *superbes* jusque dans les nues.

Il me paraît presque impossible de peindre
plus faiblement des peupliers. « Hauts peupliers »
tout seul, et sans cette queue, serait plus ex-
pressif. Et l'on s'étonne davantage si l'on songe

que Fénelon avait passé son enfance et son adolescence à la campagne, et sur les bords de cette Dordogne dont il se souvient peut-être ici en décrivant cette « rivière où se formaient des îles ». Mais quoi ! ce qu'il avait vu de ses propres yeux, il le revoyait (croyant ainsi l'embellir) à travers Homère, ou Théocrite, ou même Longus, ou même enfin l'*Astrée*, — qu'on lisait encore beaucoup, et dont je vous rappellerai les premières lignes :

> De toutes les contrées que renferment les Gaules, il n'en est point de plus délicieuse que le Forest. L'air que l'on y respire est tempéré ; et le climat y est si fertile qu'il produit, au gré de ses habitants, toutes sortes de fruits. Au milieu est une plaine enchantée qu'arrose le fleuve de Loire et que différents ruisseaux viennent baigner. Le plus agréable de tous est le Lignon... Sur les bords de cette admirable rivière on a vu de tout temps grand nombre de bergers, qui par leur douceur naturelle et la bonté du climat, vivaient d'autant plus heureux qu'ils connaissaient moins la fortune.

Et, très probablement, Fénelon se souvient encore davantage de l'*Astrée* dans ses innombrables tableaux, et toujours pareils, de la vie agreste, lorsqu'il nous dit, par exemple (livre X) : « La mère fait un grand feu autour duquel toute la famille innocente et paisible prend plaisir à chanter tout le soir en attendant le doux sommeil. » Ou bien : « Le berger revient avec sa flûte et chante à la famille la nouvelle chanson qu'il a apprise dans les hameaux voisins. » Car c'est ainsi qu'il voit les paysans, lui qui fut pourtant un enfant campagnard! Et, paysans et campagne, c'est ainsi que les verront ou les voudront voir Fontenelle lui-même, et Marmontel, et Favart, et finalement Berquin, et le stupide Gessner; bref, tout le dix-huitième siècle, Jean-Jacques excepté et Bernardin de Saint-Pierre.

Çà et là pourtant, une touche plus rare, comme dans la description de la fête de nuit qui est donnée à Mentor et à Télémaque sur le vaisseau phénicien, et où sont rassemblés « tous les plaisirs dont on peut jouir ». On brûle les plus exquis parfums de l'Orient... Tous les bancs de rameurs sont pleins de joueurs de flûte... « Une troupe de jeunes Phéniciens d'une rare beauté et vêtus de fin lin... dansent les danses de leur pays... De temps en temps des trompettes font retentir l'onde jusqu'aux rivages éloignés... » Et voici qui est presque romantique et qui transforme presque la fête en fête vénitienne : « Le silence de la nuit, le calme de la mer, la lumière tremblante de la lune répandue sur la face des ondes... servaient à rendre ce spectacle encore plus beau. » (La chute est malheureusement faible). — Quelquefois aussi, mais encore plus rarement, il trouve un effet non banal dans le rapprochement de deux épithètes choisies. Il s'agit du Bacchus qui est ciselé sur le bouclier de Télémaque : « C'était une beauté molle, avec je ne sais quoi... *de passionné et de languissant...* »

Mais, à l'ordinaire, Fénelon, dans les descriptions, se contente d'un vocabulaire et d'une phraséologie qui, même de son temps, pouvaient paraître un peu usés. Il cherche l'harmonie plus que la couleur. — Je l'aime mieux dans les discours qu'il prête à ses personnages. Il y a là une grâce un peu lente et, dans le développement des vérités communes, ou dans les sentences morales, une plénitude tranquille, une sorte de prudhomie sereine et héroïque qui sent vraiment encore son *Odyssée*, qui rappelle aussi la *lactea ubertas*, et qui fait qu'on admire. comme Chénier le dit d'Homère,

> De sa bouche abonder les paroles divines
> Comme en hiver la neige au sommet des collines.

Mais ce que j'aime le mieux, et ce qui est sans doute le plus remarquable dans *Télémaque,* c'est ce qui n'est ni épique ni pédagogique, et qui ne se rapporte ni au pamphlet ni à l'utopie que renferme ce roman compliqué. Ce sont certains portraits et certaines observations psychologiques d'une grande finesse et quelquefois d'une délicieuse malice. Voici une page qui, dans ce genre, me paraît merveilleuse :

Nestor et Philoctète n'étaient pas assez secrets dans leurs entreprises. Nestor, dans ce déclin de l'âge, se plaisait trop à raconter ce qui pouvait lui attirer quelque louange. Philoctète naturellement parlait moins ; mais il était prompt ; et, si peu qu'on excitât sa vivacité, on lui faisait dire ce qu'il avait résolu de taire... On n'avait qu'à l'irriter : alors fougueux et hors de lui-même, il éclatait par des menaces, il se vantait d'avoir des moyens sûrs de parvenir à ce qu'il voulait. Si peu qu'on parût douter de ces moyens, il se hâtait de les expliquer inconsidérément ; et le secret le plus intime échappait du fond de son cœur.

Et ceci, dont le tour est charmant, et que la dignité même de la comparaison rend vraiment drôle :

Semblable à un vase précieux d'où s'écoulent toutes les liqueurs les plus délicieuses, le cœur de ce grand capitaine ne pouvait rien garder...

Et, pour résumer :

Les traîtres, corrompus par l'argent d'Adraste, ne manquaient pas de se jouer de la faiblesse de ces deux rois. Ils flattaient sans cesse Nestor par de vaines louanges ; ils lui rappelaient ses victoires passées, admiraient sa prévoyance, ne se lassaient jamais de l'applaudir. D'un autre côté, ils tendaient des pièges continuels à l'humeur impatiente de Philoctète : ils ne lui parlaient que de difficultés, de contre-temps, de dangers, d'inconvénients, de fautes irrémédiables. Aussitôt que ce naturel prompt était enflammé, sa sagesse l'abandonnait, et il n'était plus le même homme.

Et Nestor et Philoctète sont incorrigibles ; car, dit Fénelon, « la vieillesse n'a rien de souple, la longue habitude la tient comme enchaînée ; elle n'a presque plus de ressources contre ses défauts. »

Fénelon a-t-il des contemporains en vue lorsqu'il nous dessine ce Philoctète et ce Nestor ? Je ne sais, mais il est probable. Outre une série d'excellents portraits, outre mille remarques d'un observateur qui connaît très bien la cour, je trouve dans *Télémaque* ce qu'on pourrait appeler la « psychologie des rois ». Je ne vous en indiquerai que quelques traits. C'est Idoménée qui parle :

J'étais trop ennemi des affaires, et trop inappliqué, pour pouvoir me tirer de ses mains (de Protésilas) : il aurait fallu renverser l'ordre établi pour ma commodité et instruire un nouvel homme... J'aimais mieux fermer les yeux pour ne pas voir les artifices de Protésilas. Je me consolais seulement en faisant entendre à certaines personnes de confiance que je n'ignorais pas sa mauvaise foi. Ainsi je m'imaginais n'être trompé qu'à demi, puisque je savais que j'étais trompé.

Et cela continue sur ce ton excellent. Plus loin : « Les rois ne veulent jamais avoir tort. Pour couvrir une faute, il en faut faire cent. » — Ailleurs : « La multitude des hommes qui environnent les princes est cause qu'il n'y en a aucun qui fasse une impression profonde sur eux : ils ne sont frappés que de ce qui est présent, et qui les flatte ; tout le reste s'efface bientôt. » — Et je veux encore vous citer ceci, qui est du sage Mentor en personne : « Sachez que les méchants ne sont point des hommes incapables de faire le bien ; ils le font indifféremment, de même que le mal, quand il peut servir à leur ambition », etc. — Ainsi l'esprit de chimère,

qu'on ne peut refuser à Fénelon, s'allie chez lui
à la plus fine information, et à la moins timide,
sur la nature humaine et au plus vif sentiment
des réalités.

Enfin, à ne considérer toujours *Télémaque*
que comme un poème, comme une œuvre litté-
raire, certaines parties demeurent intéressantes
et belles : le sixième livre (1), — l'histoire de Philoctète, — et la descente de Télémaque aux enfers.
Que ce sixième livre est curieux ! Il est plein
de gaucheries et comme qui dirait de réticences.
— La suite des scènes, les lieux où elles se
passent, les rencontres des personnages, le pro-
tocole qui régit la petite cour de Calypso, tout
cela est assez indéterminé. « Eucharis devait
emmener Télémaque dans une chasse. » Eucharis peut donc faire des invitations en dehors de
sa maîtresse ? — Pas de dialogues : des discours,
et souvent des monologues. — Ajoutez de singulières obscurités. « Calpyso employait ses plus
belles nymphes à faire naître les feux de l'amour
dans le cœur de Télémaque ». Les feux de l'amour
pour qui ? Et si Télémaque allait les ressentir
pour une de ces « belles nymphes ? » Ce n'est
sans doute pas ce que veut Calypso. Elle veut que
les gentillesses de ce bataillon féminin amollissent
seulement le jeune homme, le mettent dans un
état de langueur voluptueuse dont Calypso profi-

____

(1) *Télémaque*. dans la 1ʳᵉ édition. est divisé en dix-huit livres.

tera, et de désir encore imprécis qu'elle se chargera de préciser. Elle veut que Télémaque, comme plus tard Chérubin, aime confusément toutes les femmes avant d'en aimer une seule, — qui ne pourra manquer d'être Calypso : car elle fera pour cela ce qu'il faut. Bref, elle se sert de ses nymphes comme d' « allumeuses », si j'ose m'exprimer ainsi. Est-ce cela que veut dire Fénelon ? On comprend dans ce cas que, précepteur et prêtre, il n'ait pas osé le dire plus explicitement.

Et c'est cette gêne qui donne du piquant à tout ce récit à la fois ardent et embarrassé. Fénelon sait très bien de quoi il s'agit ; il connaît certes les passions de l'amour, au moins pour en avoir été le témoin et le confident. Il est grand directeur de femmes. Mais il ne peut dire tout ce qu'il sait. Il craint de faire, malgré lui, des peintures trop attrayantes de la passion, quand son dessein est, tout au contraire, d'en dégoûter son élève et de lui en inspirer la terreur. Et alors, pour mieux l'effrayer, il insiste sur ce qu'il y a de morbide dans l'amour. Il veut lui persuader surtout que l'amour ruine la santé, qu'il empêche de dormir, qu'il rend fou, et que, par surcroît, il enlaidit. Et ces effets physiques, il les peint avec une simplicité toute réaliste : « Télémaque était devenu maigre, ses yeux creux étaient pleins d'un feu dévorant. » Et Calypso : « Elle avait les yeux rougis et enflammés... Ses joues tremblantes

étaient couvertes de taches noires et livides ; elle
changeait à chaque moment de couleur... Ses
larmes ne coulaient plus comme autrefois avec
abondance : la rage et le désespoir semblaient en
avoir tari la source, et à peine en coulait-il quelqu'une sur ses joues. Sa voix était rauque, tremblante et entrecoupée... » Et Fénelon n'a pas l'air
de se douter qu'un adolescent peut être encore
plus ému par le tableau des douleurs de l'amour
que par celui de ses joies. (... « L'amour *et ses
folles douleurs !* » dit avec ravissement la petite
Aricie de Racine). — A un moment, le thème de
l'éternelle chanson de *Carmen* vient sous la
plume de Fénelon : « Mentor avait remarqué que
Calypso aimait éperdûment Télémaque et que
Télémaque n'aimait pas moins la jeune nymphe
Eucharis ; car le cruel amour, pour tourmenter
les mortels, fait qu'on n'aime guère la personne
dont on est aimé... » Ne voit-il pas que cela
est bien plus propre à faire rêver mélancolique-
ment un enfant romanesque qu'à le détourner
d'aimer ?

Une volupté respire dans tout ce livre, à l'insu
de l'écrivain. Mentor dit à Télémaque : « Voyez le
fruit de votre témérité... La déesse troublée ressemble à une furie infernale ; Eucharis brûle
d'un feu plus cruel que toutes les douleurs de la
mort ; toutes ces nymphes jalouses sont prêtes à
s'entredéchirer : et voilà ce que fait le traître
amour, qui paraît si doux ! » Eh ! oui, c'est là le

fond tragique des choses, la réalité finale, — qui
d'ailleurs ne découragera jamais Chérubin. Mais
il y a aussi les apparences et les commencements,
qui ne sont pas du tout sévères : « Les nymphes
se mirent à cueillir des fleurs en chantant pour
amuser Télémaque... » « L'Amour demeura entre
les bras de Calypso. Elle sentit la flamme qui cou-
lait déjà dans son sein. Pour se soulager, elle le
donna aussitôt à la nymphe qui était auprès
d'elle... L'enfant malin et trompeur ne caressait
que pour trahir... » Ne dirait-on pas un fragment
du *Temple de Gnide* ? Et peu après Télémaque,
ayant lui-même caressé l'enfant, dit à Mentor :
« Voyez-vous ces nymphes ? Combien sont-elles
différentes de ces femmes de l'île de Chypre, dont
la beauté était choquante à cause de leur immo-
destie ! Ces beautés immortelles montrent une
innocence, une modestie, une simplicité qui
charme. Parlant ainsi, il rougissait sans savoir
pourquoi. » Un peu plus loin : « Il considérait
Eucharis qui s'éloignait de lui. Ne pouvant voir
son visage, il regardait ses beaux cheveux noués,
ses habits flottants et sa noble démarche. Il aurait
voulu baiser les traces de ses pas. » — Et enfin
il y a ceci : un jeune homme tout seul dans une
île de joie au milieu de jeunes femmes qui toutes
le désirent et que d'abord il désire toutes. Fénelon résume ainsi la situation : « L'Amour, en se
jouant avec les nymphes, avait mis tout en feu
dans l'île. » Riantes, trop riantes images, et que

le petit duc de Bourgogne, alors âgé d'une quin-
zaine d'années, devait fort goûter, et qu'il était
fort capable de réaliser dans son esprit.

Or, vers 1694, Bossuet, à qui Fénelon avait
donné à lire une partie du manuscrit de *Télémaque*, le jugeait ainsi devant son secrétaire,
l'abbé Ledieu :

> Tant de discours amoureux, tant de descriptions ga-
> lantes, une femme qui ouvre la scène par une tendresse
> déclarée et qui soutient ce sentiment jusqu'au bout, et le
> reste du même genre, lui fit dire que cet ouvrage était
> indigne non seulement d'un évêque, mais d'un prêtre et
> d'un chrétien, et plus nuisible que profitable au prince à
> qui l'auteur l'avait donné. *Journal de Ledieu.*

Et, dans cette même année 1694, Bossuet écrivait ses *Maximes et réflexions sur la comédie*,
où il paraît fort loin de penser que la représentation poétique et sensible des passions soit un bon
moyen de les guérir ou de les prévenir. Fénelon
qui, lui, semble le croire, montre là beaucoup de
cette candeur que nous avons déjà remarquée en
lui. En tout cas, on ne peut pas dire que le *Télémaque*, d'une part avec ses tableaux de l'âge
d'or, de l'autre avec ses nymphes amoureuses et
ses mythologies à la manière, vraiment, du Cor-
rège ou de l'Albane (si bien que Monnet, illus-
trant le poème pour la grande édition de Didot
en 1785, a pu très loyalement remplir de nudités
galantes ses estampes des sept premiers livres),
non, on ne saurait dire du moins que *Télémaque*

fût propre à former un dévot : et c'est une observation dont nous nous souviendrons plus tard.

Un autre endroit dont la beauté est demeurée intacte, c'est ce douzième livre où Philoctète raconte son histoire à Télémaque. C'est la traduction la plus naturelle, la plus libre, la plus pathétique et même la plus énergique du *Philoctète* de Sophocle, et beaucoup mieux qu'une traduction. Ce serait plutôt une version nouvelle et plus ramassée, et, par endroits, spiritualisée, si j'ose dire. Il est remarquable que la seule phrase ajoutée au texte du poète grec soit celle-ci : « La nécessité apprend aux hommes ce qu'ils ne pourraient jamais savoir autrement. *Ceux qui n'ont jamais souffert ne savent rien ; ils ne connaissent ni les biens ni les maux ; ils ignorent les hommes ; ils s'ignorent eux-mêmes.* »

Très belle, enfin, la visite de Télémaque aux enfers et aux Champs-Elysées. — Vous savez que, chez Homère, dans l'île brumeuse des Cimmériens, la survie des morts n'est qu'une survie d'ombres qui continuent de faire, machinalement et tristement, les gestes que ces morts faisaient de leur vivant. — Dans l'enfer, déjà plus moral, de Virgile, les méchants sont affligés de peines précises, et les justes vivent du moins dans de beaux paysages sereins et respirent un air plus pur que les habitants de la terre. Dans *Télémaque* les souffrances des méchants sont presque uniquement intérieures et morales. Sans doute les tyrans sont abandonnés aux fureurs et aux insultes de leurs anciens esclaves, ce qui est un châtiment moitié physique et moitié spirituel : mais l'impie qui se crut vertueux est puni seulement dans son âme : « L'impiété se creuse elle-même un abîme sans fond où elle se précipite sans espérance. » Et Minos dit à l'homme qui a fait son devoir envers les hommes, mais qui n'a pas cru aux dieux : « Tu as oublié les dieux ; ils t'oublieront, ils te livreront à toi-même, puisque tu as voulu être à toi, et non pas à eux... Te voilà à jamais séparé des hommes, auxquels tu as voulu plaire ; te voilà seul avec toi-même, qui étais ton idole... » Et donc, « les Furies ne le tourmentent point, parce qu'il leur suffit de l'avoir livré à lui-même, et que son propre cœur venge assez les dieux méprisés. » Etc...

Quant aux justes, ils se nourrissent d'une lumière plus subtile et plus parfaite que celle du paradis virgilien ; d'une lumière qui est plutôt une gloire céleste qu'une lumière... « Elle sort d'eux et elle y entre... Ils la voient, ils la sentent, ils la respirent... Ils sont plongés dans cet abîme de joie comme les poissons dans la mer. Ils ne veulent plus rien, ils ont tout sans rien avoir, car ce goût de lumière pure apaise la faim de leur cœur. » Etc... Relisez cette merveilleuse page qui est, je pense, un des plus heureux efforts qu'on ait faits pour peindre la félicité intérieure, le bonheur sans volupté, le bonheur des élus...

C'est encore le paradis virgilien, et c'est déjà le paradis chrétien. Fénelon est l'homme d'Église et le croyant qui a vu le moins de distance entre la sagesse païenne et le christianisme. La fusion des deux traditions est, chez lui, plus aisée et plus intime que chez Racine lui-même, qui a beaucoup plus le sentiment de la chute.

Oui, ce que Fénelon nous décrit dans ce XIVe livre, c'est le paradis chrétien à peu près tel qu'on peut le concevoir : mieux encore, c'est le paradis des mystiques perdus en Dieu et à peine distincts de Dieu :

> Je ne sais quoi de divin coule sans cesse au travers de leur cœur, comme un torrent de la divinité même qui s'unit à eux... Ils ne font tous ensemble qu'une seule voix, une seule pensée, un seul cœur : une même félicité fait comme un flux et un reflux dans ces âmes unies.

Mais surtout, surtout ! — et cela est assez inattendu, — il y a un passage où Fénelon décrit l'état d'âme de Télémaque écoutant son aïeul Arcésius, et où il semble décrire, — avec un peu du vocabulaire de Mme Guyon, mais dans un meilleur style, — l'état d'oraison parfaite et de contemplation :

> Ces sages paroles étaient comme une flamme subtile qui pénétrait dans les entrailles du jeune Télémaque ; il se

sentait ému et embrasé ; je ne sais quoi de divin semblait fondre son cœur au dedans de lui. Ce qu'il portait dans la partie la plus intime de lui-même le consumait secrètement ; il ne pouvait ni le contenir ni le supporter, ni résister à une si violente impression : c'était un sentiment vif et délicieux, qui était mêlé d'un tourment capable d'arracher la vie...

Tout cela, à l'occasion du très calme et très raisonnable discours d'un bon vieillard sur les devoirs et les servitudes de la royauté ! C'est bien étrange. On dirait que Fénelon s'est emparé du premier prétexte venu pour peindre un état d'âme qui lui est cher et habituel, et où le plongeait, depuis cinq ans déjà, la parole ardente et inspirée d'une mystérieuse femme. Et nous entrevoyons ainsi un Fénelon secret, qui bientôt va surgir.

Mais revenons au *Télémaque*. Après le poème d'éducation royale, voyons l'utopie politique. Vous en trouverez tout l'essentiel au livre X.

Idoménée, qui vient de fonder la ville de Salente, la remet aux mains de Mentor pour qu'il l'organise et la régente ainsi qu'il le jugera bon. — Maximes fondamentales (ce sont toutes les maximes « humanitaires » du dix-huitième siècle) : — Tous les hommes sont frères. — Tous les peuples sont frères aussi « et doivent s'aimer comme tels. Malheur à ces impies qui cherchent une gloire cruelle dans le sang de leurs frères qui est leur propre sang ! » — La guerre est le plus grand des maux. Un roi n'a le droit de la faire que pour défendre son peuple. — Le roi est fait pour ses sujets, non les sujets pour le roi. — Les sujets seront toujours assez préparés à la guerre, si pendant la paix ils ont exercé leur corps et vécu d'une vie sobre et rude. — Toute conquête est injuste. Je note même, à propos, non plus de Salente, mais de la Bétique (livre VII) un peu de Tolstoï déjà : le conseil de la non-résistance au mal. « Ils rient quand on leur parle des rois qui ne peuvent régler entre eux les frontières de leurs Etats. Peut-on craindre, disent-ils, que la terre manque aux hommes?... Tant qu'il restera des terres libres et incultes, *nous ne voudrions pas même défendre la nôtre* contre des voisins qui viendraient à s'en saisir. » De même (livre IX) les chefs des Manduriens disent à Idoménée : « *Nous avons abandonné les doux rivages de la mer pour vous les céder;* il ne nous reste que des montagnes presque inaccessibles; du moins est-il juste que vous nous y laissiez en paix et en liberté. »

Puis Mentor décrète et légifère. Entière liberté du commerce. Mais Mentor « voulut qu'on punît sévèrement toutes les banqueroutes parce que celles qui sont exemptes de mauvaise foi ne le sont presque jamais de témérité. En même temps, il établit des magistrats à qui les marchands rendaient compte de leurs effets, de leurs profits, de leurs dépenses et de leurs entreprises. Il ne leur était jamais permis de risquer le bien d'autrui et ils ne pouvaient même risquer que la moitié du leur ». Donc, liberté du commerce, oui, mais non assurément des commerçants.

Mentor défend l'importation de toutes les marchandises qui pourraient introduire le luxe et la mollesse. Il règle les conditions par la naissance, et les distingue par l'habit. Il établit sept conditions pour les hommes libres :

Les personnes du premier rang après le roi seront vêtues de blanc, avec une frange d'or au bas de leurs habits. Elles auront au doigt un anneau d'or, et au cou une médaille d'or avec le portrait du roi. Celles du second rang seront vêtues de bleu; elles porteront une frange d'argent, avec l'anneau et point de médaille; les troisièmes de vert, sans anneau et sans frange, mais avec la médaille d'argent; les quatrièmes d'un jaune d'aurore; les cinquièmes d'un rouge pâle ou de rose; les sixièmes, de gris de lin, et les septièmes, qui seront les derniers du peuple, d'une couleur mêlée de jaune et de blanc. (Bien salissante pour des gens pauvres, cette dernière couleur, ne trouvez-vous pas?)

Toutes ces couleurs feront dans les rues d'assez jolis bariolages. Mais pourquoi sept rangs ? et par quoi ces sept rangs seront-ils déterminés ? Mentor ne le dit pas, et nous ne le saurons jamais. Sans doute Fénelon s'amuse. Quant aux esclaves, ils seront tous vêtus de gris-brun. « Ainsi, sans aucune dépense, chacun sera distingué suivant

sa condition, et on bannira de Salente tous les
arts qui ne servent qu'à entretenir le faste. »

Mentor règle aussi la nourriture, les meubles,
la grandeur et l'ornement des maisons pour
toutes les conditions différentes. Il garde la peinture et la sculpture et établit même une école des
Beaux-Arts, mais seulement pour décorer les
temples, les tombeaux et les monuments publics
et pour conserver la mémoire des grands hommes
et des grandes actions. Il retranche « un nombre
prodigieux de marchands qui vendaient des bro-
deries d'un prix excessif, des vases d'or et d'argent... des liqueurs et des parfums ». Car, —
comme aurait pu parler Jean-Jacques cinquante
ans plus tard, — « c'est s'enrichir que de
mépriser de telles richesses, qui épuisent l'Etat,
et que de diminuer ses besoins en les réduisant
aux vraies nécessités de la nature ». — Après quoi
il « prend » les artisans superflus qui sont dans la
ville, et « dont les métiers ne servent qu'à déré-
gler les mœurs » pour les transporter à la campagne et en faire des laboureurs. Et ils seront
parfaitement heureux avec des fromages, des châ-
taignes et des chansons. Seulement on mettra des
taxes sur ceux qui négligeront leurs champs,
« comme vous puniriez des soldats qui abandon-
neraient leur poste dans la guerre ». — « Il ne
faut permettre à chaque famille, dans chaque
classe, de pouvoir posséder que l'étendue de terre
absolument nécessaire pour la nourrir... Les

nobles ne pourront point faire d'acquisitions sur les pauvres... Le vin doit être rare. Si l'on a planté trop de vignes, qu'on les arrache. » Les enfants seront élevés par l'Etat, etc... Et tout cela est si beau « qu'on n'entendait plus que des cris de joie et les chansons des bergers et des laboureurs qui célébraient leurs hyménées » et « que les vieillards pleuraient dans un excès de joie mêlée de tendresse... » en levant « leurs mains tremblantes vers le ciel ».

Voilà. Il est bien facile, d'abord de railler, puis de dire que ce régime, d'ailleurs irréalisable, serait la plus insupportable tyrannie. Aussi est-ce un rêve — rêve d'une âme innocente, qui a la manie de la réglementation. Mais il est clair que Fénelon n'a jamais eu l'intention de diviser les vingt-cinq millions de Français en sept classes distinguées par la couleur de leurs habits. — C'est un rêve, et pour une très petite cité, comme le *Contrat social*. — C'est un rêve, et toutes les chimères du dix-huitième siècle et de Rousseau y sont, excepté la chimère de l'égalité et la chimère de la souveraineté du nombre, ce qui, à vrai dire, fait une prodigieuse différence et ce qui, même, sauve tout. — Puis, cela garde le ton de la pastorale ou des « vers dorés », tandis que le *Contrat social* est un traité philosophique et abstrait. — C'est un rêve, et qui ne suppose qu'un excès d'optimisme évangélique, au lieu que le *Contrat social* suppose de la déraison. — C'est un rêve et c'est aussi une sorte de « conte philosophique », où il faut, sous le symbole, saisir le vrai sens. Les sept classes distinguées par sept couleurs, c'est trop, c'est du luxe d'inégalité : mais, ce qui est vrai, c'est qu'il est excellent que des catégories d'hommes persistent dans le même travail et la même profession, car cela accroît et perpétue les compétences ; et ce qui est vrai aussi, c'est que, plus les catégories inégales, ou plutôt différentes, sont nombreuses, et moins l'inégalité est pénible à supporter. C'est, dès lors, différenciation plutôt qu'inégalité. — L'agriculture sera presque tout dans ce petit État? Eh ! n'est-ce pas la plus belle occupation et la plus normale ? Fénelon nous a déjà parlé de la Bétique, de ce peuple qui fut sage et heureux ensemble, parce qu'il « suivait la nature » (car Fénelon crée innocemment le vocabulaire de Jean-Jacques) — Le gouvernement de Salente serait le plus dur des despotismes? Les Salentins sont accablés de règlements? Mais cela ne leur pèsera pas s'ils sont vertueux, et Fénelon compte bien qu'ils le seront. C'est excellent d'obéir, et facile, et cela est allégeant. Salente est bien une cité organisée par un homme d'Eglise. La loi y ressemble à « la règle ».

Quant à la fraternité universelle et à l'horreur de la guerre, à l'humanitarisme et au pacifisme de *Télémaque*..., faisons attention à une chose. Nous avons conçu, et avec raison, une défiance invincible à l'endroit de la plupart des hommes publics qui professent ces doctrines. Mais il est clair que, en elles-mêmes, elles sont des songes généreux ; et j'espère même, avec la grâce de Dieu, qu'aux tristes temps de la guerre de la Ligue d'Augsbourg, j'aurais été avec ceux qui faisaient ces songes.

Enfin, il ne faut pas oublier pour qui Fénelon écrit le conte de Salente. Il l'écrit pour un jeune prince assez dur et qu'il s'agit d'attendrir un peu. Le portrait du duc de Bourgogne que nous avons vu sous ce titre : *le Fantasque*, se rapporte sans doute à sa treizième ou quatorzième année. Mais au livre XIII, il y a un portrait de Télémaque, rajouté (nous le savons par les manuscrits) et qui est évidemment celui du duc de Bourgogne quelques années après. Fénelon insiste sur un certain fond de dureté :

Son naturel était bon et sincère, mais peu caressant ; il ne s'avisait guère de ce qui pouvait faire plaisir aux autres ; il n'était point attaché aux richesses, mais il ne savait point donner. Ainsi, avec un cœur noble et porté au bien, il ne paraissait ni obligeant, ni sensible à l'amitié, ni libéral, ni reconnaissant des soins qu'on prenait pour lui, ni attentif à distinguer le mérite... Il se regardait comme étant d'une autre nature que le reste des hommes ; les autres ne lui semblaient mis sur la terre par les dieux que pour lui plaire, pour le servir, etc...

Et plus loin :

Aussitôt revenaient en foule dans son esprit toutes les fautes qu'il avait faites ; il n'oubliait point sa hauteur naturelle et *son indifférence pour les hommes* ; il avait une honte secrète *d'être né si dur*...

Il est évident que, pour humaniser en effet et amollir un adolescent de cette complexion, Fénelon n'a pas à craindre de paraître trop persuadé de la fraternité des hommes et des peuples, trop ennemi de la gloire impitoyable des armes, trop ami de la simplicité et de la douceur, trop idyllique enfin. Il nourrit son jeune fauve avec des jattes de lait.

Et c'est aussi pour l'efficace instruction du duc de Bourgogne que *Télémaque* est et devait être une satire de Louis XIV, un pamphlet.

Idoménée, avant son heureux changement, c'est Louis XIV, soit que l'auteur l'ait voulu, soit qu'il en ait seulement pris son parti. Les reproches que Mentor fait à Idoménée sont exactement les mêmes que Fénelon fera au roi de France dans sa fameuse lettre secrète. Comme à Louis XIV, Fénelon reproche à Idoménée son orgueil, son faible pour les flatteurs, son amour de la guerre, ses conquêtes injustes, son faste qui ruine les peuples. Les allusions sont partout transparentes.

« Eh quoi ! a-t-on dit, présenter le grand-père à son petit-fils sous de pareils traits ! » — Mais c'est que, justement, le duc de Bourgogne n'avait que trop de pente à admirer son aïeul et à le vouloir imiter surtout dans ses défauts et dans ses vices.

La gloire du grand-père était un piège pour l'enfant. — Joignez que Fénelon a soin de plaider pour Idoménée les circonstances atténuantes, et ensuite de le convertir.

Il reste cependant ceci, qui est frappant et singulier. Le seul des grands écrivains du dix-septième siècle qui n'ait pas loué Louis XIV, c'est Fénelon. Mieux encore : l'homme qui, en dehors des ennemis naturels du roi, a été le plus dur pour lui, et l'on peut dire le plus impitoyable, c'est un prêtre gentilhomme, précepteur de son petit-fils.

La lettre non signée dont je parlais tout à l'heure est de 1694. Il n'est pas sûr, mais il me semble probable qu'elle fut mise sous les yeux du roi, mais un peu plus tard. Je crois que cela se fit même d'accord avec Beauvilliers et Mme de Maintenon, et qu'ils sont un peu maltraités dans la lettre pour détourner d'eux les soupçons du roi.

Cette lettre est magnifique. Je voudrais pouvoir vous la citer tout entière : je vous en lirai du moins le début et quelques passages :

La personne, Sire, qui prend la liberté de vous écrire cette lettre n'a aucun intérêt en ce monde. Elle ne l'écrit ni par chagrin, ni par ambition, ni par envie de se mêler des grandes affaires. Elle vous aime sans être connue de vous ; elle regarde Dieu dans votre personne... Si elle vous parle fortement, c'est que la vérité est libre et forte, etc...

Vous êtes né, Sire, avec un cœur droit et équitable ; mais ceux qui vous ont élevé ne vous ont donné pour science de gouverner que la défiance, la jalousie, l'éloignement de la vertu, la crainte de tout mérite éclatant, le goût des hommes souples et rampants, la hauteur et l'attention à votre seul intérêt.

Depuis environ trente ans, vos principaux ministres ont ébranlé et renversé toutes les anciennes maximes de l'Etat, pour faire monter jusqu'au comble votre autorité... On n'a plus parlé de l'Etat ni des règles : on n'a parlé que du roi et de son bon plaisir. On a poussé vos revenus et vos dépenses à l'infini. On vous a élevé jusqu'au ciel pour avoir effacé, disait-on, la grandeur de tous vos prédécesseurs ensemble, c'est-à-dire pour avoir appauvri la France entière afin d'introduire à la cour un luxe monstrueux et incurable. Ils ont voulu vous élever sur les ruines de toutes les conditions de l'Etat, comme si vous pouviez être grand en ruinant tous vos sujets sur qui votre grandeur est fondée.

(Vous sentez bien que l'auteur de la lettre met partout « les ministres » au lieu du roi lui-même, afin de lui faire lire jusqu'au bout son acte d'accusation.)

Ils vous ont accoutumé à recevoir sans cesse des louanges outrées qui vont jusqu'à l'idolâtrie et que vous auriez dû, pour votre honneur, rejeter avec indignation...

Plus loin :

En voilà assez, Sire, pour reconnaitre que vous avez passé votre vie entière hors des chemins de la vérité et de la justice, et par conséquent hors de celui de l'Évangile. Tant de troubles affreux qui ont désolé toute l'Europe depuis plus de vingt ans, tant de sang répandu, tant de scandales commis, tant de provinces saccagées, tant de villes et de villages mis en cendres sont la funeste suite de cette guerre de 1672, entreprise pour votre gloire et pour la confusion des faiseurs de gazettes et de médailles de Hollande.

Puis, Fénelon reproche au roi l'œuvre des « Chambres de réunion » et d'avoir continué, en

pleine paix, de faire la guerre et des conquêtes
injustes...

Cependant vos peuples, que vous devriez aimer comme
vos enfants, et qui ont été jusqu'ici si passionnés pour
vous, meurent de faim. La culture de la terre est presque
abandonnée... La France entière n'est plus qu'un grand
hôpital désolé et sans provisions...

Vous n'aimez point Dieu, vous ne le craignez même que
d'une crainte d'esclave ; c'est l'enfer, et non pas Dieu que
vous craignez... Vous êtes scrupuleux sur des bagatelles et
endurci sur des maux terribles...

Puis il l'éclaire sur son archevêque (Harlay de
Champvallon) et sur son confesseur (Le Tellier),
même sur la faiblesse et la timidité de Mme de
Maintenon et du duc de Beauvilliers, toutes personnes qui n'osent pas lui dire la vérité.

Ce qu'ils doivent vous dire, le voici : ils doivent vous
représenter qu'il faut vous humilier sous la puissante main
de Dieu... ; qu'il faut demander la paix, et expier par cette
honte toute la gloire dont vous avez fait votre idole...
qu'enfin il faut rendre au plus tôt à vos ennemis, pour
sauver l'État, des conquêtes que vous ne pouvez d'ailleurs
retenir sans injustice...

Cette lettre de Fénelon à Louis XIV ressemble
à quelque foudroyante lettre de saint Ambroise à
Théodose. Et peut-être y a-t-il songé, car c'était
un Gascon plein d'imagination. Mais il est vrai
qu'il était aussi un très bon prêtre et un homme
profondément « humain », comme on l'entendra
au siècle suivant. En somme, ce qu'il prêche au
roi c'est la morale de l'Évangile, ou simplement

la morale opposée à la politique même nationale. Ou, si vous voulez, c'est la politique de saint Louis, plus scrupuleuse encore. Nous nous en rendrons mieux compte lorsque Fénelon écrira l'*Examen de conscience sur les devoirs de la royauté*.

Car nous sommes obligés, ici, de revenir un peu en arrière. L'abbé de Fénelon est, en ce moment, un des hommes les plus considérables de France. Il a pour lui le groupe le plus honorable et le plus puissant de la cour. Il est admiré et aimé de Bossuet lui-même. Bien que sa personne ne plaise pas entièrement au roi, le roi lui donne, en 1694, la grosse abbaye de Saint-Valery, et, en 1695, le nomme à l'archevêché de Cambrai (auquel est attaché le titre de duc et un revenu de deux cent mille livres) et cela, en lui conservant les fonctions et le traitement de précepteur des Enfants de France. Il a dans ses mains le futur roi. Tout lui rit et lui réussit. Il a l'avenir.

Mais, sous ce Fénelon public et triomphant, se développe depuis cinq ou six ans un Fénelon secret qui prépare la ruine du premier.

SIXIÈME CONFÉRENCE

« *La Vie de Mme Jeanne-Marie Bouvières de la Mothe-Guyon écrite par elle-même, qui contient toutes les expériences de la vie intérieure.* » Cela forme trois volumes. Les deux premiers ont été écrits avant 1688 ; le troisième achevé en 1709. Cela est très curieux. Cela paraît assez sensiblement imité des *Confessions* de saint Augustin et des *Récits de ma vie* de sainte Thérèse. Cela est le plus souvent prolixe et diffus, quelquefois obscur, parfois traversé d'éclairs. Les inexactitudes sur les faits y sont, j'en ai peur, assez nombreuses. Mais, avec tout cela, nul livre, mieux que cette espèce d'auto-hagiographie, ne peut nous faire connaître la personne même et l'âme de cette personne singulière.

Le chapitre Ier commence ainsi : « Puisque vous souhaitez de moi (elle s'adresse à son confesseur) que je vous écrive une vie aussi misé-

rable et extraordinaire qu'est la mienne... » —
« Misérable et extraordinaire », c'est bien cela.
Extraordinaire dès le début :

> Je naquis (à Montargis) le 13 avril de l'année 1648, d'un
> père et d'une mère qui faisaient profession d'une fort
> grande piété ; particulièrement mon père qui l'avait héritée
> de ses ancêtres ; car l'on peut presque compter depuis très
> longtemps autant de saints dans la famille qu'il y a eu de
> personnes qui l'ont composée.

Notons cette longue hérédité.

> Je naquis donc, non pas à terme (naturellement !) car
> ma mère eut une frayeur si terrible, qu'elle me mit au
> monde dans le huitième mois, où l'on dit qu'il est presque
> impossible de vivre.

Après son baptême, on s'aperçoit qu'elle avait
au bas de son dos une apostume (tumeur) « d'une
grosseur prodigieuse ». On y fit des incisions « et
la plaie était si grande, que le chirurgien y pouvait mettre la main tout entière ». Puis, « il me
vint, à ce qu'on m'a dit, la gangrène à une cuisse,
et ensuite à l'autre ». A la vérité, toute sa vie ne
sera qu'un tissu de maladies, et de maladies
bizarres. Au cours de ces trois volumes, on la
voit bien une dizaine de fois à l'agonie.

Tout cela ne l'empêche pas de devenir une très
jolie petite fille. Il semble qu'elle soit assez
négligée par ses pieux parents. Elle est élevée
sans suite dans diverses maisons religieuses de
sa ville natale. Elle a des visions à cinq ans,

comme sainte Thérèse. Elle aspire au martyre pour aller plus vite au ciel. Un peu plus tard, elle lit Saint François de Sales et la *Vie de M**me* *de Chantal* qu'elle cherche à imiter. Déjà elle se donne la discipline, « selon sa force », dit-elle.

Un jour que je lus que Mme de Chantal avait mis le nom de Jésus sur son cœur pour suivre le conseil de l'Epoux : *Mets-moi comme un cachet sur ton cœur*, et qu'elle avait pris un fer rouge où était gravé ce saint nom, je restai fort affligée de ne pouvoir faire de même. Je m'avisai d'écrire ce nom sacré en gros caractères sur un morceau de papier ; avec des rubans et une grosse aiguille je l'attachai à ma peau en quatre endroits ; et il resta longtemps attaché en cette manière.

A douze ans, elle ne pense qu'à se faire religieuse :

Je faisais de grandes instances à ma mère afin qu'elle m'y menât (chez les Visitandines) ; mais elle ne le voulut pas, de peur de fâcher mon père qui était absent ; et elle remettait toujours à son retour. Comme je vis que je ne pouvais rien obtenir, je contrefis l'écriture de ma mère, et je supposai une lettre par laquelle elle suppliait ces dames de me recevoir, s'excusant sur sa maladie si elle ne me menait pas elle-même. Mais la supérieure, qui était parente de ma mère et qui connaissait bien son écriture, découvrit tout d'abord mon innocente tromperie.

Si innocente que cela ? Elle s'accuse plusieurs fois d'avoir été menteuse dans sa jeunesse. Plus tard, elle ne mentira plus volontairement, je pense : mais toujours elle aura une invincible tendance à prendre pour vrai ce qu'elle désire

être tel ; elle déguisera la vérité à bonne intention, si pénétrée et « préoccupée » par la bonté de
son intention, qu'elle ne s'apercevra plus de ce
déguisement.

Cependant elle grandit et elle devient belle. —
Mme Guyon était noble, belle et riche, retenons
ces trois points. — Elle parle souvent de sa
beauté dans le premier volume de sa biographie.
Belle, elle l'est encore dans le portrait que nous
avons d'elle à quarante-quatre ans, quoiqu'elle
eût été, à vingt-deux ans, gâtée par la petite
vérole. Les yeux sont admirables, le nez très pur,
la bouche sympathique, les mains petites et
exquises. Jeune, elle ôtait ses gants dans la rue
pour faire voir ses mains. Et, de ses crises assez
nombreuses de coquetterie mondaine, elle avait
sûrement gardé l'habitude, quand elle fut sainte,
de soigner sa sobre toilette de dévote. La question : « Que m'est-il permis de montrer de ma
gorge ? » la tourmente à plusieurs reprises, jusqu'à ce qu'elle prenne le parti de n'en plus rien
montrer du tout.

Où je veux en venir ? A ceci. Lorsque, à un
moment, chez Mme de Mortemart, devant ses amies
les duchesses, sa poitrine se gonfle à éclater sous
l'afflux trop fort de la grâce, se serait-elle laissé
délacer par la duchesse de Charost, ou la duchesse de Charost se serait-elle empressée à la
délacer, si Mme Guyon avait été une grosse dame
enflée et une dondon mal tenue ; si, vers la qua-

rantaine, elle n'était restée belle et bien faite, et mince encore, comme on le voit sur son portrait ; et si elle n'avait eu ce que nous appelons aujourd'hui des « dessous » élégants ? Bref (et ceci, à mon avis, est important) Mme Guyon a dû être, a été une femme séduisante, même physiquement.

Vers quatorze ans, elle a son roman : « ... Nous allâmes, dit-elle, passer quelques jours à la campagne. Mon père mena avec nous un de ses proches parents, qui était *un jeune gentilhomme très accompli*. Il avait un grand désir de m'épouser. Mais mon père... s'y opposait. » Elle ne dit rien de plus : mais, immédiatement après cette déception, elle « renonce à l'oraison » ; elle donne dans les divertissements mondains ; elle passe des heures devant son miroir : « Cet amour de moi-même devint si fort, que je n'avais dans le cœur que du mépris pour toutes les autres de mon sexe. » Elle lit des romans jour et nuit. Elle va à Paris, où elle est très entourée. Elle est coquette et dissipée ; bref, elle revient, si j'ose dire, à la santé morale (selon le monde, oh ! selon le monde). Et peu de temps après elle se laisse marier à Jacques Guyon, écuyer, seigneur du Chesnoy, etc..., fort riche, mais qui avait vingt-deux ans de plus qu'elle, et qu'elle n'aimait nullement. « Ses manières, dit-elle, étaient opposées à ma vanité », ce qui signifie sans doute qu'il les avait lourdes et grossières. « Je ne fus pas plus tôt chez mon nouvel époux, que je connus bien que ce serait pour moi une maison de douleur. » Il y avait là une belle-mère avare et jalouse. Bref, elle est très malheureuse dans sa nouvelle famille. Elle devient grosse, a des couches fort douloureuses. En une dizaine d'années, elle a cinq enfants (dont deux meurent de la petite vérole). Ni le mariage, ni la maternité, à ce qu'il semble, ne lui donnent de grandes joies. Elle écrit, après « douze ans et quatre mois passés dans les croix du mariage aussi grandes qu'on le puisse » :

Il n'y a qu'une chose, mon Dieu, sur laquelle vous avez toujours eu pour moi une protection visible, c'était la chasteté ; vous m'en donniez un amour très grand, et en mettiez les effets dans mon âme, éloignant, même dans mon mariage, par des providences, des maladies et d'autres (obstacles) ce qui pouvait l'affaiblir, même innocemment : de sorte que, dès la seconde année de mon mariage, Dieu éloigna tellement mon cœur de tous les plaisirs sensuels [encore les a-t-elle connus pendant un an] que *le mariage a été pour moi en toute manière un très rude sacrifice*. Il y a plusieurs années qu'il me semble que mon cœur et mon esprit sont si séparés de mon corps qu'il fait les choses comme s'il ne les faisait point. S'il mange ou se récrée, cela se fait avec une telle *séparation*, que j'en suis étonnée, et un *amortissement* entier de la vivacité du sentiment pour toutes les fonctions naturelles. Je crois que j'en dis assez pour me faire entendre.

Certes ! A cette femme belle, passionnée, orgueilleuse, inquiète, d'âme dévorante, qui n'aime pas son mari et qui ne sait pas s'absorber dans ses enfants, un seul refuge : l'amour de Dieu.

Mais elle ne découvre pas du premier coup l'amour pur ; longtemps elle tâtonne autour. Ce sont, pendant plusieurs années, des alternatives de ferveur et de mortifications furieuses (jusqu'à la discipline et aux ceintures de pointes de fer, jusqu'aux épines et aux orties et jusqu'à mettre sa langue sur des crachats et sur le pus des emplâtres) — et aussi de sécheresse, de rechutes dans la vanité (surtout lors des nombreux voyages à Paris, pendant l'un desquels elle rencontre Mme de Longueville et lui plaît), — et aussi de maladies singulières et interminables. Elle s'agite vainement et douloureusement ; elle cherche et ne trouve pas, jusqu'à ce qu'un jour...

La duchesse de Charost, fille du surintendant Fouquet, qui était venue se fixer à Montargis, la duchesse de Charost, qui était fort avancée dans la vie intérieure, lui avait expliqué la pratique de l'oraison parfaite. De même, un cousin missionnaire revenu de Cochinchine. Mais elle ne comprenait pas encore :

> J'étais surprise, raconte-t-elle, de ce qu'il me disait qu'il ne pensait à rien dans l'oraison. . Nous disions ensemble l'office de la sainte Vierge ; souvent il s'arrêtait tout court, parce que la *violence de l'attrait* lui fermait la bouche ; et alors il cessait les prières vocales. Je ne savais pas encore que c'était cela.

Un jour enfin elle sait !

Le hasard, ou plutôt « une force secrète » amena près d'elle un autre religieux « fort intérieur » à qui elle dit « en peu de mots ses difficultés sur l'oraison. » Il lui répondit aussitôt : « C'est, madame, que vous cherchez au dehors ce que vous avez au dedans. Accoutumez-vous à chercher Dieu dans votre cœur, et vous l'y trouverez. »

Ces paroles furent pour elle « un coup de flèche » qui perça son cœur de part en part. « Je sentis, dit-elle, en ce moment, une plaie très profonde autant délicieuse qu'amoureuse : plaie si douce que je désirais n'en guérir jamais. »

Rien, continue-t-elle, ne m'était plus facile alors que de faire oraison : les heures ne me duraient que des moments, et je ne pouvais ne la point faire : l'Amour ne me laissait pas un moment de repos. Je lui disais : ô mon amour ! c'est assez : laissez-moi ! Mon oraison fut, dès le moment dont j'ai parlé, *vide de toutes formes, espèces et images* : rien ne se passait dans ma tête ; mais c'était une oraison de jouissance et de possession..., sans actes ni discours. J'avais cependant quelquefois la liberté de dire quelques mots à mon Bien-Aimé ; mais ensuite tout me fut ôté. C'était une oraison de foi, qui excluait toute distinction (c'est-à-dire toute pensée distincte) ; car *je n'avais aucune vue de Jésus-Christ ni des attributs divins :* tout était absorbé dans une foi savoureuse, où toutes distinctions se perdaient pour donner lieu à l'amour d'aimer avec plus d'étendue, sans motifs ni raisons d'aimer.

Elle porte cet état partout avec elle : « Je jouais souvent avec mon mari au piquet, par condescendance, et j'étais alors plus attirée intérieurement que si j'eusse été à l'église. Je ne pouvais presque contenir le feu qui me dévorait... »

Et encore :

Si l'on me demandait pourquoi j'aimais Dieu, si c'était à cause de sa miséricorde, de sa bonté, je ne savais ce qu'on me disait... *Je ne songeais point à moi pour l'aimer. Je l'aimais et je brûlais de son feu parce que je l'aimais; et je l'aimais de telle sorte que je ne pouvais aimer que lui ; mais en l'aimant, je n'avais nul motif que lui-même.* Tout ce qui se nommait intérêt, récompense, était pénible à mon cœur.

C'est déjà tout le quiétisme. Elle avait trouvé cela, toute seule, peut-être un peu avec l'aide de saint François de Sales. Et déjà (pour ne pas sortir du dix-septième siècle), un certain Falconi, prêtre de la Merci, avait trouvé la même chose: et aussi un certain Malaval, clerc aveugle de Marseille, et un certain Père Guilloré, de Paris, et un certain Père Epiphane, abbé d'Estival, venu de Lorraine ; et le poète Desmarets de Saint-Sorlin, et M. Bertaut, prêtre parisien, — et surtout le prêtre espagnol Molinos, le plus complet théoricien du quiétisme. Et il y avait en France, et notamment à Paris, et presque depuis le commencement du siècle, une petite Église quiétiste, car le quiétisme, nous le verrons, est une doctrine extrêmement séduisante, et qui peut avoir en nous pour complices, à la fois ou tour à tour, nos plus généreux sentiments, et ce qu'il y a de plus pervers dans notre sensibilité.

Or, peut-être que Mme Guyon, avec son galimatias, mais avec son éloquence aussi, avec sa folie, mais avec sa candeur et ses vertus réelles et sa grande charité, m'aurait paru, jusqu'au

bout, charmante à sa façon. Mais il y a le Père
La Combe.

Donc, Mme Guyon reçut un jour la visite du
Père La Combe, Barnabite, qui lui était recommandé par son frère le Père de La Mothe, supérieur des Barnabites de Paris. D'après Phélipeaux,
La Combe était « d'une taille assez grande, composé dans son extérieur, affectant un air de modestie et de sainteté, quoiqu'on remarquât dans
son visage je ne sais quoi de sinistre. » Il devait
mourir fou, après avoir été, il est vrai, fort per-
sécuté et avoir fait beaucoup de prison.

Mme Guyon dit de cette première entrevue :

Nous nous entretînmes un peu ; et vous permites, ô mon
Dieu, que je lui disse des choses qui lui ouvrirent la voie
de l'intérieur... Dieu lui fit tant de grâces par ce misérable
canal, qu'il m'a avoué depuis qu'il s'en alla changé en un
autre homme.

Il avait trente et un ans ; elle, vingt-trois. Ils
ne pensaient pas alors se revoir. Mais ils s'étaient
vus.

Neuf années se passent Elle perd le même jour
son père et une fille. « Je ne pleurai pas plus,
dit-elle, la fille que le père. » Quelques jours
après, elle signe un contrat de mariage avec l'enfant Jésus. Nonobstant ce contrat, M. Guyon lui
donne deux autres enfants. Enfin il meurt
(21 juillet 1676). Veuve à vingt-huit ans avec
trois petits enfants, Mme Guyon renouvelle son

mariage mystique : ce qui ne l'empêche point de connaître pendant quatre années encore les pires souffrances intérieures : troubles, sécheresses, désespoir. Elle disait à Dieu : « Damnez-moi, et que je ne pèche pas ! Vous envoyez les autres en enfer par justice, donnez-le-moi par miséricorde! »

Mais un jour elle recouvre subitement la paix de l'âme et la béatitude du parfait amour. Ce fut le 22 juillet 1680. Le même jour, le Père La Combe, disant sa messe à Thonon, eut cette révélation : « Comme il m'offrit à Dieu au premier *memento*, il lui fut dit (intérieurement) par trois fois avec beaucoup d'impétuosité : *vous demeurerez dans un même lieu*. Il fut d'autant plus surpris qu'il n'avait jamais eu de parole intérieure... »

Dès lors, rien ne peut la retenir. Elle se croit une nouvelle Chantal qui a trouvé son saint François. Comme Mme de Chantal, elle laisse ses enfants pour obéir à la voix de Dieu. Elle se rend à Genève, dont elle connaissait l'évêque, M. d'Aranthon, n'emmenant avec elle que sa fille âgée de cinq ans. Il s'agit d'une maison de « Nouvelles Catholiques » à fonder à Gex, et pour laquelle elle avait déjà donné tout l'argent dont elle disposait (car elle est infiniment généreuse). Le Père La Combe vient la rejoindre. Ils ne s'étaient pas vus depuis neuf ans ; mais évidemment, pendant tout ce temps-là, ils n'avaient cessé de penser l'un à l'autre.

Sitôt que je vis le Père, écrit-elle, je fus surprise de sentir une grâce intérieure que je puis appeler communication et que je n'avais jamais eue avec personne. Il me sembla qu'une influence de grâce venait de lui à moi par le plus intime de l'âme et retournait de moi à lui, en sorte qu'il éprouvait le même effet.

C'est à partir de ce moment qu'elle se croit douée de la faculté merveilleuse de communiquer la grâce aux autres par une sorte d'influence physique. Au reste, ajoute-t-elle, il n'y avait dans notre union « rien d'humain ni de naturel, mais tout pur esprit : et cette union toute pure et sainte qui a toujours subsisté et même augmenté, n'a jamais arrêté ni occupé l'âme un moment hors de Dieu. »

Je le crois parfaitement. L'attrait sexuel continue d'agir dans les plus hautes régions de la spiritualité, parce que les intelligences et les âmes même ont leur sexe. Et c'est pourquoi nous trouvons près de saint Jérôme Paule ou Marcelle; près de sainte Thérèse saint Jean de la Croix; près de Mme de Chantal saint François de Sales; près de Mme Swetchine, Lacordaire... Mais ces amours n'impliquent et même ne supportent rien de matériel, ou presque rien. Je dis *presque* rien, parce que, tout de même, le saint peut rester sensible au timbre de voix ou aux regards de la sainte; et réciproquement. Mais c'est tout, ou du moins ce peut être tout. Au surplus c'est encore de l'amour. Et quelle conversation amou-

reuse vaudrait les muets entretiens que nous
décrit Mme Guyon :

> Je m'aperçus peu à peu que, lorsqu'on faisait entrer le
> P. La Combe, ou pour me confesser, ou pour me commu-
> nier, je ne pouvais plus lui parler et qu'il se faisait à son
> égard dans mon fond *le même silence qui se faisait à l'égard
> de Dieu*. Je compris que Dieu me voulait apprendre que
> les hommes pouvaient dès cette vie apprendre le langage
> des anges. Peu à peu je fus réduite à ne lui parler qu'en
> silence : *ce fut là que nous nous entendions en Dieu d'une
> manière ineffable et toute divine*. Nos cœurs se parlaient et
> se communiquaient une grâce qui ne se peut dire. Ce fut un
> pays tout nouveau pour lui et pour moi ; mais si divin que
> je ne le puis exprimer.

Ainsi Musset :

> Nous écoutions la nuit...
> Les vents étaient muets...
> Nous étions seuls pensifs...

Cela est apparemment de tous les âges et de
toutes les amours.

Il me paraît que Mme Guyon et le P. La Combe
se sont très fort aimés. Quand ils se sont retrouvés, il avait quarante ans, et elle trente-deux.
Enthousiaste, et d'une abondance d'élocution
vraiment torrentielle, elle allait, quelques années
après, faire tourner les têtes des duchesses
dévotes et des maîtresses et des demoiselles de
Saint-Cyr, — et troubler une autre tête encore,
— infiniment précieuse. Il était, lui, un prédicateur éloquent. Ce « je ne sais quoi de sinistre »

que Phélipeaux signale en lui était probablement,
aux yeux de Mme Guyon, « je ne sais quoi » de
mélancolique, de pathétique, de « romantique ».
Ils ont été persécutés ensemble, et pour la même
doctrine ; ils ont souffert l'un à cause de l'autre;
ils sont restés fidèles l'un à l'autre à travers tout.
Oui, ils se sont profondément aimés. Purement?
Encore un coup je le crois.

Retournons à Gex, où nous les avons laissés.
Une nuit, Mme Guyon se souvint que le P. La
Combe lui avait dit de demander à Dieu « ce
qu'il voulait faire d'elle en ce pays. » — « Aussitôt ces paroles me furent mises dans l'esprit : Tu
es pierre, et sur cette pierre j'établirai mon
Église ; et comme Pierre est mort en croix, tu
mourras sur la croix. » Le surlendemain, après
la messe, le P. La Combe lui confirma qu'elle était
« une pierre que Dieu destinait pour le fondement
d'un grand édifice. » Et un peu plus tard, à
Turin, elle fera ce rêve :

— Une grande montagne, au bas de laquelle il
y avait une mer orageuse et remplie d'écueils.
Sur le sommet de cette montagne, « une autre
montagne environnée de haies et qui avait une
porte fermant à clef. »

Le maître me vint ouvrir la porte, qui fut refermée à
l'instant. Le maître n'était autre que l'époux qui, m'ayant
prise par la main, me mena dans le bois, qui était de
cèdres. Cette montagne s'appelait le mont Liban. Il y
avait dans ce bois une chambre, où l'époux me mena, et

dans cette chambre deux lits. Je lui demandai pour qui étaient ces deux lits. Il me répondit : « Il y en a un pour ma mère, et l'autre pour vous, mon épouse. » Il y avait dans cette chambre des animaux farouches de leur nature, et opposés, qui vivaient ensemble d'une manière admirable. Le chat jouait avec l'oiseau, et il y avait des faisans qui me venaient caresser ; le loup et l'agneau vivaient ensemble. Je me souvins de cette prophétie d'Isaïe et de la chambre dont il est parlé dans le cantique... Ce lieu ne respirait que candeur et innocence... L'époux me dit : « Je vous ai choisie, mon épouse, pour retirer auprès de vous toutes les personnes qui auront assez de cœur pour passer cette mer effroyable...

Ainsi, Mme Guyon se croit l'égale de la mère de Jésus-Christ, spécialement aimée de lui, aimée d'ailleurs par toute la création, et enfin désignée pour renouveler l'Église et le monde par l'enseignement du pur amour.

Elle part donc avec le P. La Combe pour accomplir sa mission surnaturelle. Quelquefois ils se séparent, mais ils ne tardent guère à se retrouver. — Nous la voyons à Gex, où elle tombe malade, et où La Combe la guérit par son seul commandement ; — à Thonon, où elle prononce, chez les Ursulines, les vœux de pauvreté, de chasteté et d'obéissance, et où elle se dessaisit de ses grands biens en faveur de ses enfants, — et de ses collatéraux si ses enfants venaient tous à mourir, ne conservant pour elle qu'une pension viagère ; — dans une masure à quelque distance du Léman, où les habitants jettent des pierres dans ses fenêtres et saccagent son petit jardin pendant la nuit ; — à Turin, où La Combe la rejoint ; — à Grenoble, où son livre du *Moyen court* est imprimé par les soins de ses fidèles ; — à Marseille, où elle est consolée par François Malaval, le clerc aveugle ; — à Verceil (Vercelli), où elle rejoint La Combe ; — de nouveau à Grenoble ; — à Dijon, où ils répandent le *Moyen court* ; — enfin, à Paris, le 21 juillet 1686.

Ainsi ils vagabondent, scandaleux et ridicules sans le savoir ; et partout ils font des disciples : car ils ont des allures de saints, et leur doctrine est grisante comme un mauvais roman, surtout pour les femmes ; et partout aussi, ils se croient persécutés et finissent par l'être en effet. Car c'est toujours la même chose : d'abord, elle ravit tous les cœurs ; mais peu à peu, elle devient inquiétante, puis intolérable, et on se débarrasse d'elle comme on peut ; et l'évêque de Genève comme l'évêque de Grenoble, et l'évêque de Marseille comme l'évêque de Verceil, d'abord l'admirent et subissent son charme, son éloquence et l'éclat surnaturel de ses yeux… et finalement la mettent à la porte avec son grand diable de moine.

A Paris, ils se séparent. Elle va demeurer au cloître Notre-Dame, et La Combe se retire chez les Barnabites.

Elle était déjà venue bien des fois à Paris, et

pour d'assez longs séjours. Elle y avait des disciples dans tous les mondes, mais particulièrement dans le plus grand. Elle y continua sa prédication secrète, et avec une ardeur redoublée depuis qu'elle s'était mise dans l'esprit qu'elle était l'Epouse du Christ, et aussi la femme grosse de l'Apocalypse, et enfin la pierre angulaire de la nouvelle Eglise. Tout devient miraculeux en elle, persécutions, souffrances, maladies. Il fallait qu'elle fut martyre, non de Jésus-Christ, mais du Saint-Esprit, car le règne du Fils est accompli, et c'est celui du Saint-Esprit qu'elle est appelée à établir. Elle renouvelle ainsi (peut-être sans le savoir) une vieille hérésie du treizième siècle et un peu de tous les temps. Et elle explique que les martyrs de Jésus-Christ ont été des martyrs sanglants et glorieux, Jésus-Christ ayant bu toute la confusion et l'opprobre ; mais que les martyrs du Saint-Esprit sont des martyrs de honte et d'ignominie : « ... O martyre le plus cruel et le plus horrible de tous ! Aussi sera-t-il la consommation de tous les martyres. »

Donc, elle cherche partout ce qu'elle appelle des enfants mystiques. Ecoutez sur ce point un religieux, le P. Paulin d'Amade, à qui elle avait été présentée par la duchesse de Charost, mais qu'elle n'avait pu conquérir :

... Depuis ce temps-là, Mme Guyon me vint voir encore une fois d'une manière assez surprenante ; et, sans beaucoup de discours, elle me dit, d'un air et d'un ton fort

passionné, les lèvres toutes tremblantes et comme livides,
le visage enflammé et le corps tout ému, qu'elle cherchait
et qu'elle voulait des cœurs : ce qu'elle répéta plusieurs
fois sans dire autre chose.

C'est chez la duchesse de Charost, à la campagne, à Beynes, dans une réunion choisie de ses enfants spirituels, qu'elle souffrit, comme nous l'avons vu, d'un tel « excès de plénitude » que son « corps » (corset) creva en deux endroits, et que la duchesse fut obligée de la délacer. Et il paraît que cela ne faisait ni rire ni sourire ses amies, tant un charme était en elle.

Cependant elle continuait à voir le P. La Combe. Elle dit de lui au commencement du troisième volume de sa *Vie :*

Après que Notre-Seigneur nous eut bien fait souffrir, le P. La Combe et moi, dans notre union afin de l'épurer entièrement, elle devint si parfaite que ce n'était plus qu'une entière unité ; et cela *de manière que je ne puis plus le distinguer de Dieu.*

Or ce fut cet attachement de Mme Guyon pour le P. La Combe qui fut la cause principale de ses dernières disgrâces. Car peut-être ne l'eût-on pas inquiétée sur son apostolat, plusieurs des personnes à qui elle enseignait l'oraison parfaite et l'oraison « passive en foi » étant de très grandes dames.

Mais cette folle admirable avait un frère d'un solide bon sens, le Père La Mothe, qui était tout justement le supérieur de La Combe. Elle imagine tout un sombre roman : que le P. La Mothe, le provincial des Barnabites et l'official du diocèse de Paris s'entendirent pour perdre son ami; qu'on répandit contre lui des calomnies; qu'on lui imputa les erreurs de Molinos au moyen de pièces supposées; qu'on lui déroba des certificats de l'Inquisition qui attestaient la pureté de sa doctrine, etc...; que le Père La Mothe voulait se venger par là de Mme Guyon qui lui avait refusé de l'argent pour sa communauté; qu'il la dénonçait en secret à l'archevêché, etc...

Elle a évidemment la manie de la persécution. Comme elle voulait être martyre, elle se figurait aisément qu'elle l'était; et, comme on lui avait annoncé des « croix », elle en voyait partout.

Ce dut être beaucoup plus simple qu'elle ne le dit. Le Père La Mothe voyait sa sœur compromise par tout ce qu'on disait de ses relations avec La Combe; celui-ci suspect d'opinions qui troublaient l'Eglise; elle évidemment possédée des mêmes idées. Il aurait voulu la renvoyer à Montargis et mettre le Père hors d'état de nuire, soit à elle, soit à son ordre. Voilà tout.

Mais elle refusa de retourner dans son pays. Et elle avait si bien uni sa cause, et si publiquement, à celle du Père La Combe, qu'on dut les poursuivre en même temps comme suspects des erreurs de Molinos, lui, dans un livre intitulé *Analyse de l'oraison mentale*, elle dans le

Moyen court, et que l'archevêque de Paris obtint contre eux une lettre de cachet.

Je vous rappelle qu'à cette époque le pouvoir temporel considérait comme un de ses devoirs de maintenir l'intégrité de la foi et de se mettre, en certaines circonstances, au service de l'Eglise. Ajoutons que Mme Guyon et son Barnabite n'auraient eu qu'à signer un désaveu de leurs erreurs pour qu'on les laissât tranquilles. Mais malgré leurs continuelles professions d'obéissance à l'Eglise, ils se seraient fait tuer plutôt que de reconnaître qu'ils s'étaient trompés.

La Combe fut d'abord enfermé à la Bastille. « Puis, dit Phélipeaux, comme il marqua un attachement invincible à la doctrine de son livre : *Analyse de l'oraison mentale*, qui avait été imprimé à Verceil l'année précédente, le roi le fit conduire à Oléron, de là en d'autres lieux, enfin au château de Lourdes. »

C'était la prison perpétuelle. Tout cela pour ne vouloir pas signer une rétractation fort raisonnable. Je sais bien que cette obstination est admirable en un sens, et je sais bien qu'il ne faut pas mettre les gens en prison parce qu'ils rêvent. Mais, vraiment, le pauvre homme mettait ses rêves à bien haut prix. Il n'était pas toujours fort sensé. Il dit quelque part que « le don excellent de la contemplation a été souvent accordé, non seulement à des gens grossiers et à des paysannes, mais à des petits garçons et des

petites filles de quatre ans ». Il recommande
« l'oraison de simplicité, de pure foi, de silence,
de recueillement, de présence de Dieu, finalement
l'oraison de dormir, qui est l'oraison parfaite ».
Cet homme, distingué et fin (si on en juge par
quelques-unes des lettres qui restent de lui), avait
été affolé par sa touchante amie.

Quant à elle, après l'arrestation de La Combe,
elle resta libre encore trois mois, à cause d'une
assez sérieuse maladie (n'oublions point qu'elle
est une perpétuelle malade). « Enfin, dit-elle, le
29ᵉ de janvier 1688, veille de saint François de
Sales, il me fallut aller à la Visitation (rue Saint-
Antoine). Sitôt que j'y fus, on me signifia qu'on
ne voulait pas me donner ma fille, ni personne
pour me servir; que je serais prisonnière, enfermée seule dans une chambre. »

La solitude ne fit que l'enfoncer davantage
dans ses sentiments. En même temps elle édifia
les religieuses et les charma par sa douceur.
Puis ses amis du dehors lui restaient fidèles et la
regardaient comme une sainte femme méconnue
et persécutée. D'autant que celui qui avait
demandé son emprisonnement, l'archevêque de
Paris, Harlay de Champvallon, était assurément
moins saint que la prisonnière. « Toutes ses
amies, dit Voltaire, se plaignirent hautement que
l'archevêque de Harlay, connu pour aimer trop
les femmes, persécutât une femme qui ne parlait
que de l'amour de Dieu. » Bientôt les efforts unis

de Mme de la Maisonfort, sa cousine germaine, de la charitable Mme de Miramion, de Mme de Maintenon elle-même obtinrent du roi la délivrance de Mme Guyon, qui signa enfin, de guerre lasse, une pièce que l'Official lui présenta, — et contre laquelle, d'ailleurs, elle ne cessa de protester dans la suite.

Elle écrivit à Mme de Maintenon pour la remercier, et elle alla la saluer à Saint-Cyr. « Mme de Maintenon, dit-elle, me reçut parfaitement bien et d'une manière singulière. Elle avait manifesté peu de jours auparavant à ma cousine (Mme de la Maisonfort) combien ma lettre lui avait plu, et que véritablement Notre-Seigneur lui donnait pour moi des sentiments d'estime particuliers. »

Et voilà Mme de Maintenon prise à son tour.

Quelques mois après, par les bons offices de la duchesse de Charost, Mme Guyon mariait sa fille avec le propre frère de la duchesse, le comte de Vaux. L'abbé de Fénelon était un ami de la famille.

Mme Guyon alla habiter chez sa fille la nouvelle comtesse de Vaux, et y demeura deux ans et demi. Ce mariage la mettait, même socialement, presque de plain-pied avec Mmes de Chevreuse, de Beauvilliers, de Noailles, de Mortemart...

Par où donc, — en dehors de ses façons exaltées et sans doute charmantes, — les séduisait-elle?

A ce moment, elle n'était que l'auteur du *Moyen court et très facile de faire oraison* (imprimé à Lyon), des *Torrents spirituels* et de l'*Explication du Cantique des Cantiques* qui couraient manuscrits. Elle devait ajouter beaucoup à ce premier fonds ; car cette femme écrivit effroyablement. Nous avons d'elle, — outre ses deux volumes d'*Opuscules spirituels* et les trois volumes de sa *Vie*, — vingt volumes sur *la Sainte Bible avec des explications et des réflexions qui regardent la vie spirituelle ;* trois volumes de *Justifications ;* cinq volumes de *Lettres chrétiennes et spirituelles ;* deux volumes de *Discours spirituels* et cinq volumes de *Poésies et Cantiques spirituels*, plus l'*Ame amante de son Dieu*, c'est-à-dire de trente à quarante mille vers. En tout quarante volumes de trois cents à six cents pages. Généralement, elle écrivait cela dans son lit, sans réfléchir, sans savoir où elle allait, aussi vite que la pensée (même les vers) : si bien, dit-elle, qu'on avait peine à recopier en quatre jours ce qu'elle avait écrit en une nuit.

Je ne puis pas me vanter d'avoir lu tout cela, mais j'ai lu du moins le *Moyen court* et les *Torrents*, et feuilleté le reste. Au surplus c'est toujours la même chose.

Le *Moyen court* est le plus raisonnable, le plus clair et, si je puis dire, le plus tempéré des ouvrages de Mme Guyon. C'est un petit traité de l'oraison pour ceux qui n'ont pas l'habitude, pour les commençants. — Tous, dit l'auteur, ne peuvent pas méditer, et très peu y sont propres. Mais tous peuvent faire oraison. L'oraison n'est autre chose que l'application du cœur à Dieu et l'exercice intérieur de l'amour. « Il faut donc vous apprendre à faire une oraison qui se puisse faire en tout temps; qui ne détourne point des occupations extérieures; que les princes, les rois, les prélats, les prêtres, les magistrats, les soldats, les enfants, les artisans, les laboureurs, les femmes et les malades puissent faire. Cette oraison n'est point l'oraison de tête, mais l'oraison du cœur. »

« Rien n'est plus aisé que d'avoir Dieu et de le goûter. Il est plus en nous que nous-même. »

Toutefois, les débuts sont difficiles; mais il ne faut pas se rebuter. Il faut commencer par la lecture méditée, et continuer par la méditation seule. (Elle disait tout à l'heure que « très peu sont propres à la méditation », mais elle l'a déjà oublié). « Une vive foi de la présence de Dieu suffit, dit-elle; car *il ne se faut former nulle image de Dieu*, quoique l'on puisse s'en former de Jésus-Christ, le regardant comme crucifié ou comme enfant, ou dans quelque autre état ou mystère. » Tout cela provisoire. C'est l'*a b c*.

Le second degré d'oraison est l' « oraison de simplicité ». Il ne faut pas chercher Dieu « avec effort de tête », mais attendre patiemment que sa présence se fasse sentir. « Vous lui ferez voir ainsi que *c'est lui seul que vous aimez et son bon plaisir, et non le plaisir que vous aurez à l'aimer* »... Donc, « soyez patient dans l'oraison ; et, quand vous n'en feriez point d'autre toute votre vie que d'attendre, dans un esprit humilié, abandonné, résigné et content, le retour du Bien-Aimé, ô l'excellente oraison ! »

Le troisième degré, c'est l'abandon de soi à Dieu. « L'abandon... est la clef de tout l'intérieur. Qui sait bien s'abandonner sera bientôt parfait. » Et voici, pour définir l'abandon, une page où Mme Guyon se montre meilleur écrivain que de coutume :

> ... La pratique doit être de perdre sans cesse toute volonté propre dans la volonté de Dieu ; renoncer à toutes inclinations particulières, quelque bonnes qu'elles paraissent, sitôt qu'on les sent naître, pour se mettre dans l'indifférence et ne vouloir que ce que Dieu a voulu dès son éternité ; être *indifférent* à toutes choses, soit pour le corps, soit *pour l'âme*, pour les biens temporels et *éternels* ; laisser le passé dans l'oubli, l'avenir à la Providence, et donner le présent à Dieu ; nous contenter du moment actuel qui nous apporte avec soi l'ordre éternel de Dieu sur nous, et qui nous est une déclaration autant infaillible de la volonté de Dieu qu'elle est commune et inévitable pour tous ; ne rien attribuer à la créature de ce qui nous arrive, mais regarder toutes choses en Dieu et les regarder comme venant infailliblement de sa main, à la réserve de notre propre péché.

Cela est fort beau ; mais remarquez que cet état d'esprit comprend l'indifférence même aux biens éternels, — et aussi combien il est difficile de le distinguer du fatalisme proprement dit.

Quand on en est là, il n'est plus du tout nécessaire de penser aux dogmes, ni aux mystères de la foi, péché originel, incarnation, rédemption. Cela n'est plus nécessaire du moment qu'on accepte les souffrances et les « croix » : car « porter les états de Jésus-Christ, c'est quelque chose de bien plus grand que de considérer les états de Jésus-Christ ». Et encore : « Il y en a qui se font de la peine de ne pouvoir penser à un mystère : c'est sans sujet, puisque l'attention amoureuse à Dieu renferme toute dévotion particulière... Qui aime Dieu aime tout ce qui est en lui. »

Un autre degré plus haut d'oraison, c'est l' « oraison de simple présence de Dieu », et c'est enfin « l'oraison infuse ». L'âme sent peu à peu que Dieu s'empare entièrement d'elle. La présence de Dieu lui paraît si aisée qu'elle ne pourrait pas ne point l'avoir. Le silence fait toute son oraison. Mais ce silence, ce repos, n'est point l'inaction. C'est l'abondance de la grâce qui fait cesser les actes particuliers. Ici, une de ces comparaisons affadissantes chères à Mme Guyon, dont les livres mystiques sont tous pleins de berceaux, de nourrissons, de lait et de mamelles. (Elle transmettra à Fénelon ce goût pour les images de nursery) :

Un petit enfant attaché à la mamelle de sa nourrice... commence à remuer ses petites lèvres pour faire venir le lait : mais, lorsque le lait vient avec abondance, il se contente de l'avaler sans faire nul mouvement... Il faut de même au commencement de l'oraison remuer d'abord les lèvres de l'affection ; mais, lorsque le lait de la grâce coule, il n'y a rien à faire qu'à demeurer en repos, avalant doucement, etc.

A ce degré, les prières vocales ne sont plus nécessaires. Au reste, l'âme se sent alors incapable de faire des demandes à Dieu. Dans cet état, il ne faut pas s'inquiéter de ses défauts, ni de ses fautes vénielles, parce que « l'inquiétude ne vient que d'un orgueil secret et d'un amour de notre propre excellence... Une âme véritablement humble ne s'étonne point de ses faiblesses, et plus elle se voit misérable, plus elle s'abandonne à Dieu. » — Pour la confession, les âmes qui marchent dans cette voie seront étonnées, en commençant à dire leurs péchés, de ne sentir aucun regret, mais seulement un amour doux et tranquille. Qu'elles ne s'en effrayent point : cet amour infus vaut mieux que tous les actes de contrition. C'est « un acte éminent qui comprend les autres, avec plus de perfection ». En somme, et pour dire les choses grossièrement, plus de prière, plus de souci de ses péchés, plus de contrition : l'amour et l'abandon suppléent à tout, remplacent tout et valent mieux que tout.

Messieurs, s'il n'y a pas d'hérésie dans le *Moyen court*, il ne s'en faut guère. J'ai assez bonne opinion de votre éducation religieuse pour croire que vous vous en êtes aperçus.

Dans les derniers chapitres, Mme Guyon note la

suprême étape de l'oraison pure : l'anéantissement, état dans lequel Dieu agit à notre place.
« Nous ne sommes pas plus tôt anéantis que
Dieu, qui ne souffre point de vide sans le remplir, nous remplit de lui-même. » — « C'est
comme un doux et continuel enfoncement dans
l'océan de la divinité », et c'est ainsi que l'âme
arrive à la « vie déiforme ».

Et les *Torrents* ne sont qu'un développement
tumultueux et troublé, et outré, et surchargé de
métaphores, du *Moyen court*. Vous y apprendrez
qu'il y a six voies spirituelles successives : la
« voie active et de méditation » ; la « voie passive, mais de lumière » ; la « voie passive en
foi », qui, elle-même, a trois degrés que je ne
vous énumérerai point ; et que tout cela conduit
à la « vie ressuscitée et divine », — c'est-à-dire à
une sorte de nirvana chrétien qui se distingue
peu, dans ses effets extrêmes, du nirvana bou-
dhique.

Les *Torrents* renchérissent sur le *Moyen
court*. On y trouve une bien dangereuse distinction entre la partie supérieure et la partie inférieure de nous-mêmes, qui « vivent ensemble
comme étrangères qui ne se connaissent pas ».
Enfin, on y peut lire : « Un abandon total n'excepte
rien, ne réserve rien, ni mort, ni vie, ni perfection, *ni paradis, ni enfer.* »

(Quant aux cinq volumes de *Poésies spirituelles*, il est fort probable qu'il y a, dans cet

énorme amas de vers de mirliton mystiques, quelques douzaines de vers sublimes : mais je n'ai pas eu le temps de les y chercher.)

Et de tout cela voici l'aboutissement :

Mon état, devenu simple et invariable, est un anéantissement profond... Je reconnais que Dieu m'a fait des grâces capables de sauver un monde, et que peut-être j'ai tout payé d'ingratitude, je dis *peut-être,* car rien ne subsiste en moi, ni bien, ni mal. Le bien est en Dieu, je n'ai pour partage que le rien... La sécheresse, si j'en ai, est égale pour moi à l'état le plus satisfaisant... Je ne puis ni vouloir ni penser... C'est comme une gouttelette d'eau perdue et abîmée dans la mer : non seulement elle est environnée, mais absorbée...

Si on croit quelque bien en moi, on se trompe et on fait tort à Dieu. Tout bien est en lui et pour lui. Si je pouvais avoir un contentement, oh ! c'est qu'il est ce qu'il est et qu'il le sera toujours !

Je vais sans aller, sans vues, sans savoir où je vais, je ne veux ni aller, ni m'arrêter. La volonté et les instincts sont disparus... Je n'ai ni confiance, ni défiance, enfin rien, rien, rien.

J'aime l'Église : tout ce qui la blesse me blesse ; je crains tout ce qui lui est contraire ; mais je ne puis donner de nom à cette crainte...

Je ne cherche rien, mais il m'est donné sur-le-champ des expressions et des paroles très fortes. Mais si je voulais les avoir, elles m'échapperaient ; et si je voulais les répéter, de même.

Si on me blâme, je ne sais autre chose, sinon que je suis la misère même. Mais je ne vois point ce qu'on y blâme je le crois sans le voir.

Je ne sens le besoin de rien. La mort, la vie, tout est égal. L'éternité, le temps ; tout est éternité, tout est Dieu. Dieu est amour, et l'amour est Dieu, et tout en Dieu et pour Dieu...

Ce que j'ai dit ou écrit est passé ; je ne m'en souviens plus : cela est pour moi comme d'une autre personne.

Je ne veux pas vous tromper ou ne vous tromper pas. C'est à Dieu à vous éclairer et à vous donner du rebut ou du penchant pour ce rien (que je suis). C'est un fanal vide : on peut y allumer un flambeau. C'est peut-être un faux brillant qui peut mener au précipice. Je n'en sais rien. Dieu le sait. Ce n'est pas mon affaire.

C'est être dans le mensonge que de s'attribuer la moindre chose ; c'est être dans le mensonge que de croire pouvoir quelque chose, que d'espérer quelque chose de soi ou pour soi, de croire posséder quelque chose. Faites-leur connaître, ô mon Dieu, que c'est là la vérité.

Ces phrases sont tirées du dernier chapitre de la *Vie* de Mme Guyon. Elle les écrivait en 1709, huit ans avant sa mort. Elle avait alors soixante et un ans et vivait retirée à Blois, toujours malade. Chez la femme qui écrivait ces phrases et qui était capable de ces accents, il y avait à coup sûr, en dépit du fatras inouï de ses quarante volumes, un génie et un attrait.

Or, vers la fin de 1688, ou vers le commencement de 1689, l'abbé de Fénelon rencontra Mme Guyon.

SEPTIÈME CONFÉRENCE

FÉNELON ET MADAME GUYON

« Il la vit, leur esprit se plut l'un à l'autre, leur sublime s'amalgama. » (Saint-Simon).

Donc, Fénelon et Mᵐᵉ Guyon se rencontrèrent. Elle dit que ce fut en octobre 1688 ; il dit que ce fut au commencement de 1689 : car ils n'ont, ni l'un ni l'autre, le don de l'exactitude. Ils se rencontrèrent chez la duchesse de Charost, au château de Beynes. Il la connaissait, d'abord par l'enquête qu'il avait faite sur elle à Montargis en revenant du Poitou, et aussi, sans doute, parce que Mᵐᵉ de Charost préparait alors le mariage de Mˡˡᵉ Guyon avec un homme dont la famille était amie de Fénelon.

Ils revinrent de Beynes à Paris dans le même carrosse :

Pendant le voyage, dit Phélipeaux, Mᵐᵉ Guyon s'appliqua à lui expliquer tous les principes de sa doctrine, et lui demandait s'il comprenait ce qu'elle lui disait et si cela entrait dans sa tête : « Cela y entre, répondit l'abbé, par la porte cochère. » Depuis ce temps-là, ils furent intimes amis. Fénelon entra entièrement dans ses intérêts et donna dans toutes ses illusions.

Le chancelier d'Aguesseau dit brutalement (*Mémoire sur les affaires de l'Eglise*) :

Il fut perverti comme le premier homme par la voix d'une femme, et ses talents, sa fortune, sa réputation même furent sacrifiés, non à l'illusion des sens, mais à celle de l'esprit.

Et voici la version de Mme Guyon elle-même (*Vie*, 3e vol.) :

Quelques jours après ma sortie (de la Visitation), ayant ouï parler de M. l'abbé de F..., je fus tout à coup occupé de lui avec une extrême force et douceur. Il me sembla que Notre-Seigneur me l'unissait très intimement, et plus que nul autre... J'eus occasion de le voir le lendemain. Je sentais intérieurement que cette première entrevue ne le satisfaisait pas, qu'il ne me goûtait point... La nuit, je souffris extrêmement à son occasion. Le matin, je le vis ; nous restâmes quelque temps en silence, et le nuage s'éclaircit un peu : mais il n'était pas encore comme je le souhaitais. Je souffris huit jours entiers ; après quoi, je me trouvai unie à lui sans obstacle ; et depuis ce temps je trouve toujours que l'union augmente d'une manière pure et ineffable. Il me semble que *mon âme a un rapport entier avec la sienne :* et ces paroles de David pour Jonathas, que *son âme était collée à celle de David,* me paraissent propres à cette union. Notre-Seigneur m'a fait comprendre les grands desseins qu'il a sur cette personne, et combien elle lui est chère.

Ainsi, ayant perdu le Père La Combe et ne devant plus le revoir, la pauvre femme retrouve en Fénelon le compagnon mystique dont elle a besoin, un compagnon plus jeune et d'un plus beau génie.

Elle avait quarante ans ; lui, trente-sept.

Elle dit encore :

Nous eûmes quelques conversations au sujet de la vie intérieure, dans lesquelles il me fit beaucoup d'objections. Je lui répondis avec ma simplicité ordinaire, et j'eus lieu de croire qu'il avait été content. Comme les affaires de Molinos faisaient grand bruit alors, on avait pris des défiances sur les choses les plus simples, et sur les termes les plus usités parmi ceux qui avaient écrit de ces matières. Cela me donna lieu de lui expliquer à fond mes expériences. Les difficultés qu'il me faisait ne servaient qu'à lui éclairer le fond de mes sentiments : *ainsi personne ne les a pu mieux connaître que lui :* c'est ce qui dans la suite a servi de fondement à la persécution qu'on lui a faite, ainsi que ses réponses à M. de Meaux l'ont fait connaître à toutes les personnes qui les ont lues sans prévention.

Fénelon est plus réservé. Dans ses lettres, dans ses écrits sur le quiétisme, il parle d'elle comme s'il ne l'avait vue que rarement. Il ne la trahit point ; il déclare qu'il a pour elle la plus grande estime : mais il s'en tient là. « Cette personne me parut fort pieuse, je l'estimai beaucoup ; je la crus fort expérimentée et éclairée sur les voies intérieures, quoiqu'elle fut très ignorante. » (*Réponse à la Relation sur le quiétisme* de Bossuet). Voilà le ton.

Mais nous avons la correspondance secrète de Fénelon et de Mme Guyon, que les éditeurs de Versailles avaient rejetée comme apocryphe, par respect pour Fénelon, mais dont l'authenticité vient d'être démontrée par M. Maurice Masson.

Au reste, cette authenticité saute aux yeux, pour quiconque a un peu vécu avec Fénelon et son amie et connaît leur tour d'esprit et leur langage. — Ajoutez à cela les poésies spirituelles qu'ils ont échangées, et qui se trouvent dans le recueil en quatre volumes des *Poésies spirituelles* de Mme Guyon. — Ajoutez enfin un fragment inédit d'autobiographie et une lettre inédite de cette dame, retrouvés par M. Maurice Masson, le tout publié par lui et commenté avec pénétration — et tendresse — dans la remarquable « introduction » qu'il a mise à son livre : *Fénelon et Mme Guyon*, et dont je me servirai beaucoup.

La vérité, c'est qu'ils se sont aimés ; qu'elle surtout l'a aimé, — d'une amitié mystique, sous des formes très spéciales et très pures, — et qu'elle a exercé sur lui et sur sa vie une décisive influence.

Elle dit dans ce fragment d'autobiographie qu'elle avait commencé à écrire pour Bossuet, dit-on, en 1694.

Je ne pouvais m'empêcher de le regarder comme mon fils... Il me semble que, depuis qu'il me fut donné à Beynes, que je l'acceptai et que je m'offris pour *le porter dans mon sein* et pour souffrir pour lui tout ce qu'il plairait à l'Amour... je le trouvais toujours en moi.

Elle écrit encore :

De tous les enfants spirituels que Dieu m'a donnés, je n'en ai eu aucun qui fût pareil à celui-là. C'est une intimité qui ne se peut exprimer ; et, à moins d'être fait une même chose, il ne se peut rien de plus intime. Il suffisait que je pensasse à lui pour être plus unie à Dieu ; et lorsque Dieu me serrait plus fortement, il me paraissait que, *des mêmes bras dont il me serrait, il le serrait aussi.*

Et encore :

Avec une suavité incomparable... j'éprouvais qu'il se faisait un écoulement presque continuel de Dieu dans mon âme, et de mon âme dans la sienne, *comme ces cascades qui tombent d'un bassin dans l'autre.*

Et encore :

Il me fut donné à connaître que, dès 1680 que Dieu me le fit voir en image, il me le donna, et qu'il me donna à lui ; mais je ne le connus qu'en 1688. Son visage me fut d'abord connu et je le cherchai partout sans le rencontrer.

Et enfin :

Quelque union que j'aie eue pour le Père (La Combe), j'avoue que celle que j'ai eue pour M. l' (abbé de Fénelon) est encore tout d'une autre nature ; et il y a quelque chose dans la nature de l'union que j'ai pour lui qui m'est tout à fait nouveau, ne l'ayant jamais éprouvé.

Lui, n'a pas de ces effusions passionnées. Il dit, dans une lettre à Mme de Maintenon, qu'il n'a jamais eu pour Mme Guyon « aucun goût naturel » ; mais il la considère comme une sainte, et la subit profondément.

Se voyaient-ils souvent ? Non ; mais presque

en cachette et avec mystère. Lorsqu'il habitait
encore Paris et que son amie ne s'était pas
encore réfugiée à la campagne (c'est-à-dire avant
septembre 1693), ils se voyaient quelquefois, soit
au parloir des Filles de Mme de Miramion, soit
au confessionnal, dans une petite chapelle à
Saint-Jacques du Haut-Pas. Quand il fut nommé
précepteur des princes, ils se virent encore
moins souvent. « Je n'allais presque jamais à
Paris, raconte-t-il à l'abbé de Chantérac ; elle
venait à Versailles en trois mois une fois, en
allant voir une cousine à Saint-Cyr. » En somme,
il n'y a que deux années où ils ont pu se rencontrer, — à intervalles irréguliers, et pas toujours en tête-à-tête. Quand ils parvenaient à se
rejoindre, ce qu'ils aimaient, c'était « se taire
ensemble ».

Mais s'ils ne se voyaient pas très souvent, ils
s'écrivaient beaucoup, presque tous les jours dans
les premières années. Et, quand ils cessèrent de
se voir (septembre 1693), ils continuèrent de
s'écrire, au moins jusqu'en 1695, et très probablement par delà, — surtout par l'intermédiaire
du duc de Chevreuse.

Qu'est-ce donc que Mme Guyon apprit à Fénelon ?

Il était très tendrement pieux, nous le savons ;
il recommandait la prière filiale, familière, confiante. Il prêchait « affectueusement », sans souci
des règles. Il était très enthousiaste, très chimé-

rique (précis toutefois dans la pratique et en ce qui regardait son avancement temporel), — et aussi, je le crois, très candide, avec tout son esprit. Sa foi même en une demi-folle en est la preuve. Enfin, treizième enfant d'un quinquagénaire, il fut toujours de très faible santé, — comme son amie. De là peut-être une continuelle inquiétude, de fréquentes « langueurs », des crises d'extrême sensibilité alternant avec des moments d'invincible « sécheresse ». Un besoin d'amitié, de soutien, de confidence, qui ne l'empêchait pas d'être, dans les occasions, impérieux, dominateur, cassant ; un goût du rare et du distingué, — et du mystère... Quoi encore ? En deux mots, ce qu'il appelait lui-même son « inexprimable fond ». Oh ! non ! il n'était pas simple. C'était une âme de désir et d'angoisse. Dépris de ses rêves héroïques de jeunesse, déçu ensuite dans son apostolat à l'intérieur, rejeté à la direction des âmes de femmes, il cherchait, quoi ? La sainteté sans doute.

Avant elle, sa piété, sa méthode de vie spirituelle ressemblent à celle de beaucoup de prêtres excellents. Le nom et la pensée de Jésus-Christ sont partout présents dans ses instructions. Il conseille les prières vocales, la lecture méditée, les images matérielles pour soutenir la méditation, l'humiliation même physique, et par exemple les « prosternements contre terre ». Il recommande à la fois l'amour et la crainte de Dieu.

Point de pur amour, d'indifférence au salut, ni de
« sainte liberté des enfants », ni de largeur, ni
d'anéantissement en Dieu, ni toutes les maximes
d'abandon qui rempliront le *Manuel de piété* et
les *Lettres spirituelles*. (Maurice Masson.)

C'est Mme Guyon qui lui montre la vérité et la
voie.

Elle l'aime passionnément, il l'aime beaucoup,
— sans nul attrait sensible (« la chair lui faisait
horreur ») : mais surtout il l'admire et il a foi en
elle. — Voltaire dit fort bien : « Il avait je ne
sais quoi de romanesque... Son imagination
s'échauffait par la candeur et par la vertu, comme
les autres s'enflamment par les passions ». —
Au début, comme il dirigeait tant d'âmes déli-
cates et bien nées, elle a feint de le prendre, elle
aussi, pour directeur. Mais, rapidement, de directeur il est devenu dirigé. Il lui dit : « Je suis très
persuadé que Dieu vous mène, et moi par vous. »
Dans presque toutes ses lettres il lui décrit minu-
tieusement son état intérieur. C'est généralement une étrange sécheresse, ou « une langueur
semblable aux fièvres lentes », tout au plus une
« paix sèche », qui est déjà un progrès. — Il lui
dit : « Je compte pour rien la science ; mais j'ai
un peu plus de peine à me défaire de la sagesse.
Elle est pure folie, et je crois que Dieu me
l'ôtera, après m'avoir fait éprouver l'inutilité de
tout ce qu'elle arrange. » Il lui dit encore :
« J'espère que Dieu vous donnera ce qu'il fau-

dra pour m'en faire part. Je ne saurais penser à vous, que cette pensée ne m'enfonce davantage dans cet inconnu de Dieu où je veux me perdre à jamais. »

Elle lui répond par de longues consultations spirituelles, difficiles à lire, et d'une subtilité verbale qui ne paraît pas toujours répondre à des réalités psychologiques. Il trouve cela admirable Elle lui raconte ses songes, elle prophétise. Il n'en sourit pas.

Ni elle ni même lui n'ont plus l'ombre du sentiment du ridicule. Ils se parlent cœur à cœur, dans une familiarité sainte. Elle l'appelle tour à tour « monsieur » et « mon enfant » ou « mon fils bien-aimé ». — « Gardez-vous bien, lui écrit-il, de vous gêner pour tous les noms que vous vous trouverez portée à me donner. » (Elle, dans ses lettres à Chevreuse, appelle Fénelon *le général*, vous verrez pourquoi, *Bi*, et même *Bibi!*) — Ils veulent être simples, être petits, être enfants ; et, pour devenir enfants, ne craignent pas l'enfantillage. A leur âge, qui est pourtant un âge raisonnable, ils imitent Jésus dans sa crèche. Ils l'appellent entre eux le « Petit Maître ». — Elle lui dit, racontant un de ses rêves: « ... Nous jouions ensemble *comme de petits enfants.* » Il lui écrit: « Je suis content pourvu que je sois seul dans ma chambre, à m'amuser à des riens, comme un enfant. Il y a céans un enfant de deux ans et demi, avec lequel je joue quelquefois un moment. » — Enfin, nous sommes un peu étonnés d'apprendre qu'ils charmaient la longueur des séparations en fredonnant chacun de son côté, sur des airs connus (tels que : *Le jeune Iris me fait aimer ses chaines* ou *Taisez-vous ma musette*), de petites chansons mystiques et puériles qu'ils avaient rimées l'un pour l'autre ; ceci, par exemple, qui est de Fénelon (les vers de Mme Guyon sont par trop mauvais) :

> J'ai le goût de l'enfance :
> De mon hochet content,
> La faiblesse et l'obéissance
> De moi font un petit enfant.
>
> Vérité simple et nue,
> Que j'aime ta candeur !
> Et que l'innocence ingénue
> Est au-dessus de la pudeur !
>
> Vice et vertu surpasse
> Un enfant comme moi.
> Comme au maillot je suis en grâce,
> Sans honte, sans crainte et *sans loi.*
>
> A peine je bégaie,
> Je ne sais pas mon nom.
> Je pleure, je ris, je m'égaie,
> Je ne crains que maman téton.

« Maman téton », c'est la nourrice. J'espère qu'ici Fénelon se moquait tout de même un peu et de lui-même et de son amie... Et encore qui sait ?

— Quoi ! voilà donc où en était venu cet homme d'esprit et ce grand ambitieux ? — At-

tendez. Ces puérilités voilaient des rêves naïfs,
mais grandioses. Grâce aux imaginations de son
amie, il pouvait accorder sa piété nouvelle avec
son ancienne ambition, transformée. Elle lui
annonçait une destinée sublime. Elle était, elle,
l'initiatrice et la prophétesse : mais il était, lui,
l'élu du Seigneur, celui qui devait être, dans les
mains de Dieu, un instrument de rénovation religieuse, le Christ de l'évangile du pur amour.
Elle lui écrit que « les desseins de Dieu sur lui
sont grands »; qu'il est « la lampe ardente et lui-
sante qui éclairera l'Eglise »... ; que Dieu veut
faire de lui « le père d'un grand peuple ».
Et Fénelon répondait : « Ma confiance est pleine
par la persuasion de vos lumières sur les choses
intérieures et du dessein de Dieu *sur moi par
vous.* »

Mme Guyon avait organisé l'armée de l'Eglise
nouvelle, l'armée du Saint-Esprit. Les enfants du
« Petit Maître », qui devaient lui conquérir le
monde, formaient l'ordre des Michelins (du nom
de l'archange Michel), dont elle-même avait dis-
tribué les charges. L'ordre comprenait un général, deux assistants, un secrétaire, un aumô-
nier, un maître des novices, un geôlier, un porte-
faix, une bouquetière, une portière, une sacristine,
une intendante des récréations. (*Lettre inédite à
l'abbé de Charost, octobre 1694*). « Les Michelins seront petits, joyeux, allègres, faibles, enfantins .. Les Michelins seront sous la main de mon

Petit Maître comme une girouette agitée du vent et comme un guenillon dans la gueule d'un chien. » — Fénelon était le général des Michelins. Les autres charges devaient apparemment être distribuées à Mmes de Chevreuse, de Beauvilliers, de Mortemart, de Noailles, de Charost, de Morstein, de Guiches, de la Maisonfort, à Mme de Maintenon elle-même, aux abbés de Langeron, de Beaumont et de Chantérac, à L'Echelle et à Dupuy, gentilshommes du duc de Bourgogne, etc...

Et Fénelon, semble-t-il, ne riait pas. Mais qui saura sa pensée ?

Et la prophétie se complétait et se précisait. Fénelon, avec ses amis, devait écraser la tête de Bara (nom du diable) et établir le règne de l'oraison. Mais un enfant devait l'y aider. Mme Guyon l'avait autrefois prédit. Cet enfant, ce serait le duc de Bourgogne, dont Fénelon était devenu précepteur en 1689. Mme Guyon écrivait : « Dieu a sur ce prince des desseins d'une miséricorde singulière... Je suis certaine qu'il en fera un saint. » — Dans une lettre inédite du 8 novembre 1689, elle dit que le prince, si jeune encore, s'offrait déjà à être le « souffre-douleurs » des Michelins et à se sacrifier pour l'empire d'union. — Bossuet, il est vrai, écrit de son côté (*Relation sur le Quiétisme*) : « La prophétie a été marquée à cet auguste enfant *sans faire aucune impression sur son esprit.* » Mais enfin on lui en avait parlé, et il suivrait de là que, en dehors des

leçons profanes des *Dialogues des Morts* et du
Télémaque, Fénelon donnait un autre enseignement, plus mystérieux, à son petit élève.

Fénelon était séduit, — oh ! très chastement,
— par une femme, oui, mais aussi par une doctrine. Car le quiétisme est une hérésie délicieuse,
et si naturelle ! C'est ce que je voudrais vous faire
entendre.

Messieurs, je m'arrête un instant pour me
demander si ces querelles sur l'amour de Dieu,
qui ont tant passionné nos pères, peuvent encore
vous intéresser... Pourquoi non ? C'est toujours
d'amour qu'il s'agit. Et nous comprenons, en
tout cas, que, chez les saints, l'amour de Dieu
implique l'impossibilité de se rassasier avec
quelque chose de terrestre, et est donc très noble
dans ses origines.

Il y a une vingtaine d'années, à une époque
où j'étais beaucoup plus qu'aujourd'hui imprégné de l'esprit du siècle, à propos d'une effusion
mystique du malheureux Verlaine, j'écrivais ceci,
qui n'a rien de remarquable, — mais qui va me
servir :

— L'amour de Dieu ! sentiment singulier, difficile à comprendre, difficile à éprouver dans sa
plénitude. Verlaine s'écrie avec saint Augustin :
« Mon Dieu ! vous si haut, si loin de moi, comment vous aimer ? » En réalité, ce qu'il traduit
ainsi, ce n'est pas l'impossibilité d'aimer Dieu,

mais celle de le concevoir tel qu'il puisse être
aimé, ou (ce qui revient au même) l'impuissance
à l'*imaginer* dès qu'on essaye de le *concevoir*
comme il doit être : principe des choses, éternel,
omnipotent, infini. — Comment donc faire ?
comment aimer d'amour ce qui n'a pas de limites,
ni de formes ? L'âme croyante n'arrive à se satis-
faire là-dessus que par une illusion... Il faut que
Dieu soit infini pour être Dieu. Mais il faut qu'il
soit fini pour communiquer avec nous. Au fond
on n'aime Dieu que si on se le représente, sans
bien s'en rendre compte, comme la meilleure et
la plus belle créature (puisque nous ne connaissons que des créatures) qu'il nous soit donné de
rêver, et comme une merveilleuse âme humaine
qui gouvernerait le monde. »

Et je poursuivais :

— Mais cette illusion est un grand bienfait.
Car, en nous permettant d'aimer Dieu déraisonna-
blement, comme on aime les créatures, elle résout
toutes les difficultés qui naissent dans notre
esprit du spectacle de l'univers. Elle répond à
tous les « pourquoi » par une fin de non-rece-
voir passionnée. Pourquoi le monde est-il inintelligible ? Pourquoi le mal, l'injustice, la douleur ? On aurait peine à pardonner ces choses à
un Dieu que l'on concevrait rationnellement et
que par suite on n'aimerait point : on en remercie
le Dieu que l'on conçoit incorrectement, mais
qu'on aime. Tout ce qu'il fait est bon, parce que

nous le voulons ainsi Toute souffrance est bénie, non comme équitable, mais comme venant de lui. Tout est bien, non parce qu'il est juste et bon, mais parce que nous l'aimons et que notre amour le déclare juste et bon quoi qu'il fasse. C'est notre amour qui crée sa sainteté. Remarquez que c'est exactement le parti-pris héroïque et fou des amoureux romanesques, des chevaliers de la Table-Ronde ou des bergers de l'*Astrée*, ce qui les rendait capables d'immoler à leur maîtresse non seulement leur intérêt, mais leur raison, et d'accepter ses plus injustifiables caprices comme des ordres absolus et sacrés. Tant il est vrai qu'il n'y a qu'un amour ! etc... Car je continuais encore quelque temps.

Ainsi parlais-je, hélas ! de l'amour de Dieu, comme un aveugle des couleurs. Je n'en sais guère plus long aujourd'hui, ni vous non plus du reste, — quelques femmes pieuses exceptées, si vous voulez. Nous ne saurions pas « faire oraison ». La simple « méditation », qui consiste à fixer longuement son attention sur tel dogme ou tel mystère, et cela sans le secours d'un livre, est déjà une opération très difficile. Beaucoup de prêtres même n'en sont pas capables, quoi qu'on les y ait exercés au grand séminaire. Quant à la « contemplation », elle m'échappe tout à fait. Qu'est-ce que cela peut bien être, non plus de « méditer », sur Dieu (ce qui, après tout, est facilité par des méthodes analytiques, par la fameuse

division en trois points), mais de « contempler »
Dieu dans un arrêt, une suspension des sens et
de l'intelligence discursive? Je le conçois très
malaisément. Ce qui pourrait en donner quelque
idée, c'est ce qui arrive parfois à un homme
possédé d'une grande passion : il s'aperçoit qu'il
vient d'être occupé de son amour une heure ou
deux, d'une façon générale et sans en considérer
l'objet par le détail, mais avec tant d'intensité
toutefois, qu'il n'a pas senti le temps s'écouler et
qu'il ne sait pas ce qu'il a fait ni où il était pendant ce temps-là.

Mais, si les dernières opérations du quiétisme
sont pour nous difficiles à concevoir, ses commencements, la manière dont il éclot dans une
âme me paraît assez claire. Cela se voit déjà dans
la vieille page que je vous rapportais tout à
l'heure, et qui fut écrite dans un moment où je
ne songeais certes pas à Mme Guyon. « Tout ce
que Dieu fait est bon parce que nous le voulons
ainsi... Toute souffrance est bénie, non comme
équitable, mais comme venant de lui.. Tout est
bien, non parce qu'il est juste et bon, mais parce
que nous l'aimons... » (1) Evidemment j'étais sans
le savoir sur le chemin du quiétisme.

(1) Ainsi Fénelon : ... Qu'il fasse tout ce qui est bon à ses
yeux. Qu'il élève ou qu'il abaisse ; qu'il frappe ou qu'il console ; qu'il brise ou qu'il guérisse toutes les blessures ; qu'il
donne la mort ou la vie, il est toujours le seigneur ; nous ne
sommes que l'ouvrage et par conséquent *le jouet* de ses mains.
(Lettres spirituelles.)

Au fond de cette attirante hérésie, il y a, — plus ou moins connu et accepté de l'âme qui s'y attache, — 1° un plaisir de générosité et d'orgueil, 2° un plaisir d'abandon, de langueur, de paresse.

Le plus grand amour est l'amour le plus désintéressé. Il est donc naturel que, parvenu à un certain degré de dévotion, on commence à vouloir aimer Dieu sans intérêt. Mais aimer Dieu sans intérêt, c'est l'aimer sans espoir de récompense ni crainte de châtiment. C'est donc l'aimer sans se plus soucier du paradis et de l'enfer. On dit à Dieu : « Je vous aime tant, que cela m'est égal d'être damné. » On a le plaisir d'être extrêmement généreux avec Dieu. On l'aime d'une manière qui aurait pu le dispenser de prendre la peine de vous racheter.

Le premier effet du quiétisme, c'est donc l'indifférence au salut.

Dans cet état, on se garderait bien, par délicatesse, de demander à Dieu quoi que ce soit.

Le second effet du quiétisme, c'est donc la suppression de la prière (j'entends de la bonne grosse prière, au sens habituel du mot).

D'un autre côté, le souhait naturel d'un grand amour, c'est de se confondre avec l'objet aimé. Mais, pour se fondre en Dieu, il faut d'abord s'anéantir ; il faut renoncer à son activité propre, ôter de soi tout désir de « propriété », tout attachement à soi-même. Par suite, ne pas trop

s'acharner contre ses défauts et ses vices : il y
aurait à cela de la vanité encore. Pareillement, la
foi explicite aux attributs des personnes divines
et aux mystères de Jésus-Christ devient super-
flue. Il faut s'enfoncer en Dieu sans épiloguer
sur lui ; ne plus bouger, le laisser faire ; être en
Dieu sans penser à Dieu. Au reste, quand on a
déclaré une fois qu'on s'abandonnait à lui, cela
vaut pour toute la vie, et il est inutile de renouveler cette déclaration, ce qui nous dérangerait,
nous ferait reculer dans la vie intérieure. Il faut
abdiquer totalement notre personne et ne plus
faire attention à nos actes, puisqu'ils ne nous
appartiennent plus.

Puis, la simplicité de l'enfance, que nous
devons rechercher, admet bien des choses...

Bref, le troisième effet du quiétisme, c'est
l'indifférence aux actes.

D'ailleurs, tandis que nous sommes unis à
Dieu par la partie supérieure de notre être,
qu'importe ce que fait la partie inférieure ? Et
enfin, puisque nous voulons bien être damnés,
puisque nous acceptons l'enfer, nous aurions
bien tort de nous gêner. — Avoir la sublime joie
d'être en quelque sorte plus magnanime que
Dieu ; et d'autre part, sous prétexte de se fondre
en Dieu, laisser aller son corps : quel rêve !

Ce que je viens de vous exposer, c'est la
démarche secrète, mais réelle, de la douce erreur
quiétiste dans le fond obscur de la conscience, et

ce qui explique, par exemple, les aventures révélées dans le procès Molinos et les fantaisies de ses pénitentes.

Il est certain que le quiétisme a, chez les âmes pures, d'autres mobiles, et qu'elles s'y attachent pour ses délicatesses, non pour ses commodités. Mais ces délicatesses même peuvent mener assez loin. Le refus de la récompense (donc l'indifférence au salut), est une idée qui s'insinue si naturellement dans les âmes les mieux situées, que tous les grands mystiques en ont subi la tentation.

Cette idée, certes, ils ont dû la repousser. Car il est clair, même pour nous qui ne sommes pas théologiens, que le chrétien ne peut pas se désintéresser de son salut, puisque Dieu même veut que nous soyons sauvés et nous l'a signifié abondamment. Et, en outre, comment et par quel biais les chrétiens distingués qui se piquent d'aimer Dieu mieux que les autres chrétiens, pourraient-ils se soustraire à l'obligation de désirer le paradis, puisque le paradis, c'est essentiellement la possession de ce Dieu qu'ils prétendent tellement aimer?

N'importe! Il répugne à ces âmes chevaleresques de recevoir une récompense pour avoir aimé Dieu et, par suite, de paraître n'avoir aimé Dieu qu'en vue de cette récompense. Et alors, obligées en conscience de désirer leur salut, comme le vulgaire, elles satisfont du moins à leur délicatesse par des « suppositions » impossibles et des extravagances amoureuses, et qui, heureusement, ne tirent pas à conséquence.

Saint François de Sales écrit, dans son prodigieux livre de *l'Amour de Dieu* :

... Le bon plaisir de Dieu est le souverain objet de l'âme indifférente (indifférente à tout, sauf à Dieu)... Il aimerait mieux l'enfer avec la volonté de Dieu que le paradis sans la volonté de Dieu. Oui, même il préférerait l'enfer au paradis s'il savait qu'en celui-là il y eût un peu plus du bon plaisir divin que dans celui-ci ; en sorte que, si, par imagination de chose impossible, il savait que sa damnation fut un peu plus agréable à Dieu que sa salvation, il quitterait sa salvation et courrait à sa damnation (IX, 4).

Et au livre VIII, chap. 4 : « ... Il faut que notre volonté corresponde à celle de Dieu... Nous devons désirer le salut... *parce qu'elle le désire.* » Ainsi le saint homme veut bien désirer le ciel puisqu'il le faut : mais c'est par pure obéissance.

De même, à l'origine du christianisme, saint Clément d'Alexandrie écrivait :

J'ose dire que le parfait spirituel, s'il recherche la perfection, ce n'est pas parce qu'il veut être sauvé ; et qu'interrogé par une manière de supposition impossible lequel des deux il choisirait, ou la perfection ou le salut éternel (si ces deux choses pouvaient se séparer, au lieu qu'elles sont inséparables), sans hésiter il prendrait la perfection comme une chose désirable par elle-même.

Scot dit que « la charité tend à son objet considéré en lui-même, quand même, par impossible, on séparerait de cet objet l'utilité ou l'intérêt qui nous en revient », c'est-à-dire la félicité éternelle.

Sainte Catherine de Gênes disait à Dieu : « O doux amour, que je voudrais que vous pussiez être aimé sans consolation ni espérance de bien au ciel ou en terre ! » Et sainte Thérèse, vous le savez, dit fort souvent des choses du même genre.

C'est admirable, cette folie d'amour et, puisque l'âme *doit* désirer son salut, cet effort pour séparer du moins Dieu de sa récompense. (Et je veux vous indiquer en passant une chose sublime qui est dans saint François de Sales, et qui montre une sorte de lutte d'amour désintéressé entre les hommes et Dieu : — Dieu, dit-il, a eu tant de plaisir à nous racheter « que, comme raconte le grand saint Denis, apôtre de la France, il dit un jour au saint homme Carpus qu'il était prêt de souffrir encore une fois pour sauver les hommes, et que cela lui serait fort agréable, s'il se pouvait faire sans le péché d'aucun homme. »)

Je voudrais que cet état d'âme des mystiques, — probablement fort éloigné du vôtre, — commençât à vous toucher, afin que vous compreniez mieux Fénelon.

Les commencements du quiétisme sont donc délicieux et d'un romanesque enivrant. (Voltaire remarque que « le quiétisme est dans *Don Quichotte :* ce chevalier errant dit qu'on doit servir

Dulcinée sans autre récompense que d'être son
chevalier. ») Mais il faut savoir s'arrêter en chemin. Le quiétisme devient terriblement dangereux si l'on va jusqu'au bout, qui est le dédain
des pratiques, et jusqu'à l'extrême bout, qui est
l'indifférence aux actes. Vous avez pu constater
que, dans le *Moyen court,* Mme Guyon va, peu
s'en faut, jusqu'à l'extrême bout.

Mais, parce qu'il l'aimait et l'admirait, jamais
Fénelon n'en conviendra. Il pense, à cause d'elle,
que l'amour pur est pur aux purs. Jamais il ne
consentira à la condamner. « Il ne change point
là-dessus, écrira Mme de Maintenon à M. de
Noailles le 8 mars 1696, et je crois qu'il souffri-
rait le martyre plutôt que de convenir qu'elle a
tort... Je voudrais être aussi fidèle et aussi attachée à mon devoir qu'il l'est à son amie ; il ne la
perd pas de vue, et rien ne peut l'entamer sur
elle. »

Donc, il va se perdre pour elle. Et cependant
les avertissements ne lui manquent pas.

Vous vous rappelez que Mme Guyon et Fénelon
avaient conquis Mme de Maintenon, et, par elle,
Saint-Cyr. Cette étrange Mme de Maintenon, avec
toute sa mesure et toute sa prudence, avait le
goût du rare et du distingué en religion, ou
gardait peut-être, de son enfance huguenote, un
penchant pour certaines formes plus libres de
la piété, pour des relations plus directes avec
Dieu.

Vers 1690, c'est-à-dire un an ou deux après sa rencontre avec Mme Guyon, Fénelon écrivait à Mme de Maintenon une longue lettre où il lui enseignait la doctrine du pur amour. Il en profitait pour lui dire sur elle-même quelques bonnes vérités. Car il a toujours trouvé un extrême plaisir à dire leurs vérités aux autres, soit par un saint zèle, ou pour jouir de sa propre clairvoyance :

Vous voulez aller à Dieu de tout votre cœur, mais non par la perte du *moi* ; au contraire, vous cherchez le *moi* en Dieu... — On dit qu'il n'est pas permis d'avoir des défauts avec vous... Si vous ne teniez plus à vous, vous ne seriez non plus dans le désir de voir vos amis attachés à vous que de les voir attachés au roi de la Chine... Le vrai amour de Dieu aime généreusement le prochain, sans espérance d'aucun retour... Il faut mourir à tout sans réserve, *et ne posséder pas même ses vertus par rapport à soi...*

Derrière Mme de Maintenon, tout Saint-Cyr s'était épris de la nouvelle doctrine. Mme Guyon s'était installée presque officiellement dans la charmante école. Ces petites filles, qui venaient d'avoir la tête tournée par M. Racine, l'avaient maintenant par l'abbé de Fénelon. Une des dames, la Mère du Pérou (*Mémoires inédits*), raconte :

Presque toute la maison devint quiétiste sans le savoir ; on ne parlait plus que d'amour pur de Dieu, d'abandon, de sainte indifférence, de simplicité : cette dernière vertu servait de voile à la recherche de toutes les petites satis-

factions personnelles. On prenait ses aises et ses commodités avec la sainte liberté des enfants de Dieu ; on ne
s'embarrassait de rien, pas même de son salut.

Cette interprétation de la doctrine par des
gamines était amusante. Mais évidemment cela
pouvait aller loin. Mme de Maintenon s'aperçut du
désordre. Mais en outre elle en fut nettement
avertie par Godet-Desmarais, évêque de Chartres
et supérieur ecclésiastique de la maison de Saint-
Cyr.

Du coup, elle se sépara de Mme Guyon, et lâcha
Fénelon, comme elle avait lâché Racine.

Fénelon s'attacha d'autant plus à son amie.

Pour la sauver (et il faut dire qu'il était de
bonne foi et ne voyait nulle erreur en elle, mais
seulement des maladresses d'expression dans ses
écrits) il eut un coup d'audace. Il la décida à
remettre elle-même au jugement de Bossuet son
oraison et ses livres. Il avait encore avec Bossuet des relations affectueuses en apparence,
mais il savait le grand évêque inquiet sur son
orthodoxie et sur ses rapports avec Mme Guyon ;
il espérait le rassurer et le gagner par la franchise du procédé, et réveiller le faible que le
vieux prélat avait eu pour lui si longtemps. Enfin
et surtout, il croyait fermement avoir raison.

Ajoutez que Mme Guyon, habituée à séduire les
âmes, était fort persuadée qu'en se montrant elle
prendrait Bossuet sans effort, comme elle avait

pris Fénelon, et les duchesses, et tant d'autres. Elle était loin de compte.

Bossuet avait soixante-six ans. Il était surchargé d'affaires. Mais la nouvelle corvée qu'on lui proposait pouvait être utile à l'Eglise : car la nouvelle oraison, si distinguée, si commode et si périlleuse, commençait à faire beaucoup d'adeptes. Il accepta donc.

Il eut avec Mme Guyon, chez elle, en présence de M. de Chevreuse, une entrevue qui se passa en civilités réciproques. Elle lui fit remettre tous ses ouvrages imprimés ou manuscrits; et il se retira dans son diocèse, à Germigny, pour les lire. Il avait demandé pour cela quatre ou cinq mois. Pendant ce temps-là, elle ne cessait de lui écrire, et pour lui donner des explications qu'il ne lui demandait pas, et pour protester de sa soumission sans limites.

Il la lit, prend des notes. Les communications intérieures, les corsets crevés par l'afflux de la grâce, les prophéties et les miracles de Mme Guyon, le songe où elle se voit l'égale de la Mère de Dieu, la page où elle se reconnaît dans la femme enceinte de l'*Apocalypse* destinée à être la mère d'un million d'enfants spirituels et à procurer la victoire des martyrs du Saint-Esprit..., tout cela l'étonne — et le renseigne. Il va d'abord à ce qui lui paraît le plus urgent :

Quoique ses erreurs fussent infinies, celle que je relevai alors le plus était celle qui regardait l'exclusion de tout

désir et de toute demande pour soi-même, en s'abandonnant aux volontés de Dieu les plus cachées, quelles qu'elles
fussent, ou pour la damnation, ou pour le salut.

La première fois qu'il la revoit en tête-à-tête
(janvier 1694) : « Alors vous ne pouvez plus prier
les saints ni même la Vierge? — Non. — Pourquoi? — C'est que, dit-elle, ce n'est pas à
l'épouse, mais aux domestiques de prier les autres
de prier pour eux. » Et Dieu? peut-elle le prier?

Je lui montrai dans ses écrits et lui fis répéter plusieurs
fois que toute demande pour soi est intéressée, contraire
au pur amour... et enfin qu'elle ne pouvait rien demander
pour elle. Quoi! lui disais-je, vous ne pouvez rien demander
pour vous ? Non, répondit-elle, je ne le puis. Elle s'embar-
rassa beaucoup sur les demandes particulières de l'Oraison
dominicale. Je lui disais : Quoi! vous ne pouvez demander
à Dieu la rémission de vos péchés! — Non, répartit-elle.
— Eh bien, repris-je aussitôt, moi, que vous rendez l'arbitre de votre oraison, je vous ordonne, et Dieu par ma
bouche, de dire après moi : Mon Dieu, je vous prie de me
pardonner mes péchés. — Je puis bien, dit-elle, répéter
ces paroles; mais d'en faire entrer le sentiment dans mon
cœur, c'est contre mon oraison. (*Relation sur le Quiétisme.*)

Le lendemain, Bossuet la vit à Versailles, dans
l'appartement de Fénelon. Candide, il pensait
qu'il n'avait qu'à montrer à l'abbé, dans les livres
de son amie, toutes les erreurs et tous les excès
dont ils étaient pleins, pour qu'il convint qu'elle
s'était trompée et que « son état était un état d'illusion ».

Mais Fénelon se contenta de répondre que,

puisqu'elle était soumise sur la doctrine, il ne
fallait pas condamner la personne ; que, d'ailleurs, saint Paul a dit : « Eprouvez les esprits »,
et que « pour les grandes choses qu'elle disait
d'elle-même, c'était des magnanimités semblables à celles de l'apôtre lorsqu'il raconte tous
ses dons, — (justement dans cette 2ᵉ épître aux
Corinthiens, que Fénelon se fera lire à son lit de
mort) — et que c'était cela même qu'il fallait
examiner. »

Bref, Fénelon ne la lâche point. Il croit ou est
disposé à croire à ses « plénitudes », à ses songes,
à ses prophéties, à ses miracles : « Je me reti-
rai, dit Bossuet, étonné de voir un si bel esprit
dans l'admiration d'une femme *dont les lumières
étaient si courtes, le mérite si léger, les illusions si palpables*, et qui faisait la prophétesse. »
Et nous sentons bien que ces trois lignes sur
Mᵐᵉ Guyon contiennent toute la vérité, — et ne
négligent qu'un « je ne sais quoi » qui laissa
Bossuet indifférent, mais à quoi Fénelon fut im-
modérément sensible pour des raisons qui reste-
ront éternellement mystérieuses.

Mᵐᵉ Guyon se soumet en paroles ; mais en
même temps, toujours conseillée par Fénelon,
elle travaille à provoquer un examen nouveau.
Le bon évêque de Meaux s'y prête encore. Les
ducs de Beauvilliers et de Chevreuse s'entre-
mettent. On demande à l'évêque de Châlons M. de
Noailles (archevêque de Paris l'année suivante),

et à M. Tronson de se joindre à Bossuet pour
former une commission qui fixera la doctrine sur
les points en litige et distinguera le vrai mysticisme du faux.

M. de Noailles, qui est du même âge que Fénelon et qui fut son condisciple au collège du
Plessis, passe pour être de caractère un peu
faible. M. Tronson est l'ancien directeur de Fénelon à Saint-Sulpice, celui avec qui il se vantait
autrefois d'être en pleine intimité spirituelle.
Fénelon se figure que Noailles et Tronson lui
appartiennent, et que leur douceur compensera
l'honnête rigueur de Bossuet. D'un autre côté, il
écrit à l'évêque de Meaux :

> Ne soyez pas en peine de moi, je suis dans vos mains
> comme un petit enfant. Je puis vous assurer que ma doc-
> trine n'est pas ma doctrine; elle passe par moi sans être
> à moi et sans y rien laisser. Je ne tiens à rien, et tout
> cela m'est comme étranger... J'aime autant croire d'une
> façon que d'une autre. Dès que vous aurez parlé, tout sera
> effacé chez moi, etc.

C'est trop vraiment, et Bossuet ne lui demandait pas tout cela. Mais je vous prie de retenir ces
déclarations.

Les conférences des trois commissaires se
tinrent à Issy, à cause des infirmités de M. Tronson. Elles commencèrent vers le milieu de juillet 1694 et se poursuivirent durant sept ou huit
mois.

Pendant que la commission travaillait, l'archevêque de Paris, M. de Harlay, eut vent de ces réunions secrètes ; et, pour prévenir les commissaires en exerçant ses privilèges de diocésain, il se hâta de condamner (16 octobre 1694) les livres de Mme Guyon, le *Moyen court* et le *Cantique des Cantiques*, et aussi l'*Analyse de l'oraison mentale*, du P. La Combe.

M. de Harlay, vous vous en souvenez, avait déjà fait enfermer Mme Guyon. Elle craignit, peut-être avec raison, d'être enlevée, et ne trouva rien de plus habile que de demander à Bossuet un refuge dans son propre diocèse. Bossuet lui offrit le couvent de la Visitation de Sainte-Marie de Meaux, où la duchesse de Mortemart la conduisit dans son carrosse, et où elle arriva le 13 janvier 1695.

Mme Guyon raconte que, lorsque Bossuet la retrouva dans ce couvent, il usa avec elle, tour à tour, de dureté et de ruse ; et que, au surplus, on lui avait promis le chapeau de cardinal s'il triomphait d'elle. Ce dernier détail est une visible baliverne. La vérité, c'est que Bossuet traita la prophétesse avec une grande bonté, la laissa communier tant qu'elle voulut, et, moyennant le désaveu de ses erreurs et la promesse écrite de ne plus dogmatiser, lui délivra le meilleur certificat du monde.

Bossuet, Noailles, Tronson ne pouvaient se faire la moindre illusion sur cette demi-folle. Mais tous trois continuaient d'aimer Fénelon, tenaient secrètes les inquiétudes qu'il leur donnait, espéraient toujours le ramener et s'appliquaient à ne point lui faire tort. Ils savaient que ses amis songeaient pour lui à l'archevêché de Paris :

Il ne me vint jamais dans la pensée, écrit Bossuet (*Relation*), que les erreurs d'esprit où je le voyais, quoique en elles-mêmes importantes et pernicieuses, pussent lui nuire ou pussent même l'exclure des dignités de l'Eglise. On ne craignit point, au quatrième siècle, de faire évêque le grand Synésius, encore qu'il confessât beaucoup d'erreurs. On le connaissait d'un esprit si bien fait et si docile qu'on ne songea pas seulement que ces erreurs, quoique capitales, fussent un obstacle à sa promotion. Je ne parle pas ainsi pour me justifier.

Lors donc que les commissaires eurent rédigé les articles où ils définissaient le mysticisme orthodoxe, ils eurent cette pensée ingénieuse et charitable de prier Fénelon de la signer avec eux, comme s'il y avait collaboré :

Nous nous sentions obligés, pour donner des bornes à ses pensées, de l'astreindre par quelque signature : mais en même temps nous nous proposâmes, *pour éviter de lui donner l'air d'un homme qui se rétracte*, de le faire signer avec nous comme associé à notre délibération.

Le 18 mars 1695 quand Fénelon signa les articles d'Issy, — après en avoir fait ajouter deux, — il était archevêque nommé de Cambrai depuis le 4 février.

Il prit l'évêque de Meaux pour consécrateur. La cérémonie eut lieu à Saint-Cyr.

... Deux jours auparavant, rappelle Bossuet, à genoux
et baisant la main qui devait le sacrer, il la prenait à
témoin qu'il n'aurait jamais d'autre doctrine que la
mienne. J'étais dans le cœur, je l'oserai dire, plus à ses
genoux que lui aux miens... M. de Châlons (Noailles) fut
prié d'être l'un des assistants dans le sacre, et nous crûmes
donner à l'Eglise un prélat toujours unanime avec ses con-
sécrateurs.

Tout semblait fini.

Bossuet, cependant, écrivait une *Instruction
sur les États d'Oraison* pour achever d'établir la
doctrine. Avant la publication, il adressa les
« bonnes feuilles » à M. de Cambrai, et lui demanda son approbation comme à ses autres collègues, Tronson et Noailles.

Fénelon, pendant les conférences d'Issy,
n'avait cessé de protester de sa soumission totale.
Il avait déclaré n'avoir plus rien de commun avec
Mme Guyon. Il ne pouvait, comme prêtre et comme
évêque, ignorer la réalité du péril quiétiste pour
les âmes faibles et les esprits mal équilibrés. Il
avait sûrement lu ces piquants *Dialogues sur le
Quiétisme* (ouvrage posthume de La Bruyère,
malheureusement inachevé et publié sans nul
souci d'exactitude). Il savait enfin quel scandale
devait produire son refus d'approbation.

Mais Mme Guyon, après avoir fait demander au
roi par Bossuet la permission d'aller aux eaux
de Bourbon, s'était échappée, sans attendre la
réponse, du couvent de la Visitation de Meaux,
avec la complicité de Mmes de Mortemart et de

Guiche. Elle s'était cachée dans une petite maison du faubourg Saint-Antoine. Elle avait été arrêtée le 27 décembre 1695, enfermée à Vincennes pendant neuf mois, puis dans un couvent de Vaugirard, — en attendant que ses manquements perpétuels à ses engagements la fissent envoyer à la Bastille.

Or, dans ses *États d'Oraison*, Bossuet désignait expressément et condamnait Mme Guyon (1).

Et c'est pourquoi, — n'ayant gardé qu'une nuit le livre de Bossuet, et en ayant seulement parcouru les titres, — contre toute raison, contre toute prudence, et l'on pourrait dire, après tant de promesses de soumission, contre toute bonne foi, — l'archevêque de Cambrai, gâtant d'un geste toute sa vie, refusa d'approuver le sage et bienfaisant livre de Bossuet, et, devançant la publication des *Etats d'Oraison*, fit paraître lui-même, en toute hâte, les *Maximes des Saints* (1er février 1697).

Il ne lâche point Mme Guyon. Jamais il ne la lâchera.

« Un prodige de séduction ! » dit fort bien Bossuet.

(1) « La personne qui a composé le livre intitulé *Moyen Court...* »

HUITIÈME CONFÉRENCE

Fénelon avait attendu d'être archevêque de Cambrai pour publier l'*Explication des Maximes des Saints sur la vie intérieure ;* car, s'il l'avait publiée plus tôt, il n'aurait certainement pas été nommé archevêque. Lui reprocherons-nous cette habileté ?

Le livre lui-même paraît une merveille d'adresse. L'auteur, dans l'*Avertissement,* le présente, avec une paisible audace, comme une simple explication des articles d'Issy, des « trente-quatre propositions que deux grands prélats ont données au public ». Et sans doute le livre est d'une composition ingrate ; ce traité du pur amour est la sécheresse même ; il est formé d'une double série entrelacée de quarante-cinq articles « vrais » et de quarante-cinq articles « faux », chaque article vrai étant suivi de l'article faux qui y correspond ; et cet arrangement n'est ni attrayant, ni commode au lecteur. Mais cela semble bien fait exprès ; car, toutes les erreurs les plus choquantes du molinosisme se trouvant accumulées et bien en vue dans les articles « faux », c'est là, pour le lecteur confiant, une présomption que les articles « vrais » ne peuvent plus en effet contenir aucune erreur. Et en réalité, elles y sont assez difficiles à découvrir, étant toutes noyées parmi des vérités, et d'ailleurs soigneusement enveloppées dans l'expression.

Mais qui espérait-il tromper ? Deux jours après la publication des *Maximes des Saints*, Bossuet écrit à son neveu l'abbé Bossuet :

Il est vrai que M. de Cambrai a refusé d'approuver mon livre (*les Etats d'Oraison*), en déclarant qu'il ne veut pas improuver Mme Guyon. Il a même depuis deux jours imprimé un livre sur la spiritualité, *où tout tend à la justifier* sans la nommer.

Et c'est bien cela, et c'est bien étrange.

Et le long supplice de Fénelon va commencer. Le livre des *Maximes* est fort mal reçu. « Le livre de M. de Cambrai, écrit Bossuet, fait le plus mauvais effet pour son auteur, dont le procédé et la doctrine soulèvent tout le monde contre lui. Le roi est ému au delà de ce qu'on peut penser. » (Nous savons d'ailleurs que le roi appelait Mme Guyon « la plus grande folle de son royaume) ». « L'*Avertissement,* continue Bossuet, et tout le style du livre a paru d'une arrogance infinie, et tout est tellement alambiqué depuis le commencement jusqu'à la fin, que la plupart n'y entendent rien. » Au contraire, le livre de Bossuet, *Instructions sur les États d'Oraison,* qui parut un mois plus tard, a le plus franc succès. Il plaît par contraste, car il est facile à lire, il est clair et solide, et il éclate d'autant de bon sens que la manière en peut admettre.

Mais pourquoi Bossuet ne se contente-t-il pas de ce succès ? Si le livre des *Maximes* est « si alambiqué que la plupart n'y entendent rien », pourquoi ne le laisse-t-il pas tranquille ? Nous le verrons tout à l'heure, et que le quiétisme n'était peut-être pas un péril imaginaire. Il faut ajouter qu'en disant dans son *Avertissement* qu'il ne fait que développer la doctrine des rédacteurs des trente-quatre articles, Fénelon les forçait à se défendre. Mais, pour l'instant, qu'il nous suffise que Bossuet et Fénelon se haïssent d'autant plus qu'ils se sont aimés. Bossuet bat le rappel ; il rallie l'archevêque de Paris et l'évêque de Chartres ; il les fait marcher, comme il dit, « par persuasion et par contrainte ». Il a des conférences avec eux, dès le 23 février, sur les *Maximes des Saints,* pour en extraire les propositions condamnables. M. de Paris en fait un rapport au roi. Entre temps, trois religieuses quiétistes sont expulsées de Saint-Cyr. Les trois prélats veulent forcer Fénelon à se rétracter. Il s'y refuse. Il ne veut plus communiquer avec Bossuet que par écrit. Vingt « questions » écrites sont proposées à M. de Meaux par M. de Cambrai. « Quatre questions » sont proposées à M. de Cambrai par M. de Meaux ; à quoi succède la réponse de M. de Meaux à M. de Cambrai.

Mais M. de Cambrai en a assez. Il veut bien faire une nouvelle édition de son livre avec un « supplément d'explications » : mais il ne dira jamais qu'il se soit mal expliqué auparavant, ni qu'il ait employé des expressions équivoques : car son livre est plein de correctifs et s'explique lui-même si on sait lire. Il ne rétractera rien. C'est pour lui, dit-il, une « affaire d'honneur ».

Le 27 avril, pensant ennuyer ses adversaires, qui sont gallicans, il écrit au pape pour lui soumettre son livre. Le 26 juillet, le roi écrit au pape à son tour pour lui dire qu'il a fait examiner le livre par des prélats et des docteurs, et qu'on lui a rapporté que le livre était mauvais et dangereux. Et, quelques jours après, le roi enjoint à Fénelon de rentrer dans son diocèse. C'est la disgrâce totale.

Tout cela, dans le fond (si j'ose parler en profane), pour n'avoir pas voulu abandonner une femme qui pensait qu'on peut aimer Dieu sans espoir de récompense et se dispenser, dans l'oraison, de méditer sur des points particuliers. Mon Dieu, oui.

Fénelon quitte Versailles le 2 août 1699. Il n'y reviendra jamais.

Bossuet écrivait presque le même jour : « M. de Cambrai est inexorable et d'un orgueil qui fait peur. » Peut-être, mais je ne trouve pas cela si mal, quand on sacrifie tout à cet orgueil, ou plutôt à ce que Fénelon appelle si souvent « son honneur »; et je suis sûr qu'il n'entend pas seulement par là son honneur de prêtre, mais son honneur d'homme et de gentilhomme.

Mais enfin je voudrais tâcher de vous dire avec précision quelles étaient, dans l'*Explication des Maximes des Saints*, les parties ou, pour mieux dire, les parcelles hérétiques.

Dans son premier chapitre, Fénelon expose les divers amours dont on peut aimer Dieu. Il y en a cinq :

1º On peut aimer Dieu, non pour lui, mais pour les biens, *distincts de lui*, qui dépendent de sa puissance et qu'on espère en obtenir. — Cet amour servile, Fénelon le méprise. Il a tort. Cet amour est un frein, et peut-être un commencement de vertu pour la basse humanité, dont nous sommes presque tous.

2º On aime Dieu, non plus pour les biens distincts de lui, mais comme étant *lui-même* le moyen et l'instrument de notre félicité. Fénelon appelle cet amour-là amour mercenaire. Il le dédaigne un peu. Et pourtant c'est déjà très bien.

Cela suppose une foi robuste. Et cela, du temps
de Fénelon, maintenait dans l'ordre la plupart
des hommes et les aidait même à pratiquer
quelques grosses vertus.

3° Il y a l'amour où le motif de notre propre
intérêt domine encore, mais est mélangé d'un
commencement d'amour de Dieu pour lui-même.
Fénelon l'appelle l'amour d'espérance, et n'en fait
pas encore grand cas. Et pourtant, en réalité, un
très petit nombre d'excellents chrétiens peuvent
s'élever jusque-là.

4° Il y a l'amour qui est encore mélangé d'un
reste d'intérêt propre, mais où le motif désintéressé domine : « Cet amour cherche Dieu pour
lui-même et le préfère à tout sans aucune exception. » Fénelon l'appelle l'amour de charité. Il
semble bien qu'on ne puisse aller plus loin et que
ce qui reste d'intérêt propre soit inévitable, et
d'ailleurs irrépréhensible, étant conforme à la
pensée de Dieu qui veut que nous désirions notre
salut. Je crois que la plupart des saints actifs, des
saints populaires n'en ont pas cherché davantage.
Mais Fénelon est un inquiet de sainteté, un rêveur
d'absolu, et il a trouvé un cinquième amour.

5° On peut, écrit-il, aimer Dieu d'un amour qui est une
charité pure, et sans aucun mélange de motif de l'intérêt
propre. Alors on aime Dieu au milieu des peines, de manière qu'on ne l'aimerait pas davantage quand il comble-
rait l'âme de consolations. Ni la crainte des châtiments, ni
le désir des récompenses n'ont plus de part à cet amour.
On n'aime plus Dieu, ni pour les mérites, *ni pour la per-*

fection, ni pour le bonheur qu'on doit trouver en l'aimant. On l'aimerait autant *quand même par supposition impossible il devrait ignorer qu'on l'aime*, ou *qu'il voudrait rendre éternellement malheureux ceux qui l'auront aimé*. On l'aime néanmoins comme souveraine et infaillible béatitude de ceux qui lui sont fidèles [concession]... Mais on ne l'aime plus par ce motif précis de notre bonheur et de notre récompense propre... L'âme le veut *pour soi, mais non pour l'amour de soi*.

Tel est le pur et parfait amour, qui fait les mêmes actes de toutes les mêmes vertus que l'amour mélangé (l'amour n° 4), avec cette unique différence qu'il chasse la crainte aussi bien que toutes les inquiétudes, et qu'il est même exempt des empressements (de mauvais goût) de l'amour intéressé.

Comme je vous le disais à propos de Mme Guyon, c'est fort séduisant. Le geste est avantageux. Repousser comme une souillure, dans l'amour de Dieu, le moindre souci de soi-même, la moindre trace d'attachement à soi, c'est une jolie gageure. C'est le fin du fin.

Mais c'est peut-être assez dangereux. D'abord, aimer de cette façon-là l'Etre impossible à concevoir, cela me semble le plus vertigineux exercice de l'âme dans le vide, à moins que ce ne soit, comme l'a dit quelque part le Père La Combe, l' « oraison du dormir ». Puis, nous avons vu, la dernière fois, que l'homme naturel, l'homme de concupiscence, peut retrouver son compte dans les obscures démarches du quiétisme. S'anéantir en Dieu, se « désapproprier », ne plus agir, laisser Dieu agir en nous-même, cela revient souvent à faire ce qu'on veut, et à le faire sans inquiétude ni remords, puisque c'est Dieu qui le fait ou le tolère en nous.

Déjà, au treizième et au quatorzième siècle, il y avait eu, dans la vallée du Rhin, des espèces de bohêmes mystiques, les « Bégars » ou « Frères du Libre Esprit », qui professaient une sorte de panthéisme populaire, et qui pensaient que la conscience de son identité substantielle avec Dieu rend l'homme libre et que nulle loi n'existe pour un tel homme. Et ils célébraient un culte secret, fort libre effectivement. Et, longtemps auparavant, dès les origines du christianisme, ce jeu paradoxal de l'amour désintéressé, entraînant le désir et l'illusion de la fusion en Dieu, avait amené certains fantaisistes au plus profond dédain des actes, et à crier, comme les Nicolaïtes : « Gorge ta chair de ce qu'elle demande. Tâche de l'exterminer à force de débauches », ou comme les Paterniens : « Les parties inférieures du corps, faites par le diable, lui appartiennent : buvons, mangeons, forniquons. » (1)

Et tout récemment, tant les choses changent peu, presque en même temps que Mme Guyon, l'innocente folle, il y avait eu Molinos.

Qu'est-ce donc que Molinos ? — Un saint homme, qui aspira à la vie parfaite, et qui se trompa.

C'était un prêtre de Sarragosse, qui se fixa à Rome en 1670. Il y consola ou dirigea beaucoup

____

1) Cf. Flaubert, *La Tentation de Saint Antoine.*

d'âmes distinguées, surtout de l'aristocratie romaine. En 1675, il publia en espagnol la *Guide spirituelle*, qui eut un grand succès dans le monde spécial qui fait oraison, et fut traduite en italien, en français, en latin, en hollandais et en allemand. Molinos était protégé par le pape Innocent XI et logé au Vatican. Six années seulement après l'apparition du livre (1681), un jésuite, le P. Signori, en signala les erreurs; et, en 1682, le cardinal Caraccioli dénonça les désordres produits par la doctrine.

Une première commission examina le livre et n'y trouva rien de contraire à la foi. (Peut-être les avis furent-ils partagés également, ce qui entraînait la non-condamnation : je vous avoue que je ne connais pas cette histoire à fond.)

Mais les jésuites s'acharnèrent, par zèle pour la pureté de la foi et des mœurs, ou pour d'autres raisons. Soutenus par le Père La Chaise, ils firent intervenir Louis XIV, qui pouvait craindre certaines conséquences immorales ou antisociales d'une doctrine déjà assez répandue en France. Molinos fut arrêté. Après un long examen de la doctrine, complété par une enquête où plus de deux milles lettres furent lues, et plus de deux cents personnes compromises, l'Inquisition condamna Molinos à rétracter soixante-huit propositions imputées à ses œuvres ou déduites de certaines de ses maximes. L'ancien ami du pape et l'ancien directeur des consciences les plus illustres fit sa rétractation en habit de pénitent, devant toute la cour romaine et le peuple assemblés. En considération de son repentir, on se contenta de le condamner à une pénitence et à une prison perpétuelles, dans lesquelles il finit pieusement ses jours, le 29 décembre 1696.

Et maintenant voici, d'après la *Guide spirituelle*, le molinosisme, ou quiétisme au complet.

La *Guide* est un traité de la vie parfaite.

1° La perfection consiste, *même dès cette vie*, dans un acte continuel de contemplation et d'amour. Cet acte, une fois produit, subsiste toujours, même pendant le sommeil ; en sorte que les parfaits n'ont jamais besoin de le réitérer.

2° Dans cet état de perfection, l'âme ne doit réfléchir ni sur Dieu, ni sur elle-même, ni sur aucune autre chose. Mais elle doit anéantir ses facultés pour s'abandonner totalement à Dieu.

3° L'âme alors ne doit plus penser ni à la récompense, ni à la punition, ni au paradis ni à l'enfer, ni à la mort ni à l'éternité. Elle ne doit plus avoir aucun désir de sanctification, ni même de son salut, dont elle doit perdre l'espérance.

4° Dans cet état de perfection, la pratique de la confession, de la mortification et de toutes les bonnes œuvres extérieures est inutile et même nuisible, parce qu'elle détourne l'âme du parfait repos de la contemplation.

5° L'oraison parfaite demande un entier oubli

de toute pensée particulière, même des attributs
de Dieu, de la Trinité, et des mystères de Jésus-
Christ. Celui qui, dans l'oraison, se sert d'images,
de figures, d'idées, ou de ses propres conceptions, n'adore point Dieu en esprit et en vérité.

6° Notre libre arbitre une fois remis à Dieu
avec le soin et la connaissance de notre âme, il
ne faut plus se soucier des tentations ni prendre
la peine d'y résister. Les représentations et les
images les plus criminelles qui affectent alors la
partie sensitive de l'âme sont tout à fait étrangères à la partie supérieure. L'homme n'est plus
comptable à Dieu des actions les plus criminelles,
parce que son corps peut devenir l'instrument
du démon, sans que l'âme, intimement unie à
son Créateur, prenne aucune part à ce qui se
passe dans cette maison de chair qu'elle habite.

(Ici nous rejoignons les Paterniens, les Nicolaïtes et les Bégars.)

Enfin, 7° Ces horribles épreuves sont une voie
courte et assurée pour parvenir à purifier et à
éteindre les passions. L'âme qui a passé par cette
voie ne sent plus aucune révolte et ne fait plus
aucune chute, même vénielle.

Voilà, — en abrégé et par conséquent en
relief, — le quiétisme de Molinos. Le sixième
paragraphe est particulièrement étrange. Il n'est
pas certain que Molinos en ait fait personnellement l'application dans sa vie privée : mais plusieurs de ses pénitents et de ses pénitentes l'ont

faite; et il faut avouer que c'était fort tentant, —
et aussi qu'il y eut de quoi alarmer l'Église.

Quant au quiétisme de Mme Guyon, nous y
retrouvons cet acte continuel de contemplation et
d'amour, qui, une fois produit, subsiste toujours ;
qui renferme en lui tous les actes de la religion ;
qui dispense donc des actes explicites, qui rend
l'âme indifférente à toute chose pour le corps et
l'âme, pour les biens temporels et éternels, et qui
enfin rejette toutes les idées distinctes et par
conséquent la pensée même des attributs de Dieu
et des mystères de Jésus-Christ. Tout cela, très
probablement sans qu'elle ait lu Molinos. Elle l'a
trouvé en elle-même, — et aussi dans saint
François de Sales où cela est parfaitement en
germe. Bref, le quiétisme de Mme Guyon, c'est
Molinos, excepté le paragraphe scandaleux qui
déclare l'âme irresponsable, dans la contemplation,
de ce qui se passe dans la région du corps. Et il
est vrai que cela seul fait une énorme différence.
Mme Guyon ne fait que vouloir étendre impru-
demment à toute la vie terrestre un état singulier
que certains saints contemplatifs n'ont connu que
par moments. Mais, — sauf aux yeux des catholiques très instruits et attentivement orthodoxes,
— sa doctrine, périlleuse peut-être, reste innocente.

Et, je vous l'avoue, le quiétisme de Fénelon
me paraît plus innocent encore.

Toutes les erreurs que renferme son livre

peuvent, au jugement de Bossuet, se ramener à quatre principales. Les voici, telles que Bossuet les a, non pas extraites textuellement du livre, mais rédigées d'après le livre.

1° Il y a dès cette vie un état habituel de pur amour, dans lequel le désir du salut éternel n'a plus lieu.

2° Dans les dernières épreuves de la vie intérieure une âme peut être persuadée, d'une persuasion invincible et réfléchie, qu'elle est justement réprouvée de Dieu et, dans cette persuasion, faire à Dieu le sacrifice de son salut éternel.

3° Dans l'état de pur amour, l'âme est indifférente pour sa propre perfection et pour les pratiques de vertu. (Notez que cela n'empêche pas de la pratiquer.)

4° Les âmes contemplatives perdent en certains états la vue distincte, sensible et réfléchie de Jésus-Christ.

Voilà, exposées par un adversaire, sous une forme ramassée et exagérative, les principales erreurs des *Maximes des Saints*. Mais je ne puis vous dire avec quelle souplesse et quelle merveilleuse subtilité Fénelon les a expliquées pour les concilier avec l'orthodoxie, — et cela, en ne se servant, prétendait-il, que des « correctifs » qui se trouvaient déjà dans son livre même.

Pour résumer encore (et ce résumé est de l'excellent théologien qui a rédigé *l'Analyse de la controverse du quiétisme* pour l'édition de 1820) :

« Molinos fait consister la perfection de l'homme en cette vie dans un acte continuel de contemplation et d'amour, qui dispense l'àme de tous les actes des vertus distinctes et la réduit à un état d'inaction absolue.

« Mme Guyon admet le principe fondamental de Molinos, c'est-à-dire l'acte continuel de contemplation et d'amour, qui renferme à lui seul tous les actes des vertus distinctes, mais elle rejette avec horreur les affreuses conséquences que Molinos tire de ce faux principe contre la résistance aux tentations.

« Enfin le livre des *Maximes* condamne expressément l'acte continu des faux mystiques : *mais il fait consister la perfection dans un état habituel de pur amour, où le désir des récompenses et la crainte des châtiments n'ont plus de part.* »

Voilà le crime de Fénelon.

Messieurs, je suis extrèmement embarrassé pour juger ces choses-là... C'est tellement différent, selon que l'on croit ou que l'on ne croit pas !

Humainement, on voit très bien ce qui a séduit Fénelon dans le quiétisme (et ce qui continue de séduire les hommes, car le quiétisme n'est pas mort). Ame généreuse, l'amour sans espoir ni crainte satisfaisait son besoin de désintéressement et de sacrifice. Ame inquiète, la contemplation inactive, le renoncement à soi, la « désappropriation » contentaient son besoin de paix et de quiétude. Ce double besoin, il lui arriva de l'exprimer en langage théologique quelque peu incorrect; et, chose admirable, il se perdit par un prodigieux *attachement* à la rédaction fautive de sa doctrine de *détachement*.

Deux choses m'étonnent également: l'acharnement de Bossuet à poursuivre et faire condamner son ancien disciple et ami pour ce qui nous paraît si peu de chose et pour une erreur (puisque c'en est une) si délicate et si magnanime, — et l'entêtement de Fénelon, non seulement à ne pas dire qu'il s'est trompé, mais à ne pas même dire qu'il s'est mal exprimé.

Quand je dis que ces deux choses m'étonnent... Oh! je sais bien, Bossuet croyait sincèrement à un grand péril pour les fidèles. « Il y va de toute l'Eglise », écrivait-il. Et, en effet, le quiétisme, même tempéré, conduit à négliger la prière et les pratiques religieuses. Peu occupé de Jésus-Christ, peu attentif aux dogmes et aux mystères, il peut mener insensiblement à une sorte de déisme musulman. (Noailles l'indiquait dans son *Instruction pastorale,* rédigée, croit-on, par Nicole et l'abbé Boileau : « Laissons ces vaines subtilités aux fanatiques et aux Arabes spéculatifs. ») Enfin, il peut apprendre à se passer de la hiérarchie ecclésiastique et à communiquer avec Dieu directement Il peut faire des « fanatiques ». (Le mot « fanatique », à cette époque, signifie exacte-

ment : « qui croit avoir l'inspiration divine »).
Les demoiselles de Saint-Cyr avaient failli en
devenir folles. Il y avait des foyers de quiétisme,
non seulement à Paris, mais dans diverses
villes : à Dijon, à Lyon, à Grenoble, et aussi à
Thonon et à Genève. Oui, l'erreur était impor-
tante et le danger réel. On comprend le zèle de
Bossuet.

En outre, il pouvait croire que Fénelon, si
soumis en paroles, si empressé à le choisir pour
consécrateur, puis tout à coup se démasquant,
refusant d'approuver les *Etats d'Oraison*, et
publiant ses *Maximes des Saints*, s'était parfaitement moqué de lui. Sans compter que l'ultramontain Fénelon, en saisissant directement le
pape de l'affaire, semblait braver le gallican
Bossuet. Ainsi, ce fils de son âme, qu'il avait tant
aimé et qu'il avait cru être à lui, qu'il avait
ensuite si longtemps et si tendrement ménagé,
et jusqu'à manquer presque à son devoir, non
seulement il s'émancipait, mais il se tournait
contre son maître après l'avoir pris pour dupe ! Sincèrement effrayé dans sa foi, profondément blessé
et dans son affection et dans son amour-propre,
et d'ailleurs s'échauffant toujours davantage au
cours de la longue bataille, il en vint à haïr son
ancien disciple d'une haine d'autant plus forte
qu'elle se confondait, pensait-il, avec l'amour de
la vérité et s'autorisait du salut de l'Église.

Quant à l'entêtement de Fénelon, aussi surpre-

nant, disais-je, que l'acharnement de Bossuet...
Il faut considérer que Fénelon ne se regardait
pas comme un quiétiste, c'est-à-dire comme un
hérétique, mais comme un mystique, orthodoxe
héritier d'une lignée de saints : de saint Jean
l'Evangéliste, de saint Bernard, des ascètes du
moyen âge, de saint Jean de la Croix, de sainte
Thérèse, de saint François de Sales Il pouvait
se flatter d'avoir révélé les saints mystiques à
Bossuet, qui auparavant connaissait surtout les
scolastiques. Il avait certainement appris quelque
chose à son maître : la possibilité de *sentir* Dieu,
ce que sainte Thérèse appelle « une perception
expérimentale de Dieu ».

Grâce à Fénelon, — puisque c'était à cause de
lui qu'ils avaient été écrits, — les articles d'Issy
autorisaient « *l'oraison de simple présence de
Dieu*, ou de remise et de quiétude, *et les autres
oraisons extraordinaires, même passives*, ap-
prouvées par saint François de Sales et les
autres spirituels reçus dans toute l'Église »
(art. XXI) — L'article XIII enseignait que,
« dans la vie et dans l'oraison la plus parfaite,
*tous les actes de la vie chrétienne sont unis dans
la même charité*, en tant qu'elle anime toutes
les vertus et qu'elle en commande l'exercice ».
— L'article XXIX disait : « S'il y a ou s'il y a
eu en quelque endroit de la terre un très petit
nombre d'âmes d'élite que Dieu, par des pré-
ventions extraordinaires et particulières qui lui

sont connues, meuve à chaque instant de telle
manière à tous actes essentiels au christianisme
qu'il ne soit pas nécessaire de leur rien prescrire
pour s'y exciter, *nous le laissons au jugement de
Dieu.* » Fénelon avait certainement cru que cet
article-là pouvait s'appliquer à Mme Guyon et
l'absolvait. — L'article XXXI, en parlant du
« rayon qui revient par intervalles » et de la
« cime et plus haute partie de l'esprit », semble
admettre la distinction entre la « partie supérieure » et la « partie inférieure » de l'âme. —
Enfin l'article XXXIII reconnaît qu'on peut permettre à certaines âmes de porter le renoncement
à elles-mêmes et l'abandon à la volonté de Dieu
jusqu'au sacrifice conditionnel du salut. Et les
auteurs ajoutent que c'est là « un acte d'abandon
parfait et d'un amour pur pratiqué par des saints,
et qui le peut être utilement, avec une grâce très
particulière de Dieu, par les âmes vraiment parfaites ». — Et le dernier article dit : « Au surplus, il est certain que les commençants et les
parfaits doivent être conduits, chacun selon sa
voie, par des règles différentes, et que les derniers entendent plus hautement et plus à fond la
vérité chrétienne. »

En somme, Fénelon n'en demandait pas davantage ; et d'ailleurs les deux derniers articles
avaient été ajoutés sur sa demande. Et, comme
l'*Instruction sur les États d'Oraison* n'est que
le développement des articles d'Issy, Fénelon

aurait sûrement, comme les autres signataires des articles, approuvé sans nulle difficulté le livre de Bossuet (ce qui aurait tout terminé) — si Bossuet y avait laissé Mme Guyon tranquille.

Cette susceptibilité, cette délicatesse de Fénelon sur Mme Guyon, je vous en ai dit amplement les raisons; mais j'ajouterai ceci (1). Fénelon sans doute ne l'avait pas attendue pour aimer Dieu et pour être tout pénétré de saint François de Sales. Mais elle lui avait appris à *oser* dans cette voie ; elle lui avait apporté la clef de l'amour mystique; elle avait été (nous l'avons vu dans les *Lettres secrètes*) son initiatrice et sa consolatrice, celle qui le rassurait dans ses heures de sécheresse et d'angoisse. Elle avait été, enfin, sa pacificatrice. Il aurait donc cru manquer, en l'abandonnant, non seulement à l'amitié, mais à la reconnaissance. Lorsque, dans les cahiers des *Etats d'Oraison*, il l'avait vue dénoncée et condamnée par Bossuet, il avait dû en souffrir comme d'une sorte de trahison : car enfin ses sentiments pour elle étaient connus de Bossuet, et il avait assez souvent affirmé à Bossuet la sainteté de cette femme et la pureté de sa foi sous l'inexpérience et les naïves hardiesses du langage. Dès lors, approuver le livre eût été au-dessus de ses forces.

Mais lui, Bossuet, pourquoi n'a-t-il pas ménagé sur ce point la délicatesse et, si l'on veut, la faiblesse de son ancien disciple préféré ? Pourquoi

(1) Cf. Maurice Masson : *Fénelon et Mme Guyon.*

faire, à une femme qu'il avait traitée avec tant de dédain, l'honneur d'une attaque directe ? Pourquoi ériger cette songeuse en hérésiarque ? — Son devoir d'évêque et de Père de l'Église était de combattre l'erreur ? Mais ne suffisait-il pas d'empêcher la propagande de Mme Guyon, — ce qui était déjà fait, puisque la malheureuse, à ce moment, était à Vincennes ou à la Bastille ? — Quelle rancune personnelle et profonde avait-il donc contre elle ?

Chose singulière, dans le même ouvrage *(la Relation sur le Quiétisme)* où il parlera des « lumières si courtes » et « du mérite si léger » de Mme Guyon, il a une phrase qui, dans sa pensée, est accablante pour elle, mais qui, je l'avoue, me paraît charmante et où des esprits mal faits ou frivoles peuvent voir la plus touchante et la plus poétique définition de cette étrange personne : « Elle prophétise les illusions de son cœur. » Ah ! que cette phrase est jolie et, sans que Bossuet s'en doute un seul instant, caressante !

Eh ! oui, c'est en « prophétisant les illusions de son cœur » qu'elle a pris Fénelon et qu'elle l'a pris à Bossuet. Et Bossuet sait bien qu'elle le lui a pris, ce disciple si brillant et jadis si docile qu'il a formé et couvé pendant plus de vingt ans ! Et il sent qu'elle ne le lui rendra plus ! Tout simplement, — et combien cela est naturel ! — Bossuet est jaloux de Mme Guyon ; cet homme de génie est jaloux de cette ignorante et de cette folle parce qu'elle a été plus forte que lui. Croyez-le bien, le fameux cri de la *Relation sur le Quiétisme* : « Si l'on dit que c'est trop parler contre une femme... je le veux, si l'esprit de séduction n'agit pas dans cette femme, si cette Priscille n'a pas trouvé son Montan ! » ce cri terrible est un cri de jalousie spirituelle.

Et par là s'expliquent entièrement l'acharnement de Bossuet et l'entêtement de Fénelon, et l'âpre lutte de deux années à Rome, et tant de haine à propos de l'amour de Dieu.

Cette lutte fut magnifique par l'importance de l'objet, par l'ardeur des sentiments qui furent aux prises, par le génie des deux adversaires. Je ne sais si, parmi les plus fameuses querelles littéraires, philosophiques ou théologiques, on en trouverait une autre où ait été dépensée, en moins de temps, une pareille somme d'intelligence, de talent, de finesse et de force, et autant de ressources d'esprit presque dans tous les genres. Aujourd'hui encore, il n'est pas impossible, si l'on y est entré une bonne fois, de s'intéresser à ces dix volumes de controverses souvent abstraites, mais soutenues et animées par de vives passions humaines. Et, messieurs, l'histoire de cette vaste dispute sur l'amour de Dieu ne vous ennuierait pas un seul instant, si je pouvais vous la raconter dans le détail.

Mais d'abord, je ne puis évidemment analyser

devant vous l'interminable série des « brochures »
(comme nous dirions aujourd'hui), souvent volu-
mineuses, échangées entre Fénelon et Bossuet et
un peu Noailles et un peu Godet des Marais, c'est-
à-dire, après les *Maximes des Saints* et les *États
d'Oraison*, la *Lettre* de Fénelon à un ami sur sa
disgrâce ; la *Déclaration* des trois évêques sur
les *Maximes des Saints* ; l'*Instruction pastorale*
de Fénelon ; la *Réponse* de Fénelon à la déclaration des trois évêques ; la *Summa doctrinæ* de
Bossuet ; l'*Instruction pastorale* de l'archevêque
de Paris ; la *Lettre pastorale* de l'évêque de
Chartres ; les *Divers écrits* de Bossuet avec la
Préface et l'*Avertissement* ; le *Mystici in tuto*,
le *Schola in tuto* et le *Quietismus redivivus* de
Bossuet ; les *Quatre lettres* de Fénelon à l'archevêque de Paris ; la *Réponse* de Noailles aux Quatre
lettres ; la Réplique de Fénelon à la Réponse ; la
Première lettre de Fénelon à M. de Chartres ; la
Réponse à un théologien, de Bossuet ; la Réplique
de Fénelon à la Réponse d'un théologien ; les
Cinq lettres de Fénelon à M. de Meaux ; la *Réponse*
de Bossuet aux quatre premières lettres ; les *Nouvelles lettres* de Fénelon à M. de Meaux ; la *Relation sur le Quiétisme* de Bossuet ; la *Réponse* de
Fénelon à la Relation ; les *Remarques* de Bossuet
sur la Réponse à la Relation ; la *Réponse* de Fénelon aux Remarques sur la Réponse ; enfin le
Dernier Eclaircissement de Bossuet à M. de
Cambrai. Vous trouverez d'ailleurs presque tout

cela excellemment analysé par Crouslé, en sept ou huit cents pages, et naturellement, dans un esprit fort hostile à Fénelon.

Et je ne puis davantage vous conter l'histoire même du procès : la lutte d'intérêts sous la bataille de doctrines ; ni, du 11 octobre 1697 au 12 mars 1699, les quatre-vingt-neuf séances, d'abord des dix « consulteurs », puis des dix consulteurs sous la présidence de deux cardinaux, puis des consulteurs et des cardinaux du Saint-Office, enfin des cardinaux députés pour la rédaction du Bref ; ni, autour de ces augustes assemblées et sans doute pour diriger ou corriger l'inspiration du Saint-Esprit, le duel inégal d'influences et d'intrigues entre l'abbé Bossuet, neveu et agent de Bossuet, et l'abbé de Chantérac, représentant de Fénelon. Tout cela, vous en trouverez l'exposé chez Crouslé encore, et surtout chez M. Albert Delplanque, dans son remarquable livre : *Fénelon et la doctrine de l'amour pur*. Ajoutez les deux solides volumes de l'*Étude sur la condamnation du livre des Maximes des Saints* (1878) où M. Agar Griveau étudie surtout dans cette affaire la lutte des principes gallicans et des principes ultramontains.

Messieurs, quand il m'arrive de parler librement de Bossuet et Fénelon, ne vous méprenez pas sur mes sentiments, je vous prie. Tels qu'ils étaient, je n'oublie pas qu'ils valaient infiniment mieux que moi et même que la plupart de vous. Tous deux étaient plus que d'honnêtes gens. Tous deux avaient de très grandes vertus; ils aspiraient à la sainteté; ils disaient pieusement leur messe, priaient beaucoup, tâchaient de vivre avec Dieu, pratiquaient l'examen de conscience. Si l'un a été étrangement dur et l'autre étrangement obstiné; si tous deux furent avides de l'emporter et peu scrupuleux sur les moyens, c'est d'abord que chacun d'eux était persuadé d'avoir pour lui la vérité; et c'est surtout que, dans toute querelle qui se prolonge (et que dire quand il s'agit à la fois d'intérêts temporels et de vérité religieuse?) les plus parfaits, dans la chaleur croissante du combat, s'aveuglent peu à peu sur leurs propres mobiles et en viennent, sans le savoir toujours, à n'être plus tout à fait de bonne foi. Toute querelle fausse un peu la conscience, parce qu'il est inévitable que l'amour-propre y joue enfin un rôle prédominant, — quand même il s'agirait précisément, comme ici, de détachement de soi et de « désappropriation ».

Cela dit, ne nous gênons plus.

Je ne vous cacherai pas que c'est au cours de son procès que Fénelon m'est devenu plus cher. Car vraiment on lui en a trop fait!

Sans doute la subtilité et la fluidité habituelles de Fénelon nous plaisent moins que la netteté et la rotondité de son rival; et sans doute aussi Fénelon est un peu exaspérant par son refus d'avouer même le plus petit tort. Il a écrit des milliers de pages pour défendre les *Maximes*, et ces pages, il est vrai, n'ont pas été condamnées par le bref du pape : mais, puisqu'il les a écrites, c'est donc qu'elles étaient nécessaires pour comprendre son livre, c'est donc qu'il avait besoin d'être expliqué ; et c'est donc que l'auteur s'était mal exprimé çà et là : ce qu'il n'a jamais, jamais voulu reconnaître. Il est exaspérant encore, très souvent, par ses plaintes, ses gémissements, qui ne sont point sans fiel, ses airs de victime, sa manie d'offrir sa vie à tout moment si on lui prouve qu'il se trompe. Mais il a dû tant souffrir ces deux années-là, seul contre tous (il n'a plus à Versailles que quelques amis impuissants), seul contre Bossuet irrité et contre la plus grande partie de l'Église de France, seul contre le roi et la cour !

Sa disgrâce est complète. C'est Bossuet qui célèbre le mariage du duc de Bourgogne. Fénelon n'est pas même invité. Le roi renvoie tous ses collaborateurs dans l'éducation du prince : les abbés de Langeron et de Beaumont, et Dupuy, et Léchelle. Le roi ôte à Fénelon le préceptorat et son appartement à Versailles. (Notez que, à regarder les choses dans leur suite et dès l'origine, on ne peut pas dire que le roi ait été très dur pour Fénelon. Le roi a commencé par ne pas aimer beaucoup celui qu'il avait appelé tout de suite « le bel esprit le plus chimérique de son royaume ». Mais, à cause de Mme de Maintenon et de Beauvilliers et Chevreuse, il avait été long-temps parfait pour lui sans l'aimer. Il avait avalé probablement la lettre secrète. Et c'est précisé-ment pour cela que, lorsqu'il voit qu'on l'a trompé sur Fénelon, il devient inexorable. Remarquez toutefois qu'un peu après la condamnation de Fénelon à Rome, le roi avale encore le *Télémaque* sans rien dire : Louis XIV n'était point un méchant homme.)

Mais, à Rome, il faut que Fénelon succombe. C'est lui qui a porté l'affaire devant le pape, la dérobant ainsi au jugement de l'Église de France : il importe à l'honneur du roi et aux libertés de l'Église gallicane que Fénelon soit condamné. Et c'est aussi pourquoi Bossuet se déchaîne. Il va, dans sa correspondance, jusqu'à l'injure, jusqu'aux mots irréparables. Il parle de *l'hypocrisie* de Féne-lon. Après la *Réponse à la Relation*, il parle de *son audace à mentir;* Fénelon est un homme « qui ne fait que se moquer du public. » — « Si l'on ne frappe fort, on ne sera pas longtemps sans s'en repentir. M. de Cambrai est un homme sans mesure, qui donne tout à l'esprit, à la sen-sibilité et à l'invention ; qui a voulu tout gouver-ner, et même l'État, par la direction, *ou rampant, ou insolent outre mesure.* »

Fénelon aussi injurie Bossuet dans ses lettres, mais plus en douceur et comme plaintivement.

Bossuet est d'ailleurs excité par son neveu.

L'abbé Bossuet, actif, audacieux, un peu charla-
tan, étalant à Rome un train excessif et des
laquais trop chamarrés, suspect dans ses mœurs
privées (il est vrai qu'il n'est pas encore prêtre à
cette époque), l'abbé Bossuet est fort dévoué à son
oncle, d'un dévouement intéressé, brutal et sauvage, et plein de haine pour Fénelon ; impatient
de se signaler, de « faire son chemin », il n'a
pas l'ombre de scrupule et ne croit à la moralité
de personne. — Contre cet intrigant terrible et
qui a de tels soutiens, que peut l'agent de Fénelon, l'exquis abbé de Chantérac, actif sans doute
et très fin, mais doux, poli, modeste et pieux, de
peu d'initiative, trop bien élevé et trop confiant ;
d'un zèle pur et profond pour son maître et ami,
mais d'un zèle qui garde des scrupules?... L'abbé
de Chantérac écrit d'ailleurs aussi bien que l'abbé
Bossuet écrit mal. Mais il ne s'agissait pas de style.

La querelle théologique traînait depuis des
mois. C'est l'abbé Bossuet qui détermine son
oncle à la porter dans le domaine des faits (1). Il
faut déshonorer et ridiculiser Fénelon ; prouver
la mauvaise conduite de La Combe et de
Mme Guyon, et que ce fut un effet de la doctrine
autant que de la faiblesse humaine ; et que Fénelon n'en est pas moins resté l'ami de cette dame
et n'a écrit ses *Maximes* qu'à cause d'elle. Insi-
nuer le reste.

Nous sommes en 1698. Le Père La Combe est

(1) Cf. Albert Delplanque.

enfermé depuis dix ans au château de Lourdes. On produit de lui une déclaration adressée à l'évêque de Tarbes et qui est de mars 1698. Dans cette déclaration, toute pénétrée de repentir et de la plus vive piété, mais assez embrouillée, ce qu'on peut démêler, c'est que La Combe s'accuse d'impuretés secrètes, mais où il nie avoir eu aucun complice. N'oublions pas au surplus que La Combe doit mourir « fou à lier », l'année suivante, à Charenton. (Lettre de Dupuy au marquis de Fénelon). Et il n'est point impossible qu'on lui eût promis la liberté à condition qu'il se chargeât lui-même.

On le ramène à Vincennes, et on obtient de lui une lettre à Mᵐᵉ Guyon, où « il reconnaît qu'il y a eu de l'illusion, de l'erreur et du péché dans certaines choses qui sont arrivées avec trop de liberté entre lui et son amie. » Dans une lettre à la duchesse de Beauvilliers, Mᵐᵉ Guyon réduit ces libertés à ceci : « Il est vrai que, lorsque le Père La Combe arrivait de la campagne après des mois qu'on ne l'avait vu, il m'embrassait, me prenant la tête avec ses mains. Il le faisait avec une extrême simplicité, et moi aussi. » Il est très possible. Mais la déclaration et la lettre de La Combe n'en étaient pas moins des armes empoisonnées aux mains des ennemis de Fénelon. L'abbé Bossuet fit circuler les deux pièces dans Rome, en y joignant une longue lettre écrite par Fénelon à Mᵐᵉ de Maintenon en 1697, lettre que

Bossuet devait insérer dans sa *Relation*, et où Fénelon appelle Mme Guyon « mon amie », où il la défend avec chaleur, et où se lisent ces phrases :

Je l'ai vue souvent, tout le monde le sait ; je l'ai estimée ; je *l'ai laissé estimer* par des personnes illustres dont la réputation est chère à l'Eglise, et qui avaient confiance en moi...

Que les autres qui ne connaissent que ses écrits les prennent dans un sens rigoureux... Pour moi, je dois, selon la justice, juger du sens de ses écrits par ses sentiments que je sais à fond, et non pas de ses sentiments par le sens rigoureux qu'on donne à ses expressions et auquel elle n'a jamais pensé.

On ne cesse de dire tous les jours que les mystiques même les plus approuvés ont beaucoup exagéré... Pourquoi veut-on qu'une femme soit la seule qui n'ait pas pu exagérer ? Pourquoi faut-il que tout ce qu'elle dit tende à former un système qui fait frémir ?...

On ne manquera pas de dire que je dois aimer l'Eglise plus que mon amie et plus que moi-même : comme s'il s'agissait de l'Eglise dans une affaire où la doctrine est en sûreté, et où il ne s'agit plus que d'une femme que je veux bien laisser diffamer sans ressource, pourvu que je n'y prenne aucune part contre ma conscience... C'est une pauvre femme captive, accablée de douleurs et d'opprobres ; personne ne la défend ni ne l'excuse, et on a toujours peur !

L'accent est émouvant.

Et, pendant que l'abbé Bossuet, répandait ces pièces meurtrières, Bossuet écrivait son admirable *Relation sur le Quiétisme*, qui eut à Paris, à Versailles et à Rome, un foudroyant succès et qui emporta tout.

Antoine Bossuet, frère de l'évêque et père de l'abbé, écrit à son fils :

Tout Marli, depuis le sceptre jusqu'à la houlette, lit et relit la *Relation*; tout Paris en fait de même; les malins ajoutent que Mme Guyon, qui a été fort belle, a les plus belles mains et la plus belle peau qui se puisse, qu'elle n'a pas cinquante ans et est en bon point. Ils tirent de là telles conséquences qu'il leur plaît...

Dans une lettre à un M. de La Loubière, Bossuet lui-même écrit avec un bon sens allègre et triomphant :

M. de Cambrai s'égare dans le grand chemin, il a voulu se noyer dans une goutte d'eau. Il fait trop d'efforts d'esprit, et s'il savait être simple un seul moment, il serait guéri. Si Dieu veut le sauver, il l'humiliera. Quand on veut forcer la nature et Dieu même pour lui dire en face qu'on ne se soucie pas du bonheur qu'on trouve en lui, il donne des coups de revers terribles à ceux qui lui osent dire que c'est là l'aimer...

Il se sent tellement en verve qu'il ajoute : « Ah ! oui, je suis en bon train, et que c'est dommage qu'on vienne me quérir pour vêpres ! »

Et il en vient, lui Bossuet, à s'égayer d'une comparaison de Fénelon et Mme Guyon avec Abélard et Héloïse, et à badiner lui-même là-dessus : « Je vous prie de mander à M. de Mirepoix que j'approuve la comparaison d'Abélard, et que, de toutes les *aventures* de ce faux philosophe, je ne souhaite à M. de Cambrai que son changement. »

Et cependant le Père La Combe devient fou, Mme Guyon est toujours enfermée, et Fénelon se voit ridicule, humilié, déshonoré, et exposé comme nu à la risée publique en compagnie de deux insensés. Il serait encore temps pour lui de condamner les livres et la personne de la prisonnière de Vincennes. Il ne le fait pas. Et il me semble bien que, ici, le suprème ressort de sa résistance, ce n'est autre chose que son honneur de gentilhomme. Il se contente d'envoyer au pape une lettre où il répète en latin, sur Mme Guyon, les explications qu'il donnait à Mme de Maintenon : rien de plus.

Le livre des *Maximes des Saints* fut condamné le 12 mars 1699. Les adversaires de Fénelon se réjouirent bruyamment, tout en regrettant que le mot « hérétique » ne figurât point dans le texte de la bulle, et que les « défenses » du livre n'eussent pas été condamnées en même temps que le livre lui-même. L'abbé Bossuet avait dit de la bulle de condamnation : « J'espère, *Dieu aidant*, qu'on y mettra toutes les sauces. » On n'y mit pas toutes les sauces, mais l'essentiel y était

Fénelon ne se soumit pas. Entendons-nous bien : il ne se soumit pas dans son cœur. Certes il écrivit un mandement où il exprimait une totale « soumission de respect », mais non une soumission intérieure. Et il est vrai que la soumission de respect seule dépend de nous ; mais il est remarquable qu'il n'ait pas fait le moindre effort vers l'autre.

Devant l'assemblée provinciale des évêques de la province de Cambrai, qu'il fut obligé de prési-

der contre lui-même (circonstance infiniment
mortifiante et cuisante), il garda le silence le plus
digne. Mais dans ses lettres à l'abbé de Chantérac il nous livre à plusieurs reprises le fond de
sa pensée :

Je n'ai jamais pensé les erreurs qu'on m'impute. Je
puis bien, par docilité pour le pape, condamner mon
livre comme exprimant ce que je n'avais pas cru exprimer; mais je ne puis trahir ma conscience pour me noircir
lâchement moi-même sur des erreurs que je ne pensai
jamais... *Le pape entend mieux mon livre que je n'ai su
l'entendre : c'est à quoi je me soumets ;* mais, pour ma pensée, je puis dire que je la sais mieux que personne; c'est
la seule chose qu'on peut prétendre savoir mieux que **tout
autre sans présomption.**

« Le pape entend mieux mon livre que je n'ai
su l'entendre », voilà qui sonne bien ironique-
ment. — Dix ans après, le 11 avril 1709, il
écrit :

Je dois vous dire qu'à Paris et ici (à Cambrai) les honnêtes gens sont beaucoup plus édifiés de ma soumission
qu'ils ne le sont du bref (du pape).

Et le 10 février, dans un mémoire adressé au
duc de Chevreuse pour être montré au Père Le
Tellier :

... Feu M. de Meaux a combattu mon livre par prévention pour une doctrine pernicieuse et insoutenable, qui est
de dire que la raison d'aimer Dieu ne s'explique que par le
seul désir du bonheur. On a toléré et laissé triompher
cette indigne doctrine qui dégrade la charité en la réduisant au seul motif de l'espérance. Celui qui errait a pré-
valu ; *celui qui était exempt d'erreur* a été écrasé.

Et jamais il ne pardonna à Bossuet.

Singulière soumission après les protestations qu'il adressait, vous vous en souvenez, à l'évêque de Meaux : « Si je suis condamné, j'irai me cacher et faire pénitence le reste de mes jours, après avoir abjuré et rétracté publiquement la doctrine égarée qui m'a séduit. »

Quant à l'ostensoir qui aurait représenté la Foi élevant un disque d'or au-dessus de sa tête et foulant aux pieds, entre autres livres hérétiques, l'*Explication des Maximes des Saints*, ce qui est certain, c'est que Fénelon offrit en effet un ostensoir au Chapitre de sa cathédrale, et que cet objet disparut à la Révolution. — Beaucoup de témoins ont affirmé l'avoir vu (assez longtemps après, il est vrai) ; et, bien qu'ils varient dans le détail de leurs descriptions, tous disent avoir vu la Foi foulant le livre de Fénelon.

Mais ce ne serait encore là que « soumission de respect », et assez théâtrale. Voltaire aurait dit là-dessus :

> Cambrai se trompe, il n'est pas si coupable ;

Et Fontenelle, d'après l'abbé Maury, dit en effet qu'« 'il n'était pas possible de porter plus loin la coquetterie de l'humilité. »

En somme, Fénelon reçut admirablement le terrible coup, mais peut-être moins en évêque qu'en gentilhomme et avec quelque recherche d'attitude.

Bossuet avait dit (en 1699) : « M. de Cambrai continue à faire le soumis de l'air du monde le plus arrogant. » Il faut avouer que c'est assez cela.

Nous le retrouverons dans son archevêché de Cambrai, où nous vivrons encore quinze ans avec lui et où il souffrira encore plus qu'il n'a souffert.

NEUVIÈME CONFÉRENCE

LETTRES SPIRITUELLES — THÉORIES POLITIQUES

Il reste meurtri de sa condamnation, meurtri de sa disgrâce. Une disgrâce du roi en ce temps-là était chose terrible et dure à porter. Mais il fait noble contenance. Le jour même où il apprit la condamnation de son livre, il allait monter en chaire. Il ne broncha pas. Il changea instantanément le sujet de son sermon et improvisa une homélie sur l'obéissance.

Peu après, il écrit à la maréchale de Noailles :

J'avais besoin d'humiliation. Dieu m'en a envoyé et je l'en remercie... J'aurais eu de la peine à me donner au bien, sans les coups d'étrivières dont on m'a honoré.

Mais il écrit aussi :

Je suis dans une paix très amère... Souvent la mort me consolerait ; souvent je suis gai et tout m'amuse. De vous dire pourquoi l'un, pourquoi l'autre, c'est ce que je ne puis, car je n'en ai point de vraies raisons.

Et encore :

Ma vie est triste et sèche comme mon corps ; mais je suis dans je ne sais quelle paix languissante. Le fond est malade, et il ne peut se remuer sans une douleur sourde. Nulle sensibilité ne vient que d'amour-propre ; on ne souffre qu'à cause qu'on veut encore...

Et enfin :

Je suis dans une paix sèche, obscure et languissante ; sans ennui, sans plaisir, sans pensée d'en avoir jamais aucun, — sans aucune vue d'avenir en ce monde.

Ce dernier trait ne devait pas être vrai très longtemps. Les consolations vinrent. Il savait bien que, au fond et malgré tout, il était aimé à Rome de ceux même qui l'avaient condamné. Puis, il jouissait secrètement de la grandeur même de l'épreuve. Il se sentait regardé et extrêmement intéressant. Et d'ailleurs tel était son charme et sa prise sur les âmes que, de tous ses amis, de tous ses disciples, de toutes ses pénitentes, pas un et pas une ne l'abandonna.

Et pendant quinze ans, captif dans son diocèse, il sera un admirable évêque, le plus attentif des administrateurs et le plus magnifique et le plus généreux des hommes ; s'acharnera sur le jansénisme pour des raisons mélangées ; dirigera des âmes inquiètes ; fera de grands projets politiques ; espérera tout, verra se briser toutes ses espérances ; mènera de front son rêve intérieur d'amour pur et ses vastes ambitions ; presque détaché, presque apaisé vers la fin, mais vers la fin seulement. Et encore !

Ses *Lettres spirituelles* et son *Manuel de piété* me semblent le joyau de son œuvre. Nulle part il n'est plus original. Ce qu'il enseigne à ses pénitentes, après comme avant son procès à Rome, c'est le pur amour ; et il le peut en sûreté de conscience, car ni ses « défenses » des *Maximes des Saints* n'ont été condamnées, ni son *Manuel de Piété* écrit sans doute avant Mme Guyon, ni ses *Instructions et avis sur divers points de la morale et de la perfection chrétienne*, écrits après Mme Guyon, mais avant les *Maximes*. Et au fait, s'il est hétérodoxe dans ces ouvrages, ne craignons pas de dire qu'il l'est de la même façon et dans la même mesure que saint François de Sales.

Le *Manuel de Piété*, publié par fragments du vivant même de Fénelon, est un livre délicieux, à mettre à côté de l'*Imitation de Jésus-Christ* et, pour des mérites très différents, mais peut-être égaux, à côté des *Méditations* et des *Élévations* de Bossuet. Le *Manuel de Piété* commence ainsi : « L'excellente prière n'est autre chose que l'amour de Dieu. Prier est désirer, mais désirer ce que Dieu veut que nous désirions. » Et vous trouverez ensuite, dans les *Prières du matin*, de merveilleuses litanies de Jésus ; puis, à chaque

instant, de belles, très belles pages et extrêmement lyriques. Mais je ne puis citer, hélas !

Quant aux *Instructions et Avis*, c'est un
recueil, publié après la mort de Fénelon, de
lettres spirituelles que, vers le temps des conférences d'Issy, il adressait à Mme de Maintenon
surtout, et à Mme de la Maisonfort, et qui, répan-
dues dans Saint-Cyr, y enflammaient ces demoiselles sur la contemplation passive et la désappropriation.

Et c'est, bel et bien, toute la doctrine du livre
des *Maximes*.

Ce qu'il y a de curieux dans *Instructions et
Avis*, c'est que Fénelon lui-même nous y indique
les sources naturelles et humaines de la doctrine
du pur amour et, pour la défendre, fait appel au
« témoignage des païens » ; c'est le titre d'un de
ses chapitres.

Il est naturel à l'homme de vouloir être aimé
uniquement pour lui-même : « Celui qui aime ne
veut, dans le transport de sa passion, qu'être
aimé pour lui seul, au-dessus de tout et uniquе-
ment, en sorte que le monde entier lui soit sacri-
fié et qu'on se compte pour rien, afin d'être tout
à lui : telle est la jalousie forcenée et l'injustice
extravagante des amours passionnés. » Or, « ce
qui est en nous l'injustice la plus ridicule est la
souveraine justice en Dieu... » « Que votre jalousie
sur l'amitié serve à vous faire entendre la délicatesse de l'amour divin. »

C'est donc la « gloire » de Dieu d'être aimé avec désintéressement ; et, d'autre part, c'est notre gloire à nous de l'aimer ainsi, et c'est notre grandeur, quoique nous ne soyons rien. Car Platon dit : « Ce qui fait de l'homme un dieu, c'est de préférer par amour autrui à soi-même. » Il dit encore : « Ce qu'il y a de plus divin est de s'oublier pour ce qu'on aime. » Et Fénelon dit à son tour : « La perfection de l'homme est tellement de *sortir de soi* par l'amour, qu'il veut sans cesse persuader aux autres et à soi-même qu'il aime sans retour sur soi les amis auxquels il s'attache. » Et il ajoute : « Les païens étaient charmés de cette belle idée de la vertu et de l'amitié sans intérêt. »

C'est bien ce que nous disions dans notre VIIe leçon : — L'homme dans le quiétisme, est plus généreux que Dieu : car Dieu veut être aimé de l'homme pour sa propre gloire, mais l'homme est capable d'aimer Dieu sans intérêt. Et l'homme jouit secrètement de cette générosité. — « Rien, dit Fénelon, n'est si *noble*, si *délicat*, si *grand*, si *héroïque* que le cœur d'un vrai chrétien. » (*Lettres spirituelles.*)

Oui, mais d'autre part l'homme amoureux de Dieu ne peut ni ne doit admettre certaines conséquences de son désintéressement. Il ne doit ni ne peut accepter l'enfer, puisque l'enfer est la haine de Dieu ; il ne doit ni ne peut faire fi du paradis, puisque le paradis assure la possession du Dieu qu'on aime. Il faut donc souhaiter son salut. Si on ne le souhaite pas, on est hérétique. Mais si on le souhaite, on n'est plus désintéressé. Or, le chrétien parfait tient absolument à être désintéressé. Comment donc faire ? Fénelon s'en tire par des subtilités un peu vaines :

L'âme désintéressée souhaite son salut (puisqu'il le faut), mais non pas par intérêt propre ni par amour naturel d'elle-même : elle ne s'aime plus que d'un amour *surnaturel*, et ne désire plus sa béatitude que par le motif surnaturel de la volonté et de la plus grande gloire de Dieu. Voici peut-être le passage qui exprime le mieux la nuance particulière de la pensée de Fénelon :

... (Dans cet état) on ne veut point son salut comme son propre salut ; mais on le veut comme une chose que Dieu veut, et *en tant que le salut est la perpétuité même de l'amour divin. L'amour ne peut vouloir cesser d'aimer.* (Lettre à Mme de la Maisonfort, mars 1695.)

Ou bien encore Fénelon a recours (comme saint François de Sales) à l'artifice des « suppositions impossibles ». Mais on ne saurait fonder toute sa vie spirituelle sur une supposition impossible. — Il faut bien le reconnaître : le quiétisme, même ramené tant bien que mal à l'orthodoxie, n'est le plus souvent qu'un jeu sentimental pour âmes oisives et renchéries.

Et c'est ce jeu illusoire de s'anéantir ou de croire qu'on s'anéantit ; c'est ce jeu généreux et subtil, ce jeu sublime et charmant que Fénelon enseigne à quelques âmes dans ses *Lettres spirituelles*.

Deux opérations : se détruire, s'abandonner.

La première opération, se renoncer, se détruire, s'anéantir, paraît rude. Mais elle peut être pleine de délices si on la pratique comme un « sport » spirituel, où l'on se dédouble forcément ; où le « moi » détruit peut souffrir ; mais où le « moi » destructeur de soi-même peut s'exalter dans sa besogne paradoxale et en jouir. — On est d'ailleurs aidé par un sentiment que connaissent ceux qui ont l'habitude de s'examiner et de se surveiller eux-mêmes, par un sentiment plus lent à venir, mais aussi naturel que l'amour de soi, et qui est le dégoût de soi. A force de distinguer, au fond de tous ses actes, la même recherche âpre et vile et désespérément monotone de son intérêt propre et les déguisements misérables dont elle se recouvre, et la stupidité de cette gloutonnerie et de cette ruse ; à force de voir toujours en soi-même

> Le spectacle ennuyeux de l'éternel péché,

on finit par avoir autant d'agacement de son propre égoïsme que de celui des autres... Ce sentiment peut être sincère et, cultivé, devenir très profond. — Et dès lors on conçoit comme possible et presque comme facile la première opération :

la destruction de soi. Et l'on est prêt à accueillir les plus durs conseils de Fénelon à ses pénitents et pénitentes :

Renoncez à vous-même, n'aimez pas votre esprit ni votre courage... Ce n'est pas assez de se détacher, il faut s'apetisser. En se détachant on ne renonce qu'aux choses extérieures; en s'apetissant on renonce à soi... Il faut être petit en tout, et compter qu'on n'a rien à soi, sa vertu et son courage encore moins que tout le reste.

Ces mots : « s'apetisser, petit, petitesse » dans le sens à la fois d'humilité et de simplicité, reviennent continuellement, et jusqu'à satiété, dans les lettres de Fénelon, ainsi que l'expression : « obscure foi, marcher dans l'obscure foi » ; et aussi « la croix, les croix ».

Soyez un vrai rien en tout et partout. Le vrai rien ne résiste jamais, et il n'a point un *moi* dont il s'occupe. A mesure que la lumière croit, on se trouve plus corrompu qu'on ne croyait. On voit sortir du fond de son cœur, comme d'une caverne profonde, une infinité de sentiments honteux... — Ayez horreur de vous. — Je veux que vous ayez le goût de ma destruction comme j'ai celui de la vôtre. Finissons, il est bien temps, une vieille vie languissante qui chicane toujours pour échapper à la main de Dieu. Nous vivons encore, ayant reçu cent coups mortels.

Lorsque, par la destruction du « moi », nous avons fait le vide en nous et que Dieu remplit ce vide, il ne reste plus qu'à s'abandonner à lui ; et c'est la seconde opération, pleine de douceur, celle-là. On ne sait même plus qu'on s'abandonne :

L'abandon parfait va jusqu'à abandonner l'abandon même. On s'abandonne sans savoir qu'on est abandonné. Si on le savait, on ne le serait plus... C'est l'enfance, la simplicité, la paix. — Je ne veux plus que vous soyez une dame sage, forte et vertueuse, en grand : je veux tout en petit. Soyez une bonne petite enfant.

On ne se pique plus de rien :

On serait tenté de parler humblement. Mais il est meilleur de se taire humblement. L'humilité qui parle encore est encore suspecte.

Que si, d'abord, vous ne sentez rien, ne vous désolez pas :

Vous voulez courir après un goût sensible de Dieu? *C'est avoir Dieu que de l'attendre.* — Devenez bergère ignorante, grossière, imbécile, mais droite, détachée de vous-même, docile, naïve et inférieure à tout le monde. — Il faut, dans les récréations, ce que saint François de Sales appelle joyeuseté, c'est-à-dire se réjouir et réjouir les autres en disant des riens.

Et ceci :

Il faut porter la croix et la porter en pleines ténèbres. Le parfait amour ne cherche ni à voir ni à sentir. Il est content de souffrir sans savoir s'il souffre bien, et d'aimer sans savoir s'il aime.

Cet abandon, sans nous dispenser de combattre nos défauts, nous détourne de nous congestionner sur eux, et, pour ainsi dire, de nous les surfaire par orgueil, ou, par orgueil encore, de croire que nous les vaincrons. Bref, il nous sauve de l'orgueil de la vertu :

Vous vous supporterez humblement sans vous flatter... — Pour vos défauts, supportez-les avec patience, comme ceux du prochain. Il ne faut pas vouloir les garder puisqu'ils déplaisent à Dieu. Mais il faut sentir votre impuissance de les vaincre, et profiter de l'abjection qu'ils vous causent à vos propres yeux pour désespérer de vous-même. Jusqu'à ce désespoir de la nature, il n'y a rien de fait. — La simplicité retranche les retours sur soi qu'un amour-propre inquiet et jaloux de sa propre excellence multiplie à l'infini.

Il faut se méfier même des austérités; elles ne s'accordent pas toujours avec le total abandon de soi :

Pour les austérités, elles ne sont pas exemptes d'illusion non plus que le reste. L'esprit se remplit souvent de lui-même à mesure qu'il abat la chair.

Et voici qui est tout à fait admirable (au marquis de Fénelon grièvement blessé) :

Tu souffres, mon très cher petit Fanfan... mais il faut aimer les coups de la main de Dieu... Je veux que tu sois patient sans patience, et courageux sans courage. Demande à la duchesse (de Chevreuse) ce que veut dire cet apparent galimatias. Un courage qu'on possède, qu'on tient comme propre, dont on jouit, dont on se sait bon gré, dont on se fait honneur, est un poison d'orgueil. Il faut au contraire se sentir faible, prêt à tomber, le voir en paix, être patient à la vue de son impatience, la laisser voir aux autres, n'être soutenu que de la seule main de Dieu d'un moment à l'autre et vivre d'emprunt. En cet état, on marche sans jambes, on mange sans pain, on est fort sans force ; on n'a rien à soi, et tout se trouve dans le bien-aimé ; on fait tout et on n'est rien, parce que le bien-aimé fait lui seul tout en nous : tout vient de lui, tout retourne à lui. La vertu qu'il nous prête n'est pas plus à nous que l'air que nous respirons et qui nous fait vivre.

L'abandon, enfin, guérit de la maladie du scrupule.

Mme de Montberon avait cette maladie, par trop de finesse d'esprit, par excès de sensibilité, et par une recherche vaniteuse de la perfection.

Mme de Montberon, femme du gouverneur de Cambrai, a été, avec Mme de la Maisonfort, la plus tumultueuse et la plus passionnée des pénitentes de Fénelon. Il la définit ainsi :

> Le fond que vous avez nourri dans votre âme dès l'enfance est un amour-propre effréné et déguisé sous l'apparence d'une délicatesse et d'une générosité héroïques ; c'est *un goût de roman* dont personne ne vous a montré l'illusion... Vous l'avez porté jusque dans les choses pieuses... Tout vous ronge le cœur.

Il apparaît que, dans cette personne, le quiétisme est comme le romantisme de la piété. Fénelon emploie avec elle des expressions telles que celles-ci : « La fureur de votre jalousie... » « votre cœur empoisonné d'un amour-propre de démon ». Il lui dit : « Allez au bout du monde, vous y trouverez votre cœur délicat, épineux, industrieux pour se ronger soi-même. » Il lui dit encore : « Vous passez votre vie dans des songes douloureux, ô ma chère fille ; soyez petite et docile. »

Telle qu'elle était, il avait un faible pour elle : « Oh ! que vous m'êtes chère en Celui qui le veut ! Cela croît tous les jours en moi : mais quand je vous verrai, je ne vous dirai peut-être rien. »

Et quant à elle, il est évident qu'elle aime Fénelon (rassurez-vous, il a quarante-neuf ans quand il lui écrit ses premières lettres et soixante-deux ans lorsqu'il lui écrit les dernières) ; qu'elle l'aime violemment et avec la plus douloureuse jalousie. Le moindre signe d'indifférence chez lui la torture et l'affole. On voit, par les réponses de Fénelon, qu'elle devait être intolérable, ne jamais le laisser tranquille. Elle trouve qu'il est trop dur comme homme, et trop indulgent comme directeur. Elle le veut pour confesseur, et puis elle n'en veut plus. Elle l'oblige à lui écrire : « Je vous pardonne d'avoir contre moi les pensées les plus outrageantes. » Et encore : « *Pourquoi croyez-vous que vous êtes loin de Dieu auprès de moi ?* » (Tant, sans doute, il la troublait.) Elle l'oblige à la rudoyer : « Cette union intérieure de grâce, c'est vous qui la rompez par votre indocilité dans vos scrupules. » Etc.

Ne dites point, messieurs : — Que nous font ces histoires de dévotes ? Leurs scrupules et leurs minuties sont-ils si intéressants ? Même, sans ces raffinements vaniteux, n'auraient-elles pas été de bien meilleures femmes ? Et cela ne fait-il pas un peu sourire, de voir Fénelon passer tant de temps et dépenser tant d'esprit et d'ingéniosité à soigner les âmes en peine de femmes du monde excédées par leur oisiveté ? — Mais d'abord, il a aussi pour pénitentes des religieuses, des carmélites. Toutes ces âmes sont curieuses, quelques-unes profondes. — Puis, il est beau de le voir dans le même temps (sa nature si riche a l'habitude de ces diversités d'emploi) rechercher avec quelques âmes choisies une perfection spirituelle très spéciale — et faire des rêves pour l'ensemble des hommes ; ciseler l'âme de quelques-uns et de quelques-unes ; — et préparer, comme nous le verrons, la Cité de tous.

Et surtout, non seulement par le *Manuel de Piété*, par les *Maximes des Saints* et les défenses des *Maximes*, mais par ses lettres à ses dévots et à ses dévotes, en face des scolastiques et en contraste avec ce qu'il y a de rationalisme dans le christianisme du dix-septième siècle, il remet en honneur les saints mystiques, fonde ou restaure une forme de piété amoureuse et plus libre, —qui peu à peu dégénérera jusqu'à la religiosité des romantiques.

Entendons-nous bien. Fénelon est, assurément, un prêtre d'une foi entière, et qui n'a rien du « philosophe » que les badauds de la « philosophie » du dix-huitième siècle ont voulu voir en

lui. Il croit fermement aux mystères de la Chute,
de l'Incarnation, de la Rédemption, de la Présence réelle ; il célèbre la messe chaque jour. Il
enseigne tous ces mystères, il en est pénétré ; il
les rappelle assez souvent dans ses sermons, dans
ses mandements, même dans ses lettres.

Mais, avec tout cela, par sa sensibilité, il est
fort loin de Port-Royal, et même de Bossuet. La
considération de la corruption de la nature, l'adoration de Jésus Sauveur et la crainte des jugements de Dieu tiennent une fort grande place
dans leurs écrits. Mais rapprochez Fénelon de Pascal, par exemple, vous verrez qu'il ne retient guère
de Pascal que la formule : « Dieu sensible au
cœur », et qu'il la développe uniquement. Il rai-
sonne peu sur le dogme. Il croit les yeux fermés,
par un mouvement d'amour. Il emploie continuellement cette expression : « l'obscure foi »,
que vous ne rencontrerez guère dans Bossuet, je
pense — Et par conséquent il croit, comme tous
les chrétiens, à la corruption de la nature, et tellement qu'il ne songe qu'à l'anéantir en Dieu.
Mais justement il n'en parle que pour l'anéantir,
non pour s'en affliger. En réalité, il pense peu à
la mort, il pense peu au péché. Il ne songe pas
non plus à craindre Dieu, puisqu'il l'aime
et dans un oubli complet de son intérêt propre.
Totalement abandonné à Dieu, ne voulant que
« s'enfoncer » en lui, il oublie un peu la rédem-
tion et le rédempteur. Dans ses *Lettres spiri-*

tuelles, il nomme Dieu tout le temps, rarement le Christ. Il réduit la pratique ; il combat, nous l'avons vu, le scrupule, le trouble excessif à propos de nos péchés, conseille l'insouciance, la gaieté, la simplicité des enfants. M. Maurice Masson exagère à peine lorsqu'il dit : « Le christianisme ainsi pratiqué devient une religion de la joie. »

Rapprochons de cela le mysticisme de Bossuet dans ses Lettres de direction, beaucoup moins nombreuses, notamment dans ses lettres à Mme Cornuau. On y lit des choses comme celles-ci :

Je vous permets les plus violents transports de l'amour, vous dussent-ils mener à la mort, et toutes les fureurs de la jalousie, vous dussent-elles être une espèce d'enfer. Enviez saintement et humblement toutes les familiarités de l'époux aux âmes à qui il se donne, non pour les en priver, mais pour y participer avec elles ; donnez toute votre substance pour acquérir son amour ; qu'il soit toute votre substance ; écoutez-le lorsqu'il traitera le sacré mariage avec vous ; soyez-lui une porte par où il entre, et une muraille pour le renfermer. Il est la vigne, soyez la branche, et dites-lui : « Sans vous je ne puis rien. »

Et l'on affecte de dire : « C'est autrement hardi que Fénelon ! » Pas du tout. Cela paraît terrible, et cela n'est nullement dangereux. Ce sont les amours de l'âme et du Christ son époux, exprimés avec des ressouvenirs du *Cantique des Cantiques*. Mais le Christ, c'est le Sauveur, le Rédempteur. Plus on l'aime, plus on entre dans le dogme chrétien. Le Christ est une limite à l'imagination. S'abandonner au Christ, cela est « de tout repos ». Mais s'abandonner à Dieu, « s'enfoncer dans l'océan divin » on ne sait plus où cela mène.

Ainsi, dans le mysticisme fénelonien, sur un fond solide de foi entière, vous discernez des tendances certainement périlleuses pour la parfaite orthodoxie. « Amour de Dieu, abandon de Dieu », ce n'est pas sans doute toute la religion de Fénelon, mais c'est, si je puis dire, toute sa piété, tout son état d'esprit. — Mais quand cet état d'esprit (amour, abandon) sera détaché du dogme, j'en suis bien fâché, ce sera toute la religion de Mme de Warens (qui avait conservé des relations avec les quiétistes de Thonon et de Genève et, peut-être, avec d'anciens amis de Mme Guyon) ; et ce sera, vers la fin, toute la religion de Jean-Jacques Rousseau.

Jean-Jacques a absolument adoré Fénelon : « Si Fénelon vivait, vous seriez catholique », lui disait un jour Bernardin de Saint-Pierre. « Oh ! si Fénelon vivait, s'écria Rousseau tout en larmes, je chercherais à être son laquais pour devenir son valet de chambre. » (Je vous donne l'anecdote pour ce qu'elle vaut.) Jean-Jacques adorait Fénelon, non seulement pour les parties « humanitaires » et optimistes de ses conceptions politiques, mais pour le caractère de sa piété. Il croyait être de sa religion. Rousseau a connu « l'oraison de simple présence de Dieu et la contemplation passive » ; il a connu l' « abandon ». Je vous rappelle ces passages des *Rêveries :* « Je doute que jamais un mortel ait mieux et plus sincèrement dit à Dieu : Que ta volonté soit faite ! » Il se dit « détaché de tout ce qui tient à la terre... délivré même de l'inquiétude de l'espérance ». — « Livrons-nous tout entier à la douceur de converser avec mon âme... Tout est fini pour moi sur la terre... et m'y voilà, tranquille au fond de l'âbîme, pauvre infortuné, mais *impassible comme Dieu même.* »

Affranchie du dogme (et elle s'en détache assez facilement puisqu'elle y pense peu) la religion du pur amour et de l' « enfoncement » en Dieu, ce sera encore, si vous le voulez, celle de Lamartine dans les *Harmonies* et dans *Jocelyn.* Car voici l' « oraison de silence et de simple présence de Dieu » : — Puisque tu comprends l'hymne silencieux des astres :

> Ah ! Seigneur, comprends-moi de même,
> Entends ce que je n'ai pas dit :
> Le silence est la voix suprême
> D'un cœur de ta gloire interdit.
> *C'est toi! c'est moi! je suis! j'adore!*

Et dans *Jocelyn :*

> Quand celui qui voulut tant souffrir pour ses frères
> Dans sa coupe sanglante eut vidé nos misères,
> Il laissa dans le vase une âpre volupté,
> Et *cette mort du cœur qui jouit d'elle-même,*
> Cet avant-goût du ciel dans la douleur suprême,
>   O mon Dieu, c'est ta volonté !

> J'ai trouvé comme lui dans l'entier sacrifice
> Cette perle cachée au fond de mon calice,
> Cette voix qui bénit à tout prix, en tout lieu.
> Quand *l'homme n'a plus rien en soi qui s'appartienne,*
> Quand de ta volonté ta grâce a fait la sienne,
> Le corps est homme, et l'âme est Dieu.

Cela, ma foi, est tout à fait dans le sentiment de Mme Guyon ; et, sauf quelques vers, c'est d'ailleurs d'une forme aussi confuse que celle de l'amie de Fénelon. — J'oserais presque dire que le pur amour, dégénéré, destitué de l'appui du dogme, aboutit à des choses comme les effusions de *Spiridion* ou des *Sept cordes de la Lyre*, ou comme certaines religiosités ferventes et vagues de 1848.

Entre le quiétisme et le jansénisme, il n'est pas impossible, avec de la bonne volonté, de trouver quelques ressemblances, puisque l'un et l'autre partent, doctrinalement, de la croyance à la corruption de la nature et qu'on peut, à la rigueur, donner également le nom d'une sorte de fatalisme, soit à la grâce selon Jansénius et à la « délectation invincible », soit à l'action intérieure de Dieu après la destruction de notre « moi ». Mais en réalité ces deux célèbres hérésies sont on ne peut plus opposées l'une à l'autre par l'esprit. La variété des hérésies est admirable. Elles sont aussi riches que la nature humaine.

Fénelon est tout le contraire d'un janséniste, et, à cause de cela et pour d'autres raisons encore, il ne faut pas s'étonner que, de 1702 jusqu'à sa mort, il ait mené contre le jansénisme une lutte obstinée.

Vous vous rappelez la grande querelle, la question de droit et la question de fait ; les jansénistes reconnaissant que les cinq propositions condamnées étaient condamnables, mais niant qu'elles fussent dans Jansénius ; enfin, en 1669, la « paix de l'Église », qui dura une trentaine d'années.

Mais, en septembre 1702, un petit livre anonyme, le *Cas de conscience*, ralluma tout.

Ce livre exposait le cas d'un ecclésiastique qui « condamnait les cinq propositions en elles-mêmes, mais qui, sur l'attribution des cinq propositions à Jansénius, pensait que le « silence respectueux » était suffisant pour rendre aux Constitutions du pape toute l'obéissance qui leur était due. Un confesseur à qui s'adressait cet ecclésiastique demandait aux docteurs de Sorbonne s'il pouvait l'absoudre ».

Et toute l'affaire recommença. (Elle est très bien contée par M. l'abbé Cagnac, *Fénelon, études critiques.*)

Fénelon s'y jeta tout de suite. Il en avait plusieurs raisons avouables et publiques, — et peut-être d'autres plus cachées.

1. — Il défendait l'intégrité de la foi. Il voyait aussi clairement l'erreur du jansénisme et ses dangers, que Bossuet, naguère, avait vu ceux du quiétisme. Comme le quiétisme, le jansénisme

était à la mode. Fénelon explique très bien pourquoi. « De l'aveu de tous ces savants hommes (les docteurs jansénistes), la concupiscence est aussi efficace par elle-même pour le vice que la grâce l'est pour la vertu... L'homme n'est jamais libre... Voilà ce qui charme les libertins. »

2. — Il était d'autant plus content de défendre à son tour l'intégrité de la foi, que d'autres avaient récemment prétendu la défendre contre lui-même. Vous pensez que, au contraire, sa condamnation toute fraîche aurait dû le rendre modeste et discret sur les erreurs du prochain? — Vous oubliez que jamais dans son cœur il n'avait reconnu, lui, s'être trompé.

3. — Il avait toujours été « ultramontain » et cru à l'infaillibilité de l'Église romaine d'abord, puis, dans certains passages de ses écrits, à l'infaillibilité du pape en matière de foi. Il devançait en cela le développement du dogme. Cette transformation, dès longtemps préparée, du gouvernement aristocratique de l'Église en gouvernement monarchique, était d'ailleurs, dans la nature des choses. Le dogme de l'infaillibilité pontificale est harmonieux et pacifiant. Il satisfait chez beaucoup d'esprits le besoin de la certitude en concentrant dans un seul homme le phénomène de la Révélation continue.

4. — En outre Fénelon se disait peut-être qu'accorder le plus possible à la foi d'obéissance, cela donne d'autant plus de liberté sur les choses

étrangères au dogme. Il se disait aussi que dépendre de Rome seule et du pape en matière dogmatique, cela même le pourrait sauver, à l'occasion, des soupçons et des tracasseries des évêques de France. Les juridictions les plus hautes et les plus éloignées sont les moins gênantes. Et enfin il reste ultramontain avec délices parce que Bossuet ne l'est pas.

5. — Fénelon voulait rentrer publiquement en grâce auprès du pape, dont il se savait aimé malgré l'aventure des *Maximes*. Et c'est pourquoi il exagère son zèle. Sans hésiter, il étend l'infaillibilité de l'Église romaine jusqu'à l'interprétation des textes. Et il fait ce raisonnement :

Il est de foi que l'Église est infaillible dans ses décisions pour la conservation du dépôt de la foi.

La conservation du dépôt de la foi demande indispensablement qu'elle juge des ouvrages qui regardent ce dépôt.

Or elle ne peut en juger ainsi sûrement, et sans danger de jeter les fidèles dans l'erreur, si elle n'est sûre d'en bien prendre le sens.

Donc l'infaillibilité que Jésus-Christ lui a promise dans ses décisions dogmatiques emporte nécessairement l'infaillibilité dans l'intelligence du sens des ouvrages dont elle juge.

Et Fénelon oublie parfaitement qu'il s'est trouvé dans le même cas que les jansénistes et que, avant de se soumettre de bouche (non de cœur) il a longtemps contesté aux docteurs le droit d'interpréter le texte de son livre autrement qu'il ne l'entendait lui-même.

6. — Mais, s'il a oublié ce détail, il se souvient que, parmi ceux qui l'ont le plus combattu, il y a eu, avec Bossuet, l'archevêque de Paris, et que l'*Instruction pastorale* de M de Noailles (probablement rédigée par des jansénistes) lui a été particulièrement cuisante. Et alors il se déclare d'autant plus vivement contre les jansénistes que Noailles est un peu avec eux et a même, en 1695, donné son approbation aux *Réflexions morales sur le Nouveau Testament* du janséniste Quesnel. Et il poursuivra Noailles opiniâtrement, même après que Noailles se sera rétracté.

7. — Enfin il a encore une raison, plus forte que les autres, je crois, de combattre le jansénisme. Nous verrons que, le duc de Bourgogne devenu dauphin par la mort de son père, Fénelon s'est de nouveau et plus fortement emparé de lui et compte bien être un jour son premier ministre. Or il sait tout ce qu'il y a, au fond du jansénisme, de mauvaise volonté à l'égard de l'autorité royale. Il veut débarrasser de ce foyer d'opposition et de mécontentement son règne futur. Et c'est pourquoi il écrit contre les jansénistes de quoi remplir sept volumes *in-8°* dans l'édition de Versailles, — jusqu'à ce qu'il ait arraché du pape la bulle *Unigenitus.*

Et je crois aussi que, par cette activité fiévreuse, il cherchait à se tromper, à oublier après sa mésaventure la tristesse amère qu'il portait en lui. Et nous devons ajouter que, en combattant les doctrines, il sut dans son diocèse ménager les personnes; et que, après la dispersion des religieuses de Port-Royal-des-Champs (29 octobre 1709), il écrivait au duc de Chevreuse : « Un coup d'autorité comme celui qu'on vient de faire à Port-Royal ne peut qu'exciter la compassion publique pour ces filles, et l'indignation contre leurs persécuteurs. »

Vous voyez quel mélange de sentiments, les uns généreux et les autres moins, dans cette interminable polémique contre les jansénistes. Assurément Fénelon tendait à la sainteté. Mais dans une lettre (probablement adressée à Mme de Mortemart) il fait cet aveu : « Mon défaut subsistant, c'est que je tiens à moi, et que l'amour-propre me décide souvent. »

Il dit vrai. Faites attention à ce rapprochement de dates. Le livre des *Maximes des Saints* est condamné le 12 mars 1699; la condamnation a été obtenue surtout par l'intervention du roi. Le mois suivant paraît sans nom d'auteur sous ce titre : *Suite du cinquième livre de l'Odyssée*, la première édition de *Télémaque*, qui comprenait les quatre premiers livres et le commencement du cinquième. Or ce petit volume se termine justement par une description du gouvernement de Minos, dont chaque trait peut être tourné en allusion malveillante au gouvernement de Louis XIV. En sorte que cette publication, à cette date, ressemble un peu à une vengeance (?).

Fénelon a toujours prétendu que le livre avait été imprimé malgré lui, à son insu, sur une copie dérobée. Et voici en effet l'avis du libraire au lecteur : « Comme cet ouvrage a été imprimé sur une copie peu correcte et très mal écrite, quelques soins qu'aient pu prendre les correcteurs, il est échappé beaucoup de fautes à leur vigilance... » Mais enfin le livre fut imprimé chez la veuve Barbin et avec privilège du roi du 6 avril 1699. L'impression fut interdite alors qu'on en était à la page 208 ; le reste, — quatre autres volumes, — parut clandestinement. Il est à croire que Mme Barbin, à tout le moins, présumait le silence et la tolérance de l'auteur, sinon sa complicité. Bien probablement l'auteur, par ses amis, eût pu empêcher cette publication s'il l'avait voulu. Ne le voulut-il pas ?

Le *Télémaque* me ramène aux écrits politiques de Fénelon et au duc de Bourgogne.

La conduite du roi envers Fénelon a été, ce me semble, incertaine, mais plutôt généreuse en somme. Peut-être ce roi, qui craignait l'enfer, était-il ému au fond par des leçons qui l'offensaient et dont il détestait la forme. Peut-être aussi était-il impressionné malgré lui par le prestige que gardait l'exilé, et par l'adoration dont il continuait d'être l'objet dans un groupe de personnes vertueuses et considérables. Le roi fut irrité de *Télémaque*, mais il garda auprès de lui les deux amis les plus fervents de Fénelon : Beauvilliers et Chevreuse. Et l'archevêque de Cambrai, regardé par eux comme un héros et un martyr, ne cessa jamais de correspondre secrètement avec les deux ducs et, par eux, de se tenir en relations avec son élève.

Le duc de Bourgogne était resté passionnément fidèle à son précepteur. Pendant quatre ans (de 1697, date de l'exil à Cambrai, jusqu'à la fin de 1701), il n'osa, soit prudence, soit faute d'occasions, communiquer directement avec lui. Mais il put lui faire tenir cette lettre du 22 décembre 1701 :

Enfin, mon cher archevêque, je trouve une occasion favorable de rompre le silence où j'ai demeuré depuis quatre ans. J'ai souffert bien des maux depuis ; mais un des plus grands a été de ne pouvoir point vous témoigner ce que je sentais pour vous pendant ce temps, et que mon amitié augmentait par vos malheurs, au lieu d'en être refroidie... Je continue toujours à étudier tout seul... Rien ne me fait plus de plaisir que la métaphysique et la morale, et je ne saurais me lasser d'y travailler. J'en ai fait quelques petits ouvrages que je voudrais bien être en état de vous envoyer, afin que vous les corrigeassiez comme vous faisiez autrefois mes thèmes... Je ne vous dirai point combien je suis révolté moi-même contre tout ce qu'on a fait à votre égard ; mais il faut se soumettre à la volonté de Dieu et croire que tout cela est arrivé pour votre bien... Adieu, mon cher archevêque ; je vous embrasse de tout mon cœur, et ne trouverai peut-être de bien longtemps l'occasion de vous écrire. Je vous demande vos prières et votre bénédiction. Louis.

Le prince avait alors vingt ans. Il n'y a pas à

dire, quels qu'aient pu être ses défauts, que nous verrons, cette lettre est d'un être excellent.

C'est, je pense, à la suite de cette reprise de relations directes avec son élève, que Fénelon fut amené à écrire l'*Examen de conscience sur les devoirs de la Royauté*.

Vous connaissez la *Politique tirée de l'Écriture sainte* de Bossuet. L'*Examen de conscience*, c'est, proprement, la « Politique tirée de l'Évangile ».

C'est une belle et noble chose, hardie et simple. Pour en comprendre tout le sens, il faut se souvenir que cela est écrit par un prêtre, pour son élève, pour le petit-fils de Louis XIV, pendant la malheureuse guerre de la Succession d'Espagne, et dans un moment où les défauts de l'homme et du règne se faisaient le plus douloureusement sentir.

L'article premier traite de l' « instruction nécessaire à un prince ». J'en retiens ces questions :

Avez-vous étudié la vraie forme du gouvernement de votre royaume?... Avez-vous étudié les lois fondamentales et les coutumes constantes qui ont force de loi pour le gouvernement général de votre nation ? Avez-vous cherché à connaître, sans vous flatter, quelles sont les bornes de votre autorité ?... Ce que c'est que l'anarchie, ce que c'est que la puissance arbitraire, et ce que c'est que la royauté réglée par les lois, milieu entre les deux extrémités ?

Bref, il s'agit de retrouver la traditionnelle

Constitution du royaume, faussée par le grand-père du jeune prince.

L'article 2 traite « de l'exemple qu'un prince doit à ses sujets ». Voici quelques-unes des questions posées :

> Avez-vous donné à vos sujets le mauvais exemple d'un amour déshonnête et criminel ?... N'avez-vous point autorisé une liberté immodeste dans les femmes ? Ne les admettez-vous dans votre Cour que pour le vrai besoin ?

Fénelon veut exclure de la Cour les jeunes et jolies femmes : « Avant François Ier, dit-il, les femmes de la première condition, surtout celles qui étaient jeunes et belles, n'allaient point à la Cour ; tout au plus elles y paraissaient très rarement, pour rendre leurs devoirs à la reine ; ensuite, *leur honneur était de demeurer à la campagne dans leurs familles.* »

Il veut réprimer le luxe :

> Le luxe augmente dans les femmes la passion de plaire ; et leur passion pour plaire se tourne principalement à tendre des pièges au roi.

Vous pensez que la Cour, sous le nouveau prince, eût été bien maussade par trop de vertu ? Oh ! il y aurait eu, malgré tout, des accommodements. Mais rappelez-vous aussi quelle chose véritablement monstrueuse était devenue la vie de Cour, la vie de Versailles.

L'article III, « De la justice qui doit présider à tous les actes du gouvernement », est le plus important. Presque toutes les questions y sont des allusions, d'ailleurs inévitables, à des actes du vieux roi :

> Avez-vous cherché les moyens de soulager les peuples ?... Le bien des peuples ne doit être employé qu'à la vraie utilité des peuples mêmes... Vous avez votre domaine... et il est destiné à la subsistance de votre maison... Vous savez qu'autrefois le roi ne prenait jamais rien sur les peuples par sa seule autorité : c'était le Parlement, c'est-à-dire l'assemblée de la nation, qui lui accordait les fonds nécessaires pour les besoins extraordinaires de l'Etat. Hors de ce cas il vivait de son domaine. Qu'est-ce qui a changé cet ordre, sinon l'autorité absolue que les rois ont prise ?

Et encore ?

> N'avez-vous point multiplié les charges et offices pour tirer de leur création de nouvelles sommes ? De telles créations ne sont que des impôts déguisés. Elles se tournent toutes à l'oppression des peuples...
> Dans les conventions que vous faites avec les particuliers, êtes-vous juste, comme si vous étiez égal à celui avec qui vous traitez ? Etc.

Tout cela est chrétien, oui ; mais c'est aussi la justice et la raison même.

Il n'y a qu'un point où apparaisse, non précisément une opposition, mais une certaine difficulté de conciliation entre la morale chrétienne et l'intérêt de la nation.

Fénelon ne se contente pas d'interdire à son élève les guerres et les conquêtes injustes ; il ne se contente pas de dire : « On pend un malheureux pour avoir volé une pistole sur le grand chemin… et on traite de héros un homme qui subjugue injustement les pays d'un état voisin » ; il ne se contente pas de condamner (en souvenir des « chambres de réunion ») les « traités de paix captieux, où l'on mêle quelque terme ambigu, pour s'en prévaloir dans les occasions favorables » ; il va jusqu'à dire :

Tout ce qui est pris par pure conquête est pris très injustement et doit être restitué… Les traités de paix ne couvrent rien lorsque vous êtes le plus fort et que vous réduisez vos voisins à signer le traité pour éviter de plus grands maux.

(Vous êtes forcé) non seulement à la restitution des pays usurpés, mais encore à la réparation de tous les dommages causés sans raison à vos voisins.

Entendait-il enjoindre au petit-fils de restituer un jour les conquêtes de l'aïeul ? Il n'admet même pas l'excuse de la sûreté des frontières :

Votre sûreté n'est point un titre de propriété sur le bien d'autrui. La vraie sûreté pour vous, c'est d'être juste, c'est de conserver de bons alliés par une conduite droite et modérée.

Hé ! il ne faudrait pas s'y fier. C'est la morale de saint Louis. Mais saint Louis lui-même n'a-t-il jamais manqué à cette morale ? N'y aurait-il pas à dire aux croisades, si elles n'avaient été des actes religieux ?… Je suis très embarrassé. Il y a là conflit de devoirs, cas de conscience. Le respect de la propriété est un devoir (très obscure, d'ailleurs, cette question de la « propriété » d'un pays, surtout sous l'ancien régime) ; mais un autre devoir, pour un roi, c'est de protéger et de défendre son peuple. Quel est le plus grand de ces devoirs, et qui jugera dans quelle mesure un roi peut violer le premier en faveur du second ?... Mais, voyez-vous, Fénelon lui-même, dans la pratique, ne serait pas si intransigeant. Dans *Télémaque,* il gouvernait une petite ville. Il sait bien que les intérêts et la défense d'un grand empire s'accommoderaient mal d'une stricte obéissance aux préceptes de l'Évangile. Ce n'est qu'un idéal qu'il propose au futur roi, et c'est une façon de le détourner des erreurs du grand-père. — Puis, le « pacifisme » alors n'était point ce qu'il est très souvent aujourd'hui : une opinion de déclamateur et de politicien. — Ajoutons que ce qui explique le « pacifisme » de Fénelon, c'est que, avant cette funeste guerre, qui est précisément la suite de guerres plus heureuses, mais peu justifiées, la France, étant la nation la plus nombreuse et la plus forte d'Europe, pouvait imposer *sa paix.* — Enfin, Fénelon pacifiste, mais gentilhomme, descendant, neveu, oncle et cousin de soldats, ne s'en indignait pas moins, dans une lettre à sa cousine de Laval, qu'un sien petit cousin, à vingt ans, ne fût pas encore aux armées du roi. Et, dans les *Tables de Chaulnes,* il soi-

gnera particulièrement l'armée. On peut s'entendre
avec lui.

Crouslé, comparant l'*Examen de conscience*
à la *Politique tirée de l'Ecriture sainte*, croit
remarquer que Fénelon, sans en avoir l'air, étend
beaucoup plus loin que Bossuet la puissance du
roi. C'est fort possible. Mais, si « humain » que
soit Bossuet, il y a tout de même, dans Fénelon,
une vision concrète et attentive des injustices et
des souffrances, un souci du détail réel qui nous
émeut davantage. Nous ne sommes plus ici dans
la théorie :

N'avez-vous rien pris à aucun de vos sujets par pure
autorité et contre les règles ?... L'avez-vous dédommagé
comme un particulier l'aurait fait, quand vous avez pris sa
maison, ou enfermé son champ dans votre parc, ou sup-
primé sa charge, ou éteint sa rente ?...

N'avez-vous point toléré des enrôlements qui ne fussent
pas véritablement libres ?... Laisser prendre les hommes
sans choix et malgré eux ; faire languir et souvent périr
toute une famille abandonnée par son chef ; arracher le
laboureur de sa charrue, le tenir dix, quinze ans dans le
service, où il périt souvent de misère dans des hôpitaux
dépourvus des secours nécessaires ; lui casser la tête ou
lui couper le nez s'il déserte, c'est ce que rien ne peut
excuser ni devant Dieu, ni devant les hommes.

Donnez-vous à vos troupes la paye nécessaire pour
vivre sans piller ?... Quel ordre y a-t-il à espérer dans des
troupes où les officiers ne peuvent vivre qu'en pillant les
sujets du roi..., où les soldats mourraient de faim s'ils ne
méritaient pas tous les jours d'être pendus ?...

Avez-vous eu soin de faire délivrer chaque galérien
d'abord après le terme réglé par la justice pour sa punition ? L'état de ces hommes est affreux ; rien n'est plus
inhumain que de le prolonger au delà du terme...

Ce sont choses précieuses parce qu'elles sont
précises. C'est de quelqu'un qui se représente
dans leur vérité les souffrances des autres (les
ayant en partie vues de ses yeux), et qui en
souffre.

Le père du duc de Bourgogne, « Monseigneur »,
mourut le 14 avril 1711. Le duc de Bourgogne
devint donc dauphin. Tous les yeux se tournèrent
vers lui, et par suite, vers Fénelon son maître.
Fénelon sentit autour de lui, dans son exil, un
retour silencieux de la faveur publique. Le roi
était vieux ; le nouveau dauphin pouvait être
appelé prochainement à régner : M. de Cambrai
serait certainement son premier ministre.

Fénelon, en octobre 1711 se rencontra à
Chaulnes, en Picardie, avec le duc de Chevreuse.
Ils dressèrent ensemble, pour être proposées au
dauphin, ce qu'on a appelé les « Tables de
Chaulnes », c'est-à-dire des tableaux, des listes
de réformes à accomplir dans le gouvernement
du royaume. Ces huit *Tables* complétaient l'*Examen de conscience*.

Sur l'armée, sur l'« ordre de dépense de la
cour » ; sur l'Église et les rapports du temporel
et du spirituel ; sur la justice, la suppression ou
la réduction de la vénalité des charges, la réunion des justices seigneuriales à la justice des
bailliages (« peu de juges, peu de lois ») ; sur la
liberté du commerce, il y a des indications excel-

lentes. Mais la « table » de l'*Administration intérieure du royaume* et la « table » de la *Noblesse* sont surtout à considérer.

Voici le plan d' « administration intérieure ».

1° Dans chaque diocèse, établissement d'*assiettes*, c'est-à-dire de petites assemblées « où l'évêque avec les seigneurs du pays et le tiers état règlent la levée des impôts suivant le cadastre, et qui sont subordonnées aux États de la province. » (Ces petites assemblées auraient donc été des espèces de « conseils généraux »).

2° Dans chaque province, des *États provinciaux* (« comme en Languedoc : on n'y est pas moins soumis qu'ailleurs, on y est moins épuisé. ») Ces assemblées, composées de députés des trois états de chaque diocèse, auraient le soin de la police et le pouvoir de « destiner » les fonds (c'est-à-dire de les attribuer, de les répartir). A eux aussi d'écouter les représentations des députés des « assiettes », et de « mesurer les impôts sur la richesse naturelle du pays et du commerce qui y fleurit ». C'était parfait ; c'était la réaction contre la centralisation déjà excessive de la monarchie ; c'était l'accroissement des franchises locales, une abondante vie rendue aux provinces.

Quant aux impôts, suppression de la gabelle, *des grosses fermes*, de la capitation et de la dîme royale. Les États provinciaux sont chargés de voter les impôts, d'en établir l'assiette et de les lever. (Cela pouvait-il être fait par une assemblée? C'est une question.)

3° *Etats généraux*, composés de trois députés par diocèse : l'évêque, un membre élu par la noblesse, un membre élu du tiers état. — Les Etats généraux *s'assemblent tous les trois ans*. Ils délibèrent « aussi longtemps qu'ils le jugent nécessaire ». (Ceci peut devenir dangereux). Ils revisent les comptes des assemblées provinciales et « délibèrent pour les fonds à lever par rapport aux charges extraordinaires ». Mais, en outre, les Etats généraux doivent faire leurs représentations ou remontrances « sur toutes les matières de justice, de police, de finance, de guerre, d'alliances et négociations de paix, d'agriculture, de commerce... »; « pour punir les seigneurs violents »; « pour ne laisser aucune terre inculte, réprimer l'abus des grands parcs nouveaux..., l'abus des capitaineries dans les grands pays de chasses à cause de l'abondance des bêtes fauves, lièvres, qui gâtent les grains, vignes et prés... »; « pour abolir tous privilèges, toutes lettres d'État abusives » (lettres de cachet), etc...

Le chapitre « de la Noblesse » est le plus connu des *Tables de Chaulnes*. Fénelon demande qu'on fasse une recherche exacte des véritables nobles (le déchet eût été énorme), puis, qu'on « substitue » à jamais un bien territorial dans chaque famille noble, et que toute mésalliance soit défendue aux deux sexes. L'anoblissement ne sera permis que pour grands services rendus à l'Etat.

Mais (et cela est capital), les privilèges accordés aux nobles seront *purement honorifiques*. Fénelon leur a déjà retiré les justices seigneuriales, et certains mots et l'esprit même du texte laissent entendre qu'ils ne seront plus du tout exempts d'impôts. — En revanche, ils pourront faire le commerce en gros sans déroger, et entrer dans la magistrature.

La pensée de Fénelon est de refaire une aristocratie vivante et utile, « ayant rang dans l'Etat…, qui appuie le trône tout' en restant indépendant du roi ». Quelques-uns des moyens qu'il propose paraissent excessifs : mais il est clair qu'il y aurait toujours eu, quand même, des mésalliances ; et, d'autre part, l'anoblissement « pour services signalés » eût toujours empêché la noblesse de devenir une caste fermée. Enfin cette reconstitution de l'aristocratie entraînait la suppression de la noblesse de cour et la résidence des seigneurs en province sur leurs terres.

La puissante originalité de la grande réforme proposée par les *Tables de Chaulnes*, c'est que c'était une réforme « par réaction ». C'était, comme Fénelon le dit ailleurs, le « retour à l'ancien ordre de choses », mieux compris. Cet utopiste prétendu se montre ici, à mon sens, bon réaliste, parce qu'il se trouve, cette fois, en présence des réalités. Donc, plus de chimères, comme dans les

Dialogues des Morts ou le *Télémaque*. Son programme, tout pénétré d'humanité, mais aussi de raison, accordait, pour tout l'essentiel, plus que ne demanderont, quatre-vingts ans plus tard, les Cahiers du Tiers, mais l'accordait au nom même de la tradition et excluait les plus dangereux rêves du dix-huitième siècle : la liberté et l'égalité idéologiques et la souveraineté du nombre. Appliqué avec les tempéraments ou les corrections que les choses mêmes eussent conseillées, il eût pu épargner à la France sa sinistre Révolution.

Mais ce programme, le duc de Bourgogne et son maître étaient-ils capables de l'appliquer ?

DIXIÈME CONFÉRENCE

FIN DE RÊVE — DERNIÈRES ANNÉES

CONCLUSIONS (1)

Que valait le prince qui, devenu roi, se fût chargé, avec la collaboration de son maître, de réaliser les « Tables de Chaulnes ? »

Ce prince, nous l'avons vu enfant. Le très vivant portrait du *Fantasque* (vous vous en souvenez?) nous le montre tel qu'il était vers l'âge de treize ans : extrêmement intelligent, violent, orgueilleux, mobile, mais d'une nature droite, franche et courageuse.

De 1695 à 1697, Fénelon ne voit plus son élève que quelques semaines. Puis, durant quatre années, il ne peut plus même lui écrire. Enfin, en 1701, il rentre en correspondance avec lui;

(1) J'ai lu ou parcouru la plupart des livres qui ont été écrits sur Fénelon. Mais j'ai particulièrement profité de Crouslé *(Bossuet et Fénelon),* de M. Emmanuel DE BROGLIE *(Fénelon à Cambrai),* de M. Moïse CAGNAC *(Fénelon, études critiques* et *Fénelon directeur de conscience),* de M. Maurice MASSON *(Fénelon et Mᵐᵉ Guyon),* et de M. Albert DELPLANQUE *(Fénelon et la doctrine de l'amour pur).*

puis il le rencontre deux fois, devant témoins; et leurs relations par lettres ne cessent plus que par la mort du jeune prince.

On a beaucoup dit que le duc de Bourgogne n'aurait été qu'un roi dévot et d'esprit étroit, et que Fénelon lui-même estima son élève trop dompté et essaya de défaire son propre ouvrage. Tout cela, à cause de la lettre où le duc de Bourgogne, étant en campagne, demande à son ancien maître s'il est « absolument mal de loger dans une abbaye de filles ». Et pourquoi un chef chrétien n'aurait-il pas, en passant, posé cette question ?

Mais il est vrai qu'au lieu de l'adolescent vivace et hardi qu'il avait quitté, Fénelon retrouva un jeune homme un peu éteint et contraint, d'une piété trop scrupuleuse et trop attachée aux minuties. Ce n'était certainement pas la faute de Fénelon. Nous avons plusieurs fois constaté que l'éducation donnée au petit prince et les ouvrages écrits pour lui n'étaient point particulièrement propres à former un jeune clerc; et nous savons d'ailleurs que Fénelon ne cesse de combattre, chez ses pénitents, la manie du scrupule et les petites pratiques. Mais il ne faut pas oublier qu'à partir de treize ans le duc de Bourgogne fut principalement entre les mains de Beauvilliers. C'est donc Beauvilliers, timide lui-même et scrupuleux, qui dut lui inculquer, pour un temps, une piété un peu minutieuse et craintive.

Il avait fait ses premières armes à dix-neuf et vingt ans ; très bien, comme il sied à un prince. Mais cinq ans après il eut ce malheur, qu'on l'attacha au duc de Vendôme, — une brute parfois géniale peut-être, mais une brute, — auprès de qui il se sentait dans une position des plus fausses, étant à la fois au-dessus de lui et, dans la réalité, presque tenu de lui obéir. Le prince, surtout après Oudenarde, parut timide et indécis. On lui fit à ce moment une fort méchante réputation. Fénelon lui rapporte tout ce qu'on dit. Il le lui rapporte avec une franchise terrible ; il a tellement peur que l'opinion ne le rende responsable des défauts de son élève !

Donc, on dit que le prince est trop particulier, trop renfermé, « trop borné à un petit nombre de gens qui l'obsèdent ». On dit qu'il « écoute trop des personnes sans expérience, d'un génie borné, d'un caractère faible et timide ». On l'accuse en même temps de « badinage » et d'« enfantillage ». (Cela ne serait-il point un effet des conseils de simplicité enfantine et de « petitesse » que son maître avait pu lui donner autrefois ?) — Dans une autre lettre, Fénelon ose écrire au prince : « On dit que, pendant que vous êtes dévot jusqu'à la sévérité la plus scrupuleuse dans des minuties, vous ne laissez pas de boire quelquefois avec un excès qui se fait remarquer... » Et encore : « On se plaint de ce que votre confesseur est trop souvent enfermé avec vous et qu'il se mêle de vous parler de la guerre. » (Et les mêmes accusations, plus ramassées et peut-être plus dures encore, se retrouvent dans une troisième lettre, 25 octobre 1708).

Notez les formules qu'emploie Fénelon : « On dit que, on se plaint » ; et ce sont, en effet, surtout des « on dit ». Le prince y répond avec une douceur, une patience, une modération méritoires et qui sont d'un homme extrêmement maître de soi. En réalité, le pauvre garçon était dans une situation la plus difficile du monde et la plus ingrate ; peu aimé de son grand-père le roi, qui se sentait jugé par lui ; détesté de son père le dauphin, dont les vices et la nullité paraissaient davantage par le mérite et la solidité du fils ; moqué pour la réputation de bigoterie qu'on lui avait faite, et d'avance redouté des courtisans pour sa stricte vertu. Enfin, s'il était de joli visage, il n'était point parfaitement fait et avait, si j'ose dire, une épaule un peu plus haute que l'autre. — A cause de tout cela il était timide, peu liant, ami de la solitude et de l'étude ; et sa vie retirée redoublait autour de lui la malveillance.

Tout cela changea lorsque son père mourut. Il parut tout autre, quoiqu'il fût probablement resté le même. Le vieux roi s'attendrit sur son petit-fils lorsqu'il vit en lui son héritier direct. Il l'associa au gouvernement et envoya les ministres travailler chez lui. Sa femme, la fine duchesse de

Bourgogne, qu'il aimait passionnément (et un peu, je crois, avec une sensualité de dévot qui se rattrape dans les choses permises), l'aima elle-même beaucoup plus lorsqu'il fut presque roi. Toute la cour suivit. Lui-même en prit de l'assurance. N'ayant plus, entre le trône et lui, son désagréable père, ne sentant plus autour de soi toutes ces secrètes inimitiés, il se montra en toute liberté tel qu'il était, et parut en effet charmant. Il devint, d'un jour à l'autre, les délices de la France.

Il faut voir cette transformation dans Saint-Simon :

... Le roi revenu pleinement à lui, l'insolente cabale tout à fait dissipée par la mort d'un père presque ennemi dont il prenait la place, le monde en respect, en attention, en empressement... On voit le prince timide, sauvage, concerté, cette vertu précise, ce savoir déplacé, cet homme **engoncé**, étranger dans sa maison, contraint en tout, on le **voit, dis-je**, se montrer par degrés, se déployer peu à peu, se donner au monde avec mesure, y être libre, majestueux, gai, agréable...

Et Saint-Simon, plus loin, le dit « éclairé, laborieux », parle de la « douceur » de son « éloquence naturelle », le nomme « un maître futur, si capable de l'être par son fond, et par l'usage qu'il montrait qu'il saurait en faire ». Et je pense que c'est ici un des endroits où l'on peut croire Saint-Simon.

J'imagine, pour ma part, qu'on pouvait attendre beaucoup de cette riche et sérieuse nature. Oui,

j'ai l'ingénuité de croire que, si le duc de Bourgogne eût été roi, ni sa piété, — que les histo-
riens officiels ont coutume de déplorer et de
railler, — ni sa vertu, ni sa conscience scrupuleuse n'eussent empêché son règne de valoir
mieux pour la France que celui de l'enfant
Louis XV sous le Régent, puis de Louis XV
homme et vieillard. Et il me paraît fort vraisemblable que Fénelon, s'il eût lui-même vécu, eût
été un grand ministre; très politique (il en a
donné des preuves); assez habile pour se faire
toujours tolérer de son élève; très suivi dans ses
desseins; nullement gêné, dans l'occasion, par
son mysticisme ou par son « humanitarisme »;
car, comme tous les mystiques, il est, si je puis
dire, double en toute simplicité.

Les larges parties applicables des « Tables de
Chaulnes » eussent été appliquées. Dans ces dernières années d'un long règne accablant, beaucoup
d'hommes sérieux et généreux avaient aussi leurs
« Tables de Chaulnes »; et il est remarquable que
tous souhaitaient un retour de l'institution monarchique vers sa pureté et vérité originelles: idée
qu'avaient eue déjà le cardinal de Retz et les
moins frivoles des Frondeurs. — Cette idée est
même un peu celle de Vauban dans la *Dîme
royale ;* il dit, par exemple, de la taille : « Après
en avoir découvert les désordres, j'ai cherché s'il
n'y aurait pas moyen de la remettre *dans la.
pureté de son ancien établissement.* » — Le

règne du duc de Bourgogne et de Fénelon eût fort
bien pu procurer la réparation et la conservation
de la France par une sorte de pacifique révolution
en arrière, qui était alors conçue et désirée par
beaucoup de bons esprits, et qui eût été la bonne,
et qui eût rendu l'autre inutile et impossible.

Si nous pouvons penser ainsi, jugez quel souffle
d'espérance, parmi toutes les misères du temps,
dut soulever Fénelon ces années-là. Le rêve qu'il
avait commencé de faire vingt ans auparavant,
et qui l'occupait et l'intéressait tout entier ; son
rêve d'homme, de gentilhomme, d'évêque et de
Français ; son rêve même d'homme intérieur et
d'apôtre de l'amour désintéressé, et d'immuable
ami de la pauvre Mme Guyon (qui lui avait prédit
cette grandeur) ; son rêve, tout son rêve, et l'écla-
tante revanche de ses dix dernières années... il
les touchait du doigt. Et déjà il avait sa cour ; et
dans les yeux, dans les soumissions, dans les
empressements des gens qui, maintenant, ne
craignaient plus de passer par Cambrai pour
aller à l'armée, il voyait son disciple roi et se
voyait premier ministre.

Or, quelques mois avant la victoire libératrice
de Denain, il apprenait coup sur coup la mort de
la duchesse de Bourgogne (12 février) et la mort
du duc de Bourgogne, dauphin de France (18 février 1712).

C'était pour Fénelon la fin de tout, l'irréparable
fin.

Il écrit au duc de Chevreuse :

Hélas, mon bon duc, Dieu nous a ôté toute notre espérance pour l'Eglise et pour l'Etat. Il a formé ce jeune prince ; il l'a orné, il l'a préparé pour les plus grands biens ; il l'a montré au monde, et aussitôt il l'a détruit. Je suis saisi d'horreur, et malade de saisissement sans maladie. En pleurant le prince mort qui me déchire le cœur, je suis alarmé pour les vivants, etc...

Et le 4 mars, au duc de Chaulnes (fils du duc de Chevreuse) :

Je ne puis résister à la volonté de Dieu qui nous écrase. Il sait ce que je souffre ; mais enfin c'est sa main qui frappe et nous le méritons. Il n'y a qu'à se détacher du monde et de soi-même, il n'y a qu'à s'abandonner sans réserve aux desseins de Dieu. Nous en nourrissons notre amour-propre quand ils flattent nos désirs ; mais, quand ils n'ont rien que de dur et de détruisant, notre amour-propre hypocrite et déguisé en dévotion se révolte contre la croix ; et il dit, comme saint Pierre le disait de la passion : « Cela ne nous arrivera point. » O mon cher duc, mourons de bonne foi.

Et l'on peut dire qu'il passe ses deux dernières années à mourir intérieurement.

Il y fut sans doute aidé par l'affreuse tristesse des temps. Depuis des siècles, la France n'avait été réduite à pareille extrémité. Défaite, misère, famine, invasion de la Flandre. Après Malplaquet, Cambrai fut rempli de blessés, de fuyards, de paysans réfugiés avec leurs troupeaux. Fénelon ouvrit toutes grandes les portes de son palais ;

tout fut occupé, corridors, escaliers et chambres;
« les cours et les jardins remplis de bestiaux ».
Fénelon nourrissait tout ce monde à ses dépens. Il
eut jusqu'à deux cent cinquante officiers à sa table.
Il fit évacuer son séminaire pour y mettre les blessés de la maison du roi. Lorsque les armées alliées
se furent rapprochées de Cambrai, il traita les
blessés et les prisonniers ennemis comme il avait
fait ceux de France. Les généraux alliés, le
prince Eugène et Marlborough, veillèrent alors à
ce que les terres et les greniers de l'archevêché
de Cambrai fussent exemptés du pillage. L'archevêque put donc faire ses récoltes. Il en profita
pour offrir son blé à l'intendant de Flandre et
sauver, autant qu'il était en lui, les armées fran-
çaises de la faim, — et cela sans nul espoir d'être
payé, sinon peut-être dans de longues années.

Mais son cœur était déchiré par les choses qu'il
voyait. On a de lui une lettre extraordinaire
écrite au duc de Chevreuse pour le roi en 1710 :
lettre pleine de trouble, de douleur, de hardiesse
désespérée, et de l'éloquence la plus sombre. Et
l'on ne saurait s'étonner de voir un homme, qui
vit depuis des années en plein théâtre des plus
horribles désastres, demander la paix à tout prix,
fût-ce au prix de dures humiliations; ni de voir
un prêtre découvrir l'action divine dans ces tra-
giques événements, et de l'entendre parler de châtiment et d'expiation. Mais l'accent est d'une
âpreté inouïe, et plus rudement encore que dans

la lettre de 1696, Fénelon dit au roi la vérité tout
entière.

> Vous me direz que Dieu soutiendra la France. Mais je
> vous demande où en est la promesse... Méritez-vous des
> miracles dans un temps où votre ruine prochaine et totale
> ne peut vous corriger, où vous êtes encore dur, hautain,
> fastueux, incommunicable, insensible et toujours prêt à
> vous flatter ? Dieu s'apaisera-t-il en vous voyant humilié
> sans humilité, confondu par vos propres fautes sans vou-
> loir les avouer, et prêt à les recommencer si vous pouviez
> respirer deux ans ? Dieu se contentera-t-il d'une dévotion
> qui consiste à dorer une chapelle; à dire un chapelet, à
> écouter une musique, à se scandaliser facilement, et à
> chasser quelque janséniste ? Non seulement il s'agit de
> finir la guerre au dehors, mais il s'agit de rendre au dedans
> du pain aux peuples moribonds... *de se ressouvenir de la
> vraie forme du royaume*, et de tempérer le despotisme,
> cause de tous nos maux.

Mais il ne se contente pas de gémir ou d'invec-
tiver, il indique le remède.

> Notre mal vient de ce que cette guerre n'a été jusqu'ici
> que l'affaire du roi, qui est ruiné et discrédité. Il fau-
> drait en faire *l'affaire véritable de tout le corps de la
> nation*... C'est la nation qui doit se sauver elle-même.
> C'est à elle à trouver des fonds et à prendre de l'argent
> partout où il y en a pour le salut commun... Il serait
> même nécessaire que tout le monde sût à quoi l'on des-
> tinerait les fonds préparés, en sorte que chacun fût
> convaincu que rien n'en serait employé aux dépenses de
> la cour.

Et Fénelon propose que le roi « recoure aux
anciens usages du royaume, consulte les notables »
et agisse d'accord avec eux.

Il n'est pas probable que cette lettre ait été mise sous les yeux du roi (et encore que sait-on?) Mais cette lettre, Chevreuse et Beauvilliers en étaient pénétrés ; et par eux le roi en connut l'esprit. Et voici ce qui arriva. Le roi ne consulta pas les notables, du moins sous des formes découvertes et publiques, et sans doute il fut prudent en cela. Mais il finit par concevoir cette guerre, non plus comme royale seulement, mais comme nationale. Il sortit un peu de son impassible dignité. Il communiqua davantage avec son peuple ; il eut des mots par où il s'associait avec lui. Il daigna souffrir publiquement. Il eut avec Villars les simples et magnanimes conversations qui nous ont été rapportées par le maréchal. Il envoya aux gouverneurs de provinces et aux communautés de villes, pour expliquer ses raisons de continuer la guerre, la circulaire publique qui se terminait par ces paroles : « Je suis persuadé que mes peuples s'opposeraient eux-mêmes à recevoir la paix à des conditions également contraires à la justice et à l'honneur du nom français. » Bref, le roi parut un autre homme. La nécessité y fut pour beaucoup. M. Emmanuel de Broglie (1) croit que la lettre de Fénelon y fut pour quelque chose. Et je le crois aussi.

Or, tandis que M. de Cambrai mourait intérieurement, il se permettait toutefois quelques distractions. Je nomme ainsi la deuxième partie

(1) *Fénelon à Cambrai.*

du *Traité de l'existence de Dieu*, par exemple,
et la *Lettre sur les occupations de l'Académie*.

Ce traité de l'*Existence et des attributs de
Dieu*, Fénelon l'avait commencé dans sa jeunesse. La première partie est une démonstration
de Dieu par le spectacle de la nature et la connaissance de l'homme. Elle offre de larges èt
harmonieuses descriptions, d'un lyrisme fluide,
auxquelles ressembleront certaines *Harmonies*
de Lamartine, et qui durent être originales en
leur temps. (Cf. aussi, un peu, certaines pages
de la *Profession de foi du vicaire savoyard*).
Un peu de science s'y mêle, qui témoigne de l'ouverture d'esprit de l'auteur, et nous rappelle que
cela fut sans doute écrit peu après la *Pluralité
des mondes* de Fontenelle (1686). Cette première
partie fut imprimée en 1712, à l'insu de Fénelon,
mais non contre son gré (1). Il me semble qu'on
eût publié également la deuxième partie à ce
moment-là, si elle eût été faite, et qu'elle ne fut
donc écrite qu'en 1712 ou après.

Cette seconde partie démontre Dieu et ses attributs par la seule analyse de nos idées. Ce sont
les « preuves de Dieu métaphysiques ». Cela est
subtil et souple à souhait. Mais on a cette impression — nullement déplaisante d'ailleurs — que
l'auteur est tout persuadé d'avance de ce qu'il

(1) Plusieurs de ses ouvrages furent publiés ainsi : il ne daignait pas s'en occuper, ne voulant pas être « auteur » ; mais il
laissait faire.

fait semblant de chercher, et que ce Dieu, qu'il affecte de découvrir par l'effort de son esprit, il le possède depuis longtemps dans son cœur. Vous connaissez le fameux doute cartésien, le doute « méthodique », et toute la suite de l'opération : « J'ai beau vouloir douter de toutes choses : il m'est impossible de douter de mon existence. » J'ai envie de dire : « Et après? » Mais il paraît que toutes les vérités de la philosophie spiritualiste peuvent sortir de ce doute et de cette affirmation, — à condition de les en tirer; et vraiment « tirer » est bien le mot. On nous exerçait à cela voilà bientôt quarante ans, quand il y avait une classe de philosophie. Ce doute méthodique et provisoire ne semble déjà pas bien sérieux chez Descartes. Mais qu'il est peu angoissant chez Fénelon! On voit si bien que ce n'est qu'un jeu, qu'un doute « pour rire », et qu'il croit à Dieu naturellement, comme il respire! Et ce qui est ravissant, c'est que ces abstraites démonstrations de Dieu-idée sont entrecoupées de subites prières, d'effusions amoureuses, et que, tandis qu'il a l'air de chercher le Dieu de Descartes, il s'épanche vers le Dieu de Mme Guyon :

O mon Dieu, que vous êtes grand !... Si on a la sobriété de la sagesse, après avoir dit que vous êtes, on n'ose plus rien ajouter. Plus on vous contemple, plus on aime à se taire... En vous voyant, ô simple et infinie vérité, je deviens muet : mais je deviens, si j'ose le dire, semblable à vous ; ma vue devient simple et indivisible comme vous. *Ce n'est point en parcourant la multitude de vos perfections que je vous conçois bien ;* au contraire, en les multipliant pour les considérer par divers rapports et diverses faces, je vous affaiblis, je vous diminue ; je me diminue, je m'affaiblis, je me confonds ; cet amas de parcelles divines n'est plus parfaitement mon Dieu ; ces infinis partagés et distingués ne sont plus ce simple infini qui est le seul infini véritable. O que j'aime bien mieux vous voir tout réuni en vous-même d'un seul regard ! Je vois l'être et j'ai tout vu ; j'ai puisé dans la source ; je vous ai presque vu face à face... Quand est-ce que tout moi-même sera réduit à cette seule parole immuable : *Il est, il est, il est?*

N'y a-t-il pas encore du quiétisme là dedans, et n'y retrouvons-nous point quelque chose de cette contemplation infuse et passive qui exclut les idées particulières et les actes distincts?

Ainsi, vers 1713, consommait-il au dedans de lui-même cette sorte de « nirvana », — qui ne l'empêchait, au reste, ni de souffrir, ni de crier, ni d'agir et d'écrire incroyablement.

Enfin, dans la dernière année de sa vie, parmi les souvenirs amers, les deuils nouveaux et la faiblesse plus grande de son corps, son suprême « divertissement » fut la *Lettre sur les occupations de l'Académie,* dont il était depuis 1693.

Cette lettre, on peut bien l'avouer, est peu de chose en elle-même. C'est l'agréable causerie, je dirai presque le bavardage aisé d'un vieillard tout nourri d'antiquité classique, — qui a d'ailleurs le goût libre et l'esprit naturellement indépendant, et qui enfile les citations au gré de sa mémoire. — Ce qui est remarquable, c'est que, le premier en France, le vieil évêque fait de la critique affranchie des règles, de cette critique qu'on a appelée « impressionniste ». — Ses meilleures remarques sont sur la façon d'écrire l'histoire. Pour le reste, il dit ce qu'il lui plaît, sans beaucoup de réflexion, à ce qu'il semble. — Sans le dire nettement (car il ne veut faire de peine à personne), il est profondément pénétré de la supériorité de la littérature grecque, et même de la latine ; il l'est autant que le pouvaient être les païens de la Renaissance.

Il en devient injuste, et un peu étourdi. Il reproche à notre langue d'être ce qu'elle est, et ce qu'elle est devenue nécessairement, c'est-à-dire plus analytique que le grec ou le latin ; d'avoir très peu d'inversions et de mots composés et, en général, de n'avoir pas assez de mots : et il propose d'en créer artificiellement, et de faire de cette invention une sorte de jeu de salon. Là comme ailleurs il ne doute de rien (et c'est une de ses marques). — Il se plaint de notre versification et surtout de la rime. Il écrit tranquillement : « La rime ne nous donne que l'uniformité des finales, qui est souvent ennuyeuse et qu'on évite dans la prose, tant elle est loin de flatter l'oreille. » Il juge que « notre versification perd *plus* qu'elle ne gagne par les rimes ». Ce qui ne l'empêche pas d'ajouter presque aussitôt : « Je n'ai garde néanmoins de vouloir abolir les rimes ; sans elles notre versification tomberait. Nous n'avons point dans notre langue cette diversité de brèves et de longues, qui faisait dans le grec et dans le latin la règle des pieds et la mesure des vers. » (Il oublie l' « accent ».) Et il conclut assez raisonnablement : « Mais je croirais qu'il serait à propos de mettre nos poètes un peu plus au large sur les rimes, pour leur donner le moyen d'être plus exacts sur le sens et sur l'harmonie. » — Ses vœux seraient comblés aujourd'hui quant à la rime lâche ; et il remarquerait sans doute que les vers qu'on fait n'en valent pas mieux.

Sur l'art du théâtre, il est fort libéral, puisque cet art, il l'admet, lui prélat de la sainte Eglise. Sans les égaler aux Grecs, il est, en somme, équitable pour les poètes dramatiques de son temps. Il est moins touché de la grandeur que choqué de l'emphase de Corneille. Mais il rend presque entièrement justice à Racine, et plus encore à Molière, qu'il trouve « grand ». Il lui reproche de « parler souvent mal, surtout en vers » (et je suis assez de cet avis); mais il ne l'accuse point, ou l'accuse à peine et assez doucement, d'immoralité.

Sur l'immoralité de Molière, il est vraiment curieux de rapprocher le jugement de Bossuet dans les *Maximes sur la comédie* et celui de Fénelon dans sa *Lettre à Dacier* — Bossuet, en 1694, et quand l'abbé de Fénelon se disait encore son disciple en toutes choses, pensait que la « représentation des passions agréables », c'est-

à-dire de l'amour même honnête, « porte naturellement au péché, quand ce ne serait qu'en
flattant et en nourrissant de dessein prémédité la
concupiscence qui en est le principe. » Il parlait
des « prostitutions qù'on voit toutes crues » dans
les pièces de Molière.

On réprouvera, écrivait-il, les discours où ce vigoureux
censeur des grands canons, ce grave réformateur des
mines et des expressions des *Précieuses*, étale cependant
au plus grand jour les avantages d'une infâme tolérance
dans les maris et sollicite les femmes à de honteuses ven-
geances contre leurs jaloux. Il a fait voir à notre siècle le
fruit qu'on peut espérer de la morale du théâtre qui n'attaque que le ridicule du monde en lui laissant cependant
toute sa corruption. La postérité saura peut-être la fin de
ce poète comédien qui, en jouant son *Malade imaginaire*
ou son *Médecin par force*, reçut la dernière atteinte de la
maladie dont il mourut peu d'heures après, et passa des
plaisanteries du théâtre, parmi lesquelles il rendit presque
le dernier soupir, au tribunal de Celui qui dit : Malheur à
vous qui riez, car vous pleurerez.

Mais Fénelon, doucement et sans colère :

Un autre défaut de Molière (le premier étant l'outrance)
que les gens d'esprit lui pardonnent et que je n'ai garde de
lui pardonner, est qu'il a donné un tour gracieux au vice,
avec une austérité ridicule et odieuse à la vertu.

Et encore ajoute-t-il courtoisement, se sou-
venant peut-être de quelque conversation avec
son ami le chevalier Destouches :

Je comprends que ses défenseurs ne manqueront pas de
dire qu'il a traité avec honneur la vraie probité, qu'il n'a
attaqué qu'une vertu chagrine et qu'une hypocrisie détes-
table ; mais, etc.

Le reste de la lettre n'est qu'un éloge abondant, et qui rabàche un peu, de la beauté naturelle et simple. « Je veux un sublime si familier, si doux et si simple que chacun soit d'abord tenté de croire qu'il l'aurait trouvé sans peine... Ce n'est ni le difficile, ni le rare, ni le merveilleux que je cherche : c'est le beau simple, aimable et commode que je goûte... » Tout cela, mêlé de ressouvenirs de la poésie d'Homère, de tableaux de la « vie des premiers hommes », si « aimable, si élégante, si heureuse », — et de citations de Virgile, d'Horace, de Térence, riantes ou passionnées. — Il dédaigne l'art gothique, où « il voit un vain raffinement ». Il dit du moyen âge, et de son « affreuse barbarie » (comme feront les « philosophes ») : « A peine sortons-nous de cette longue nuit... » — Mais ce qu'il aime, ce qui le touche, ce qu'il cite comme involontairement, ce sont des choses touchantes et tendres, comme l'épisode d'Eurydice ou la mort du jeune Pallas, ou les bêtes malades des *Géorgiques*, — ou (chose inattendue) les plaintes du berger Corydon soupirant après le berger Alexis : « Tu me méprises, Alexis... Je ne suis pourtant pas laid. Je me suis vu naguère dans le miroir de l'eau... » — ou les passages les plus chauds de Térence : « La fille est perdue... où la chercher ?... » ou « Qu'est-ce que je demande? Que tu sois avec ton soldat comme si tu étais absente ; que jour et nuit tu m'aimes, tu me regrettes, tu rêves de moi, tu m'attendes, tu m'espères, tu prennes ton plaisir de moi, que tu sois avec moi tout entière... » — enfin, des descriptions de vie heureuse, paisible et rustique, et d'où toute notion du péché se trouve éliminée. Et vraiment je sens, je saisis un rapport secret, mais assuré, entre la disposition d'esprit qui permet au bon archevêque de se plaire à ces tableaux d'idylle païenne, de ne plus faire attention qu'à la douceur et au naturel des mots, et d'oublier de qui sont épris les jeunes gens de Térence et à quoi songent les pâtres de Virgile; je vois, dis-je, quelque rapport entre cet oubli, cette inadvertance, cette sorte d'innocence ou d'ignorance retrouvée — et l'état de simplicité parfaite, « cette droiture de l'âme qui retranche tout retour inutile sur elle-même et sur ses actions » (*Instructions et Avis*), cet état d'enfance et de gaieté puérile tant recommandé par Mme Guyon, l'état où l'on ne pèche plus et qui succède chez nous à la totale « désappropriation » et à la destruction du « moi »; cet état enfin où Fénelon écrivait nonchalamment ces stances, — dont la seconde a été d'abord signalée par Voltaire, qui, se méprenant, y voyait le détachement épicurien au lieu de la simplicité du pur amour :

> Adieu, vaine prudence,
> Je ne te dois plus rien,
> Une heureuse ignorance
> Est ma science.
> Jésus et son enfance,
> C'est tout mon bien.

> Jeune, j'étais trop sage
> Et voulais trop savoir.
> Je n'ai plus en partage
>   Que badinage,
> Et touche au dernier âge
>   Sans rien prévoir.

Ces petits vers vous étonnent? Que diriez-vous si vous lisiez la *Lettre* à l'évêque d'Arras *sur la lecture de l'Ecriture Sainte en langue vulgaire*, écrite par Fénelon en 1705? Il conclut qu'il ne faut permettre la lecture de la Bible qu'à peu de personnes et avec beaucoup de précaution. Et ses arguments sont d'une rare franchise. On dirait presque un répertoire abrégé des principales sources de plaisanterie de Voltaire sur la Bible. J'en citerai quelques passages :

J'ai vu des gens tentés de croire qu'on les amusait par des contes d'enfants, quand on leur faisait lire les endroits de l'Ecriture où il est dit que le serpent parla à Ève pour la séduire; qu'une ânesse parla au prophète Balaam; et que Nabuchodonosor paissait l'herbe comme les bêtes... J'ai vu un homme d'esprit (le chevalier Destouches?) qui était indigne de voir le peuple *qui se vantait d'être conduit par la main de Dieu,* sortir d'Egypte après y avoir enlevé les richesses des Egyptiens, se révolter dans le désert contre Moïse, adorer un veau d'or, et enfin n'employer cette mission céleste qu'à s'emparer des terres des peuples voisins, et qu'à les massacrer pour occuper leur place, sans être moins corrompu qu'eux... Il faut avouer que le commun des hommes est surpris de voir les prophètes commettre je ne sais combien d'actions qui paraissent indécentes et insensées... On est surpris de voir Jacob qui, étant conduit *par une mère inspirée,* paraît faire le personnage d'un imposteur. On ne l'est pas moins de voir

Osée chercher *par l'ordre de Dieu* la femme qu'il prend...
Rien n'est plus difficile que d'expliquer comment est-ce
que Judith, *que le Saint-Esprit nous fait admirer*, a pu
aller trouver Holopherne. Elle l'excite au mal, disent les
libertins, elle le trompe, elle l'assassine. Il n'y a dans tout
le *Cantique des Cantiques* [et les explications de
Mme Guyon ?] aucun mot de Dieu ni de la vertu ; la lettre
n'y présente qu'un amour sensuel, qui peut faire les plus
dangereuses impressions, à moins qu'on n'ait le cœur bien
purifié... Si on ne s'arrêtait qu'à la seule lettre de l'Ecclé-
siaste, on serait tenté de croire que c'est le raisonnement
d'un impie, qui compte que tout est vanité sous le soleil,
parce que l'homme meurt tout entier comme les bêtes.

Et, pour passer au *Nouveau Testament :*

Les Sociniens se servent de l'Evangile pour montrer
que Jésus-Christ a déclaré qu'il n'a voulu être cru Dieu
qu'au même sens impropre et allégorique où il est dit aux
hommes : *Vous êtes des dieux*, et que Jésus-Christ a dit en
termes formels : *Mon Père est plus grand que moi.* Les
protestants prétendent démontrer par les épîtres aux
Romains, aux Galates et aux Hébreux que la foi suffit sans
les œuvres..., que le sacrifice de Jésus-Christ n'a pas
besoin d'être réitéré, etc... Ceux qui ont quelque pente
vers l'incrédulité ne manquent pas de chicaner sur l'appa-
rente contradiction qu'on trouve dans les différentes édi-
tions de l'Ecriture pour la chronologie. Ils s'embarrassent
de même sur la généalogie de Jésus-Christ qu'un évangé-
liste nous donne bien différente de celle qui nous est
donnée par un autre... Il faut avouer que si un livre de
piété, tel que l'*Imitation*, ou le *Combat spirituel*, ou le
Guide des pécheurs [de Molinos, messieurs, ce livre con-
damné] contenait la centième partie des difficultés qu'on
trouve dans l'Ecriture, vous croiriez en devoir défendre la
lecture dans votre diocèse.

Ainsi parle cet archevêque. Et il se met peu en
frais pour répondre aux objections des libertins :

il est vrai que son correspondant n'a pas besoin d'être convaincu. Il se contente de dire : « Toutes les difficultés dont je viens de rassembler des exemples s'évanouissent sans peine dès qu'on a l'esprit guéri de la présomption... Alors on n'a aucune peine à croire que la parole de Dieu *a une profondeur mystérieuse, qui est impénétrable à notre faible esprit.* » Et c'est tout justement une des formules, ironiques chez eux, chères à Montaigne et à Voltaire.

Et plus loin ceci, qui témoigne de peu d'illusion sur l'état des esprits, — et qui nous ferait dire (nous ne sommes qu'en 1705) : — Déjà !

Il ne faut pas que les évêques se flattent sur leur autorité : elle est si affaiblie qu'à peine en reste-t-il trace dans l'esprit du peuple. On est accoutumé à nous regarder comme des hommes riches et d'un rang distingué, qui donnent des bénédictions, des dispenses et des indulgences... On nous regarde comme des seigneurs qui dominent et qui établissent au dehors une police rigoureuse ; mais on ne nous aime point comme des pères tendres et compatissants qui se font tout à tous. Ce n'est point à nous qu'on va demander conseil, consolation, direction de conscience... En notre temps, chacun est son docteur... Les critiques... ne tendent *qu'à faire des philosophes sur le christianisme* et non pas des chrétiens... Je croirais que ces hommes renverseraient bientôt l'Eglise, si les promesses ne me rassuraient pas.

Qu'en dites-vous ? Que dites-vous surtout des pages où sont énumérées quelques-unes des « difficultés » de la Bible, et dont je ne vous ai cité qu'une partie ? — Je remarque que cette dissertation fut imprimée pour la première fois dans le recueil d'*Opuscules* de Fénelon, en 1718, par son neveu le marquis de Fénelon qui était en relations avec Voltaire, — lequel voulait absolument que Fénelon fût un « philosophe » et n'eût jamais osé « donner l'essor à ses principes, qu'on n'a jamais bien connus ». Je remarque aussi que cette longue consultation répond à un bien court billet, et bien sec, vraiment, de l'évêque suffragant d'Arras à son métropolitain : « Oserai-je, monseigneur, vous demander quelle est la pratique que vous suivez et quel est l'usage que vous avez trouvé dans votre diocèse, au sujet de l'Écriture Sainte et particulièrement du Nouveau Testament en langue vulgaire? Je suis avec bien du respect, etc... »

D'autre part le style de la *Lettre sur la lecture de l'Écriture Sainte* est bien celui de Fénelon (qui d'ailleurs ressemble si souvent à celui de Voltaire), et jamais l'authenticité n'en a été contestée. Mais elle reste assez « troublante ». Si bien qu'on a pu l'entendre de deux façons absolument opposées. Brunetière écrit *Histoire et Littérature*, II) qu'on croirait « presque entendre » dans cette lettre « la plaisanterie de Bayle, et déjà comme qui dirait le ricanement de Voltaire ». Brunetière a-t-il songé que ce qu'il dit là impliquerait l'incrédulité de Fénelon? — Au contraire, cette lettre est, pour M. Maurice Masson, une preuve de la simplicité de sa foi. « Le merveilleux biblique s'était si étroitement incorporé à sa pensée, qu'elle se mouvait comme naturellement en plein miracle. » Et M. Masson cite, en témoignage, *la Lettre sur la lecture de l'Écriture Sainte*. Mais ce n'est point, ou ce n'est pas seulement de miracles que parle Fénelon : c'est surtout de contradictions ou d'absurdités apparentes. D'ailleurs les mots de M. Maurice Masson conviendraient plutôt pour exprimer l'âme d'une bergère naïve. — Je crois que ce qui expliquerait le mieux, chez Fénelon, ce mélange d'une singulière et imprudente liberté de parole avec une croyance profonde et inébranlable, ce serait cette « foi obscure » qui revient si souvent dans ses lettres spirituelles, ou, comme il écrit un jour au duc de Chevreuse, « la nuit de la pure foi. » Pour moi, c'est toujours le geste du mystique : comme il fait à Dieu grâce de son paradis, ainsi il ne le chicanera point sur les bizarreries et les difficultés de sa Bible.

(C'est égal, je voudrais bien savoir où est le manuscrit autographe de la *Lettre sur la lecture de l'Ecriture Sainte*.)

La tolérance de Fénelon semble d'ailleurs croître en même temps que son « obscure foi ». Dans une conversation que rapporte Ramsay, Anglais converti par lui au catholicisme, Fénelon disait au prétendant Jacques III :

Sur toutes choses ne forcez jamais vos sujets à changer leur religion... La force ne peut jamais persuader les hommes ; elle ne fait que des hypocrites. Quand les rois se mêlent de religion, au lieu de la protéger ils la mettent en servitude. *Accordez à tous la tolérance civile,* non en approuvant tout comme indifférent, mais en souffrant avec patience ce que Dieu souffre.

Fénelon a réfléchi depuis les missions de Saintonge. Il ne faut pas oublier toutefois qu'il s'agit ici de l'Angleterre, où les dissidents sont en majorité.

Ainsi allait-il se consommant en sagesse. Il mène à Cambrai la vie la plus noble et la plus belle. Il remplit avec exactitude ses grandes et nombreuses fonctions. Ses charges sont si lourdes, que ses revenus de 200.000 livres, revenus en partie aléatoires, lui suffisent à peine. Il les administre de telle sorte qu'il mourra sans argent et sans dettes. Chaque année il prêche le carême dans une ville de son diocèse. Tous les samedis il dit la messe à la cathédrale et confesse tous ceux qui se présentent. Les jours de fête, il officie solennellement. Il se tue en visites pastorales et prêche dans les moindres villages. Il est, chez lui, magnifique et gracieux. A midi, il dîne entouré de sa maison ; on est toujours au moins douze ou quinze à table, aumôniers, secrétaires, visiteurs ou invités. Lui-même ne mange presque rien. Mais la table est abondante, et le service émerveille l'abbé Ledieu.

Fénelon vit là, avec ses trois abbés : le petit

abbé de Langeron, son plus ancien ami, le grand
abbé de Beaumont, et l'exquis abbé de Chantérac.
Joignez son neveu, le marquis de Fénelon, excellent officier, qui venait souvent à Cambrai, et ce
libertin de chevalier Destouches, et le bon Dupuis,
ancien gentilhomme de la maison du duc de
Bourgogne, par qui Fénelon peut communiquer
jusqu'à la fin avec Mme Guyon qui vieillissait retirée à Blois, et qu'il continuait de « vénérer
comme une sainte ». En outre, son père ayant eu
quinze enfants, Fénelon se trouvait l'oncle d'innombrables neveux et petits-neveux, dont il y avait
toujours une bande à l'archevêché. Ajoutez, la
dernière année, les trois petits Chaulnes, petits-
fils du duc de Chevreuse. Fénelon s'occupait et
s'amusait de tous ces enfants. Il leur faisait réciter des vers, leur donnait des notes, se promenait
avec eux dans la campagne. — Tout ce monde
vivait dans une familiarité simple et gaie. L'oncle
aimait à donner des surnoms : l'abbé de Beaumont s'appelait Panta (de Pantaléon, qui était un
de ses prénoms) ; le bon Dupuis Put (de *Puteus*) ;
le marquis de Fénelon Fanfan, etc... Sa correspondance familière est charmante. Il sourit, il
badine, il cite Horace. « Pourquoi, écrit-il à
Destouches, ce grave archevêque aime-t-il tant
un homme aussi profane? Voilà un grand scandale, je l'avoue ; mais le moyen de m'en corriger? » Voici un petit portrait : « L'abbé Dela-
geois est encore ici : il est vrai, droit, bon, noble,

pieux, aigre et perçant. Il édifie et il réjouit. »
— En visite pastorale : « Il y a sous mes fenêtres
cinq ou six lapins blancs qui feraient de belles
fourrures, mais ce serait dommage, car ils sont
fort jolis et mangent comme un grand prélat »
(allusion à lui-même, je pense, qui ne vivait que
de légumes et d'herbes). Voilà le ton, il est parfaitement simple. C'est un peu, quelquefois, l'enfantillage recommandé par Mme Guyon.

Ses deux dernières années sont marquées par la
mort de quelques-uns de ses plus chers amis. Il
perd l'abbé de Langeron : « J'avoue que je me
suis pleuré en pleurant un ami qui faisait la douceur de ma vie... Je me console par lassitude de
la douleur... Hélas, tout est vain en nous, excepté
la mort à nous-mêmes. » Il perd le duc de Chevreuse. Il perd le duc de Beauvilliers. — En
novembre 1714 il a, sur un pont auprès d'un
moulin, un accident de carrosse, qui ne tue, il est
vrai, qu'un de ses chevaux. Comme on s'empres-
sait autour de lui après l'accident, il dit : « Bon,
bon, à quoi est-ce que je sers au monde? » Il n'attend, il n'espère plus rien ; il est enfin détaché
de tout, et véritablement « désapproprié ».

Eh bien non ! Du moins, une année auvara-
vant il n'était pas encore complètement détaché.
Après la mort du duc de Bourgogne, il n'avait pas
été éloigné de croire à l'empoisonnement du prince
par le duc d'Orléans. Dans un *Mémoire* adressé
au duc de Chevreuse, il dit du futur Régent :

S'il est coupable, il est capital de mettre en sûreté la vie du roi et du jeune prince, qui est à toute heure en péril... Ce qui me frappe est que sa fille, qui est dans l'irréligion la plus impudente, dit-on, ne saurait y être sans lui, et qu'étant instruit de tout ce qu'on dit de monstrueux de leur commerce, il n'en passe pas moins sa vie tout seul avec elle. Cette irréligion, ce mépris de toute diffamation, cet abandon à une si étrange personne, *semblent rendre croyable tout ce qu'on a le plus de peine à croire*. Il est ambitieux et curieux de l'avenir.

Donc Fénelon est assez près de croire au crime. Or, peu de temps après, par l'intermédiaire de Saint-Simon, il entre en relations avec le duc d'Orléans. Saint-Simon dit que le prélat eût été certainement appelé aux affaires lorsque le prince serait devenu maître de l'État. Et Fénelon songea : « Qui sait? » et se raccrocha au futur Régent. Et, espérant sans doute le convertir, il écrivit pour lui trois lettres sur la religion, où il s'efforçait de démontrer à ce fils de France l'existence de Dieu et l'immortalité de l'âme. — Était-ce, comme le veut un ami de Fénelon (1), « ténacité à désirer le bien public »? — ou besoin inassouvi de le procurer lui-même et de l'administrer?

Je crois que Fénelon, décidément, ne se détacha et ne se reposa que dans la mort. Pendant sa dernière maladie, qui ne dura qu'une semaine, il se fit lire plusieurs fois la *Deuxième épître* de saint Paul *aux Corinthiens*. Pourquoi? Ce n'est

(1) E. de Broglie.

point une épître dogmatique. Mais d'abord Fénelon mourant y retrouvait quelques-unes des
expressions favorites de Mme Guyon : « Notre
bouche s'est ouverte pour vous, notre cœur *s'est
élargi.* Vous n'êtes point à l'étroit au dedans de
nous : mais, vous, vos entrailles se sont rétrécies.
Rendez-nous la pareille, — je vous parle comme
à mes enfants, — *élargissez-vous aussi.* » Et :
« Quand je suis faible, c'est alors que je suis
fort. » Puis, saint Paul rappelle ses épreuves :
« J'ai été huit fois battu de verges, une fois
lapidé, naufragé trois fois », etc..., et ses gloires :
« Je connais un homme en Christ qui fut, il y a
quatorze ans, ravi jusqu'au troisième ciel », etc...
Et, sans doute, en entendant cela, Fénelon
repassait, avant de mourir, ses propres souffrances, son exil, l'amère condamnation de son
livre, la ruine de toutes ses espérances, — et aussi
ses gloires et ses joies mystiques près de l'amie...

Messieurs, je sens bien que, dans ces dix
leçons, je suis loin d'avoir dit tout ce qu'il eût
fallu dire. Il y a de vastes parties de l'œuvre de
Fénelon, ou dont je n'ai pas parlé, ou dont j'ai
parlé beaucoup trop sommairement. Vous avez
pu voir, en outre, que, dans le cours de cette
étude incomplète, mes sentiments sur lui ont
varié jusqu'à se contredire quelquefois. Et je sens
que, maintenant, il me serait à peu près impossible de l'enserrer dans une formule.

Tout ce que je sais, c'est que ce fut une magnifique créature et infiniment séduisante. Il faut toujours relire, dans Saint-Simon, son incomparable portrait. Je n'en rappelle ici que deux phrases : « Ce prélat était un grand homme maigre, bien fait, pâle, avec un grand nez, des yeux dont le feu de l'esprit sortait comme un torrent, et une physionomie telle que je n'en ai pas vu qui y ressemblât, et qui ne se pouvait oublier quand on ne l'aurait vue qu'une fois. » Et : « Il fallait faire effort pour cesser de le regarder. » Nul homme, très probablement, n'a été plus aimé, ni avec plus de ferveur et de fidélité, ni par des âmes plus choisies et plus pures.

Mais qu'était-il donc ? Comment le définir ? Y avait-il en lui un trait dominant auquel on puisse subordonner tous les autres ?

Saint-Simon a vu surtout en lui l'ambitieux. Brunetière aussi. Mais cet ambitieux a osé vingt fois, et fort gratuitement, des démarches et des discours qui pouvaient le perdre. Cet ambitieux a ruiné sa vie par fidélité à une femme et par point d'honneur.

Voltaire et d'Alembert ont vu surtout le philosophe et le citoyen. Mais ce philosophe était le plus religieux des hommes, le plus dévoré de l'amour de Dieu. Et ce prétendu précurseur de la Révolution méditait finalement la restauration rationnelle de l'antique monarchie française.

Nisard a vu surtout l'utopiste. Mais cet utopiste a souvent le sens le plus droit, le plus sûr, le plus pratique. Il est pratique en pédagogie ; il l'est sur la question de la suprématie du Saint-Siège ; il l'est dans ses derniers plans de gouvernement.

Faguet, qui d'ailleurs l'embrasse fort bien tout entier, se complaît à voir en lui l'aristocrate. Aristocrate, Fénelon l'est en toutes choses, dans sa religion, dans ses goûts et ses préférences littéraires, dans sa politique, dans toutes ses façons d'être.

Et certes cela est vrai. Mais, sans repousser aucune de ses autres définitions, j'aimerais à dire, en finissant, que Fénelon est, avant tout et après tout, un mystique.

Le rêve du mystique, c'est la perception directe de Dieu, la communication et l'union avec lui. — Ce rêve suppose, à l'origine, une extrême sensibilité. Fénelon se dit souvent sec et dur, et on a abusé contre lui de cet aveu. Mais prenez garde : les hommes très sensibles se jugent et se disent secs dans les moments où ils sont comme tout le monde. Fénelon est un homme très sensible, très tendre, très aimant. Cela n'exclut point, au contraire, le désir de posséder et de gouverner les cœurs. Son charme a quelque chose de féminin ; son caractère aussi. Personne n'est plus dominant qu'une femme douée d'une grande puissance d'aimer.

Fénelon est un mystique actif. Ces deux mots

vont très bien ensemble. Sainte Catherine de
Sienne, saint Jean de Dieu, sainte Thérèse ont
fondé et administré des couvents, ont traité habi-
lement avec les hommes, ont même été célèbres
par leur sens pratique. Et cela se comprend. Le
mystique apporte d'autant plus de sang-froid et
de clairvoyance dans les choses terrestres qu'il
n'y est point attaché et qu'il ne travaille point
pour lui-même.

Voici cependant une petite différence entre
Fénelon et les saints mystiques qui ont agi. Pour
eux, leur action temporelle est étroitement unie
à leur dessein ultra-terrestre. C'est pour étendre
et propager les sentiments surnaturels dont ils
sont possédés qu'ils cherchent de l'argent, bâtissent
des maisons, gouvernent et défendent des communautés.

Il est certain que le rapport paraît moins étroit,
chez Fénelon, entre son amour pur et ses projets
et ambitions politiques. Néanmoins ce rapport
existe, puisqu'enfin, s'il est un jour premier
ministre, ce ne sera pas seulement pour établir
un gouvernement juste et conforme aux volontés
de Dieu : ce sera aussi (rappelez-vous les lettres
de Mme Guyon) pour favoriser la doctrine du pur
amour et pour amener doucement dans les âmes
le règne du Saint-Esprit. Mais, son objet terrestre
étant moins déterminé, plus lointain, plus difficile à atteindre que la fondation d'un ordre religieux, Fénelon a beaucoup plus de latitude sur le

choix des moyens et beaucoup plus de liberté
d'action ; et c'est pourquoi son ambition surnaturelle prend assez souvent, dans ses démarches,
les apparences d'une ambition purement politique.

Puis, il lui arrive ce qui arrivera à Rousseau
et à Chateaubriand : la conscience qu'il a de l'excellence de ses sentiments le trompe quelquefois
sur la qualité de ses actes Il ne s'aperçoit pas
qu'il met, dans les occasions, une excessive habileté au service de ses sublimes desseins. Il a sur
lui-même quelques illusions tenaces. Il apporte
un amour-propre amer à la défense du pur amour :
et il parle trop de simplicité pour être vraiment
simple. — Le mystique, dans les moments où il
réalise l'oraison passive, est en quelque façon par
delà le dogme. Il est le plus libre des hommes,
puisque, s'abandonnant à Dieu, il peut se croire
mû par lui et lui attribuer ses propres mouvements. Il y a toujours eu beaucoup d'aisance et de
« jeu » dans la conduite et les sentiments des
mystiques, même saints. — Fénelon a l'esprit
fort indépendant. Il est humaniste avec délices.
Il adore l'antiquité païenne ; il y veut trouver et
il y goûte une simplicité riante et innocente, qu'il
croit que la civilisation a altérée ; il semble souvent oublier le mystère de la chute. On s'étonne
de trouver, chez ce prêtre, tant de pages qui
rendent le son de Fontenelle et de Voltaire, ou
celui de Rousseau Tandis qu'il se joue en Dieu,

il donne l'idée de plus de liberté d'esprit qu'il
n'en eut en effet.

En même temps, et par le caractère individua-
liste de l'entreprise mystique, et par les grandes
lassitudes et les grandes tristesses où retombent
si facilement ceux qui tentent des desseins
sublimes et irréalisables, Fénelon tend au romantisme, et beaucoup de ses pages en ont déjà l'accent. Par la subordination de la raison à la sensibilité et par l'attachement au « sens propre », il
fait présager Rousseau, il faut présager Chateaubriand : moins grand artiste que l'un et l'autre,
mais d'âme plus complexe encore, et plus riche,
et plus mystérieuse. Les mystiques, toutes choses
égales, sont plus compliqués que les autres
hommes, puisqu'ils ont comme deux vies. Des
romantiques, enfin, Fénelon a déjà le goût de se
confesser. Et il se confesse continuellement à ses
pénitentes, et avec une extrême sincérité et
dureté pour soi, et de grands doutes sur lui-
même. Ecoutez :

Je sais par expérience ce que c'est que d'avoir le cœur
flétri et dégoûté de tout ce qui pourrait l donner du sou-
lagement... Je suis à moi-même tout un grand diocèse,
plus accablant que celui du dehors, et que je ne saurais
réformer...

Je suis tout pétri de boue, et j'éprouve que je fais à tout
moment des fautes... Je tiens à tout d'une certaine façon,
et cela est incroyable ; mais d'une autre j'y tiens très peu,
car je me laisse assez facilement détacher de la plupart
des choses qui peuvent me flatter... Au reste je ne puis
expliquer mon fond. Il m'échappe, il me paraît changer à

toute heure. Je ne saurais guère rien dire qui ne me paraisse faux un moment après...

Ce que je serais tenté de ne croire pas sur vos remarques, c'est que j'aie eu autrefois une « petitesse » (humilité et simplicité) que je n'ai plus. Je manque beaucoup de petitesse, il est vrai, mais je doute que j'en aie moins manqué autrefois.

Autrement dit, « j'ai toujours été orgueilleux et attaché à moi-même ». Enfin (20 novembre 1701) :

Je n'ai rien à vous dire aujourd'hui de moi ; je ne sais qu'en dire ni qu'en penser. Il me semble que j'aime Dieu jusqu'à la folie, quand je ne recherche point cet amour. Si je le cherche, je ne le trouve plus. Ce qui me paraît vrai en le pensant d'une première vue devient mensonge dans ma bouche quand je veux le dire. Je ne vois rien qui soulage mon cœur, et si vous me demandez ce qu'il souffre, je ne saurais vous l'expliquer. Je ne désire rien ; il n'y a rien que j'espère ni que j'envisage avec complaisance. Mon état ne me pèse point, et je suis surmonté des moindres bagatelles. D'un autre côté les moindres bagatelles m'amusent ; mais le cœur demeure sec et languissant. Dans le moment où j'écris ceci, il me paraît que je mens. Tout se brouille...

Si tout se brouille ainsi pour lui, comment le connaîtrais-je mieux qu'il ne se connaissait lui-même ?

Un homéride a dit, il y a peut-être deux mille cinq cents ans : « Beaucoup de choses sont obscures pour les hommes ; mais rien, pour eux, n'est plus obscur que leur propre esprit. »

TABLE

PARIS. — IMPRIMERIE MICHELS FILS
6, 8 et 10, rue d'Alexandrie.